第2辑

中国心学

浙江省稽山王阳明研究院
中华孔子学会阳明学研究会
编

创于1897
商务印书馆
The Commercial Press

图书在版编目（CIP）数据

中国心学. 第2辑 / 浙江省稽山王阳明研究院，中华孔子学会阳明学研究会编. —北京：商务印书馆，2022
ISBN 978-7-100-21172-7

Ⅰ. ①中… Ⅱ. ①浙… ②中… Ⅲ. ①王守仁（1472—1528）—心学—研究 Ⅳ. ① B248.25

中国版本图书馆 CIP 数据核字（2022）第 079722 号

中国心学
（第2辑）
浙江省稽山王阳明研究院
中华孔子学会阳明学研究会 编

商 务 印 书 馆 出 版
（北京王府井大街36号 邮政编码100710）
商 务 印 书 馆 发 行
北京艺辉伊航图文有限公司印刷
ISBN 978 - 7 - 100 - 21172 - 7

2022年8月第1版　　开本 787×1092 1/16
2022年8月北京第1次印刷　　印张 18

定价：90.00元

《中国心学》编委会

目　录

当代心学探索

心学哲学阐释

域外心学进展

区域学派研究

家族史与谱牒研究

当代心学探索

关于阳明心学当代价值的理论视角问题

顾　久

内容提要：对王阳明及其心学的观察，总是存在着前置的理论视角：古代人常以半宗教的理论视角，就常含有神秘化的色彩；当代哲学界常用纯理性的视角，就常带有理论化、精英化的基调。本文则从生物学、生态学、生态哲学的视角去看：无论是哪个时代的大小人物，都是一个生物体，该生物体必然生存在特定的自然生态和人文生态之中。该生态塑造着大众的集体无意识和价值取向，进而引发普遍的关注，才产生了特定的主流意识形态和哲学思想。因此，阳明心学的当代价值，是指阳明心学对当下普罗大众的集体无意识和普遍价值取向的影响，于是，该视角就明显带有常识化与大众化的意味。本文先分析当下学术与非学术不同的理论视角，次循心态史、马克思主义的路径，再落实到生物学—生态学—生态哲学的理论视角，最后分析新视角的意义。

关键词：阳明学　当代价值　新视角

当今中国，阳明心学已成显学，阐述阳明心学当代价值者众多，视角也就多元。本文拟分析诸视角得失，提出转换新理论视角的必要性，提出初步设想，并阐述新视角的意义。

一、当今两种主要视角

（一）两种主要视角

我以为，当前论阳明心学当代价值者，主要分为学术视角和非学术视角两种。兹分述于下。

1. 学术视角

学术思想属学者视野，至少表现出两种倾向：传统哲学的视角和“民间儒学”的视角。前者如陈来先生的《有无之境：王阳明哲学的精神》，秉承“哲学就是哲学史”的立场，注重概念的历史梳理与辨析。陈来先生深入研究过朱熹之学，并学习西方哲学，在此基础上对阳明心学作了历史的研究。他用宋明、中西进行互比参证，对阳明心学的基础话语、思想脉络细加阐释，条分缕析，力求精准，时有独见。后者如倡导“立足返本开新，关注生活世界”的郭齐勇先生，近年发表多篇关于王阳明及其心学当代价值的文章。他肯定民间儒学的方向，提炼并普及阳明心学知识，以此比照当下弊端，号召当代人通过对阳明心学的“慢慢品味、躬身实践”，“唤醒”自身内心，从而“赋予今人实践道德、完善自我的勇气。”他指出：“学习阳明心学，从人性上反思自己，反思人的贪欲，可以唤醒现代人冷漠的、功利的、庸俗化的心灵，反抗拜金主义、享乐主义、虚无主义，拯救生态危机、信仰危机、道德伦理危机”。[①]

2. 非学术视角

如贵州修文县委党校编写的《阳明文化的当代价值》，以传统的修身、齐家、治国、平天下各条目为序，分“阳明文化与修身智慧”“传统家训与齐家要义”“‘知行合一’与治国实践”和“‘不忘初心’与使命担当”等章节。

又如，企业家看王阳明及其心学，别有独特视角。比如有企业家认为王阳明其人具有无中生有、出手制胜之道；又从“四句教”体会出“一本”（义利合一）、“三达”（善恶合一、乾坤合一、知行合一），从而推出“一本三达”、内圣外王、致良知体系。[②]

（二）两种主要视角评议

1. 学术视角

学术思想视角的着力点，或重在回答“阳明心学是什么”“怎样形成”“包含什么内容”等，从而梳理出阳明心学乃至中华传统文化的精华；或在此基础上进而期望阳明心学为提升中国人的精神境界提供帮助。其情殷殷，其意可贵。但我以为，

---

① 郭齐勇：《王阳明的生命关怀与生态智慧》，《深圳大学学报》，2018年第1期；郭齐勇：《阳明心学的世界影响与当代价值》，《人文天下》，2018年第6期。

② 皇甫金石著：《良知正道王阳明：心学新说》，江西教育出版社，2019年。

可反思之处在于：重理性，轻情绪；重精英，轻百姓；重理论，轻心态；重应然，轻实然。从而精深的哲理难为社会大众普遍接受，对当下现实生活的指导性也就受限。

2.非学术视角

要实现中华民族的伟大复兴，就需要中华文化的自觉与自信，其间不能缺少对中华优秀传统文化的继承与弘扬。肯定阳明心学，应重在弘扬阳明心学所代表的传统文化，激扬强大心力，重塑国民道德及信仰，树立中华文化自信，用以支撑起实现中华民族伟大复兴的中国梦。我以为，可进一步完善处至少有二：其一，注重阳明心学本身的学理；其二，注重与当下工商社会普遍世俗化的社会生活与公众群体无意识之间的联结、缩小距离。

王阳明的经历及心学能给企业家勇于冒险、敢于创新、不断坚定自我意志，以及管理企业的精神力量和方法论，在实践中也有不少个人的领悟。但在我看来，企业家视角的阳明心学常常诉诸自己的经验与领悟，较少深厚学理和普遍说服力，还难免功利主义与实用主义色彩，其社会影响力也往往有限。

综上，学术视角与非学术视角尽管都具有其历史的合理性及存在的必要性，也都共属当今多元并存的阳明心学的重要组成部分。但是，阳明心学的当代价值论题，在于将传统阳明心学，转化而为当下中国广大民众的实际心态与行为，是大众而非小众，是普遍而非个别。

因此，上述两个视角均不免具有如下缺憾：轻生活实际重理想意识，忽略人的感性去论理性，并非面向大众而主要针对精英；而就思想方法看，都是把彼时代的思想与眼前的存在之间的联系简单化、理想化。

二、新的视角尝试

阳明心学也好，当代社会思想也好，均各有特定时代的生活背景——这是一个由自然环境和人文环境共同组成的生存系统。就人文环境而言，至少包括人们为适应环境，带有历史惯性的谋生秩序、组织秩序、行为秩序和心态秩序等复杂因素共同交织而成的大生活系统。与上述认识相应的，有几个理论视角可供参考。

（一）心态史视角

一般认为，心态史是在20世纪早期，经由法国年鉴学派三代学者的努力而逐渐形成，并在20世纪六七十年代蔚然成派。其关注点与传统视角有所不同，“心态史探讨的主要是普罗大众的日常行为和心理活动，例如人们对待日常生活的情感和态度等。与关注宫廷社会、精英人物的传统文化史不同，心态史侧重集体的态度，认可大众文化及其能动作用，体现了总体史理念和人类心灵实践之间的张力”。①

此外，心态史还具有如下特点：

第一，长时段研究，即把某一思想放进特定的时空中去作历史的、比较的分析，而非古今同此、天道永恒。

第二，将某一思想放在特定的社会及其支撑该社会的具体自然环境中去理解，而非离开生存基础的形而上学的宇宙精神。

> 芒德鲁在《近代法国导论》一书中主张将心态放到长时段中加以考察，他也并不否定地理、气候、饮食和社会关系对心态的影响。②

第三，学科交叉，视野纵横，而非只看由文字记录的精英话语。

> 它可以说是各种对立因素（如个人与集体、长时段与当天、无意识与有意识、结构与态势、个别与一般）的交切点，这就要求心态史必须与一些相关学科交叉和渗透，这些学科主要有社会学、社会心理学、文化人类学、宗教人类学、语言学、考古学、经济学、人口学，等等。③

第四，分析某种心态要注重时代生活与思潮，还需重视心态拥有者的个体心理与生理特点。

---

① 赖国栋：《心态史的发展及其时代意蕴》，《光明日报》，2020年11月16日。

② 《心态史的发展及其时代意蕴》，《光明日报》，2020年11月16日。

③ 吕一民：《法国心态史学述评》，《史学理论研究》，1992年第3期。

> 费弗尔进一步概括了心态史学的分类。在他看来，这应当包括三个内容：集团心理学、特殊心理学和差别心理学。集团心理学集中探讨人所得之于社会环境的东西。特殊心理学是考察人所得之于其特殊机体的东西。而差别心理学探究作为人得之于其个人的心理特点、得之于其身体结构的意外状态、得之于其社会生活的偶然事件的东西。[①]

显然，这种心态史的视角更适合于研究某种古代思想——如阳明心学——怎样"活"在当下社会大众之中。

（二）马克思主义视角

其实，心态史成为一个学术流派，固然可归功于法国年鉴学派的三代学者，但认真溯源，却都指向中国学者最为熟知的马克思历史唯物主义。法国年鉴学派第一代学者吕西安·费弗尔说过："马克思表达得那样完美的许多思想早已成为我们这一代精神宝库的共同储备的一部分了。"第二代大师费尔南·布罗代尔也说，他之所以偏重研究经济和人们的物质生活，在很大程度上是由于马克思的影响。"马克思的天才、马克思的影响经久不衰的秘密，正是它首先从历史长时段出发，制造了真正的社会模式。"[②]第三代大师埃马纽埃尔·勒华拉杜里同样说："我认为年鉴学派保留了马克思主义好的一面，这就是对物质生活、对人口的关注，这些都不是纯粹观念。"[③]

马克思对心态史的影响，我以为主要在唯物主义、生活决定意识、长时段（历史性）、社会分层，等等。以《德意志意识形态》为例，首先，人类是生物，生物需要各种自然条件提供的生态才能生存。

> 全部人类历史的第一个前提无疑是有生命的个人的存在。因此，第一个需要确认的事实就是这些个人的肉体组织以及由此产生的个人对其他自然的关系……地质条件、山岳水文地理条件、气候条件以及其他条件。

---

① 彭卫：《心态史学研究方法评析》，《西北大学学报》，1986年第2期。

② 张华：《马克思主义史学对法国年鉴学派的影响》，《商丘职业技术学院学报》，2005年第6期。

③〔法〕埃马纽埃尔·勒华拉杜里、周立红：《乡村史、气候史及年鉴学派——埃马纽埃尔·勒华拉杜里教授访谈录》，《史学月刊》，2010年第4期。

在适应自然条件中，人们组织物质生产和物质交往，并在此基础上产生各种意识。

> 道德、宗教、形而上学和其他意识形态，以及与它们相适应的意识形式便不再保留独立性的外观了。它们没有历史，没有发展，而发展着自己的物质生产和物质交往的人们，在改变自己的这个现实的同时也改变着自己的思维和思维的产物。不是意识决定生活，而是生活决定意识。[①]

（三）生物学—生态学—生态哲学视角

鉴于心态史容易引发“照搬西方理论”的联想，而称引马克思主义经典又容易产生“以威权压人”的误会，我以为，运用当今比较成熟的生物学、生态学、生态哲学相互递进深化的视角，或许更能与时俱进、创新视角及理论。

1. 生物学视角

相对于人类早期的宗教学视角、近代的物理学视角而言，生物学视角具有优越性。宗教学视角此处略而不论。就近代物理学视角而言，美国学者塞缪尔·阿贝斯曼认为，当今人类主要只有物理学的与生物学的两大思维方式，前者是化约的、简单的、线性的，带有决定论的倾向，而生物学思维则是系统的、复杂的、偶然的、特色的、多层的、多元的。“在物理学中，人们通过统一和简化去观察各种现象”；而“生物学家通常更愿意接受多样性，并倾向于陈列大量事实，而不在意这些事实是否能用某个统一理论来解释”。[②]

2. 生态学视角

人类是生物中的一类，需要复杂系统的生存条件来支撑其存活，而生态学视角正好能展示其繁复和系统。

> 生态系统是一个典型的复杂系统。例如，从群落或生态系统水平上看，生态系统由大量的物种构成，物种之间存在捕食和被捕食、寄生、互惠共生等复

① 马克思、恩格斯:《德意志意识形态》,《马克思恩格斯文集》第1卷，人民出版社，2009年，第519、525页。

② 〔美〕塞缪尔·阿贝斯曼著，贾拥民译:《为什么需要生物学思维》，四川人民出版社，2019年，第98页。

杂的种间关系，这些物种直接或间接地联结在一起，形成一个复杂的生态网络。而生态复杂性就是生态系统结构和功能的多样性、自组织性及有序性。①

3. 生态哲学视角

由于生存要素复杂关联，启迪人们从复杂而系统的角度去思考问题，“生态”一词迅速扩展至人们生活的各个领域，如社会生态、经济生态、政治生态、思想生态，进而细分为教育生态、体育生态、音乐生态、金融生态、校园生态，等等，最终形成一种思考问题的框架和处理问题的方法论，是为生态哲学。

美国物理学家卡普拉（F. Capra）认为，生态哲学是现代科学世界观，是科学最前沿的人的观点。他说：“一种新生态世界观正在形成，其科学形式是由系统理论赋予的。”他把生态哲学理解为生态世界观，是转变以往价值观而形成的新的生态世界观。我国学者余谋昌先生也认为：“生态学,或生态学世界观，它是运用生态学的基本观点和方法观察现实事物和理解现实世界的理论。”他在所著的《生态哲学》一书中对生态哲学的特点作了如下全面概括：“生态哲学是一种新的哲学方向。它产生于人们对当代生态危机的哲学反思，以及生态学发展的理论概括。生态哲学是一种新的世界观,它用生态学整体性观点去观察现实事物和解释现实世界。生态哲学是一种新的方法论。它以生态学方式思考，是科学的生态思维。”②

上述视角与前引阳明心学当代价值的各个视角是有明显差别的：该视角除人类的思想观念外，还关注自然气候及资源；除理性外，还关注直觉情绪与潜意识；除精英的、书面文本的思想史内容外，还关注与大众的群体无意识及其社会生活场景；除顾及思想的相对独立与传承外，还关注思想者的生物个体差异性，甚至关注到微生物与人类世界的关系；除思想、企业等单一视角外，还包含了更多复杂学科。因此，生物学—生态学—生态哲学的视角，具有比传统理论视角更多的复杂性、系统性、多层级

① 张知彬、王祖望、李典谟：《生态复杂性研究——综述与展望》，《生态学报》，1998年第7期。

② 何玉宏：《生态哲学对社会学的影响与启示》，《求索》，2007第1期。

性、偶然性、耦合性等特征，并且摒弃了传统化约、线性、简单因果等理论思维方式。

三、生物学—生态学—生态哲学视角的理论意义与实践意义

（一）以自然科学为基础，以人类社会关切为导向

我以为，一种视角应该以自然科学为基础才是可靠可信的，以人类社会关系为导向才是人文的、有意义的。

1. 具有自然科学的基础

马克思说："自然科学是一切知识的基础。"[①]恩格斯也认为："在从笛卡儿到黑格尔和从霍布斯到费尔巴哈这一长时期内，推动哲学家前进的，决不像他们所想象的那样，只是纯粹思想的力量。恰恰相反，真正推动他们前进的，主要是自然科学和工业的强大而日益迅速的进步。"[②]

上述论断符合从古希腊到西方近现代哲学家与自然科学家密不可分的实际。在公元前7世纪到公元15世纪上半叶，古希腊的哲学家既从事实际的科学观测和实践，又同时进行着抽象的哲学思辨。因此，其自然哲学同时也就是自然科学，二者浑然一体，难以区分。如古希腊大哲学家赫拉克利特、巴门尼德和阿那克西曼德均著有《论自然》，而阿那克萨哥拉著有《物理学》、亚里士多德著有《物理学》《论天》《论动物部分》等。进一层看：

> 但是，由于"自然"一词在希腊早期并不是指"自然物的集合"，因而"自然的发现"恰恰不是指希腊科学发现了各种各样前人未曾发现的"自然物"，而是指发现了一种通过追寻"本原""本质""本性"——一句话，通过追寻"自然"——来理解和把握存在者及其存在的方式。这种方式是希腊人独有的，也是希腊科学和哲学得以可能的前提。

---

① 马克思：《〈政治经济学批判（1861—1863年手稿）〉摘选》，《马克思恩格斯文集》第8卷，人民出版社，2009年，第358页。

② 恩格斯：《路德维希·费尔巴哈和德国古典哲学的终结》，《马克思恩格斯文集》第4卷，人民出版社，2009年，第280页。

> 由于“自然”意味着“本质”和“根据”，而追究本质和根据的活动就是今天被我们称为“科学—哲学”的活动，因此，所谓的自然科学就是科学，所谓的自然哲学其实就是哲学，加上“自然”二字，只是对“科学”或“哲学”之肇始的特殊路径的一种极富误导性的纪念。[①]

直到近现代，不少西方著名哲学家仍然兼具自然科学家的身份，如法国的笛卡尔，德国的莱布尼茨、康德，英国的普里斯特利等，除哲学外，都各在天文学、物理学、数学、化学等不同领域有很深的造诣。而牛顿的《自然哲学的数学原理》、爱因斯坦的《爱因斯坦文集》等，至今仍列于商务印书馆世界名著的哲学类。

仍然为中国人提供世界观和方法论的马克思主义，也是以19世纪三大自然科学的发现作为其基础的：其一，细胞学说说明了生命是物质而非神造灵物，有机界与无机界的隔阂相互消融，说明生物的运动、变化、发展皆有其内外原因；其二，能量守恒与转化定律启示了各种物质形式之间的相互依存与转换的辩证统一；其三，进化论印证了生物由简单向复杂、由低级向高级的进化过程，抨击了19世纪前物种不变论和将生物进化、运动看作是机械力作用的自然观。由此三者，奠定了马克思主义历史唯物主义与辩证唯物主义的世界观。

2. 能够回应人类的关切

我以为，当今人类的关切主要有二：一是人与人（含民族与民族、国家与国家、宗教与宗教）之间是和解还是分裂；二是人与自然之间是和谐还是冲突——因为这两者关系人类还能不能在地球上存在这一根本的终极问题。但从现实世界的发展看，当今人与人、人与自然不和谐乃至走向分裂的两大“毒素”正在积累，以至产生了“人类物种老化危机”。[②]

因此，生物学—生态学—生态哲学的视野，既有自然科学作为坚实基础，又能很容易地转向以当今人类所关切的自然生态、人文生态问题作为导向，从而具有理论意义。

---

① 吴国盛：《自然的发现》，《北京大学学报》，2008年第2期。

② 詹克明：《人类物种老化危机》，《新华文摘》，2020年第11期。

（二）弥补后现代主义缺乏理论建构的缺陷

人们普遍认为，后现代主义理论对现实世界解构有余而建构不足。

> 后现代主义过度地解构了一切，似乎从未考虑过建构，对于未来倾向于一种虚无主义和悲观主义……较为普遍的批评是认为后现代主义的思维方法只着重“破”（解构）而无所“立”（建构），是一种消极、负面的思潮。[①]
>
> 后现代主义给当代思想界留下的总的印象是解构有余建构不足。当旧的思想体系被解构掉，新的思想体系没有建立起来时，留给人们的是一片迷茫，无所适从。[②]

而生物学—生态学—生态哲学可能成为当今全人类的基本共识，从而具有普遍的和必然的理论意义。下面列举两本具有较大影响的西方思想史论著为证。

1.德威特的《世界观》

该书从科学哲学的角度，将西方人的世界观分为三个阶段：亚里士多德代表的世界观、牛顿代表的世界观和当代的世界观，并力图各用一个比喻来描述此三者。

> 在亚里士多德世界观中，一个常见的隐喻是把宇宙当作一个有机体，这也是通常在思考我们所居住的宇宙时所用的方法。就像有机体由许多部分组成，这些部分发挥各自功能来实现其目标。……在牛顿世界观中，我们开始认为宇宙像一台机器。我们认为，组成宇宙的物体彼此之间存在相互作用，就像一台机器的零件之间存在互相作用。就像机器零件是通过推拉其他零件而产生彼此之间的相互作用，我们认为宇宙中的物体也通过这样一种机械的方式来产生相互作用。

但该书结尾处，在谈及当下的世界观时，作者则感到了“失喻”。

---

① 洪长安、梁立新：《解构与建构：社会建构主义对后现代主义思维方式的超越》，《前沿》，2008年第9期。

② 张庆熊：《后现代主义与思想解放》，《复旦学报》，2009年第5期。

> 新近发展所主张的宇宙可能是一个无法用任何恰当的隐喻来总结的宇宙。……这是有史以来（至少是有记录的历史上）第一次，我们没有隐喻可以用，而且我们可能已经来到了一个分割点，从今往后，我们可能再也无法用一个恰当的隐喻来总结自己所处的世界了。①

然而，生物学—生态学—生态哲学的视角，则可能在走过否定之否定的过程以后，出现一个没有上帝、由人类自己齐心协力才能和睦共处的“新生物有机体”的世界观。

2.塔纳斯的《西方思想史》

该书具有叙事简洁明快、要言不烦的特点，但临近结束，却花了较大篇幅反复以“男性”立场与“女性”主义的话语言说，表述如诗句。作者反思西方思想长期以来犹如叛离母亲的男子：

> 西方传统的“人”一直是一个上下求索的男性英雄，一个普罗米修斯式的生物的、形而上学的反叛者，他不断追求他自己的自由和进步，因而他不断努力去区别他自己和他由此产生的母体，并且控制这一母体。
>
> 西方思想的演变发展是受到这样一种巨大的推动力推动的，这种推动力就是通过把他自己与自然的原初的统一脱离开来而铸造独立自主的理性的人类自我的一种推动力。西方文化极其重要的宗教的、科学的和哲学的观点一直受到这种决定性的男性主宰的影响。

这种“叛逆男子”式的发展，使整个人类面临着存在的危机：“作为孤独的、终有一死的有意识的自我，深深陷于最终毫无意义的、不可认知的宇宙，人类便面临着这种存在的危机。”怎样化解危机？作者憧憬西方“男性文化”与“女权主义的、主张生态保护的、古老文化价值的”等象征女性的文化相结合，指出：“我认为这种危机的解除现在正出现于我们的文化中女性的粉墨登场中：这不仅在女权主义的兴起中，……

---

① 〔美〕理查德·德威特著，孙天译：《世界观：现代人必须要懂的科学哲学和科学史》，机械工业出版社，2020年，第460—461、469页。

而且在对与地球以及地球上所有各种自然的形式的统一的不断增进的认识中，在主张生态保护的不断增强的意识中。”作者甚至还表达出与宋明理学家“天地万物一体之仁”说相类似的话语：“在对人类一体、天下一家的观念的不断增强的信奉中”，去解除危机。[①]

于是，在自觉不自觉中，作者把进取的人类放入巨大的生态“盖亚”“母体”“地球自然统一”“生态保护”等语境中，即回归到生物学—生态学—生态哲学的世界观之中。

以上两例，如果说德威特的“失喻”建立在科学哲学的基础上，塔纳斯的“联姻”建立在某种神秘主义直觉上，那么生物学—生态学—生态哲学的视角便可以说建立在更坚实的自然科学的基础上，它既建立了新的“隐喻”，又完成了“男性”与“女性”的“联姻”，更指向人类共同期待的生存前景，所以很有可能成为人类新世界观的表述方式。

（三）指导现实实践

这个生物学—生态学—生态哲学的理论视角可以指导现实实践，这里的现实实践主要包括社会操作实践与理论研究实践。

1.社会操作实践

从社会操作实践层面看，可进一步完善使良知、进取心“活在当下”的各种制度化因素。恩格斯指出：“每一个时代的理论思维，包括我们这个时代的理论思维，都是一种历史的产物。”[②]这种历史的产物并非以某种思想去影响当下思想，而是在顺应自然与人文生态的基础上，营造更适宜该思想得以成长的环境。比如，尽量营造“德福相配”的社会环境，尽量致力于实现民主、自由、平等、公正、法治、诚信、友善等社会主义核心价值观的各配套要素——使所有公民衣食无忧，具有尊严，并落实到老年人看病、儿童读书等的制度设计上——以用良知社会生态来塑造良知。

此外，我认为，能影响人心灵的方式，固然需要理性的说服，但或许更需要情感

---

① 〔美〕理查德·塔纳斯著，吴象婴、晏可佳、张广勇译：《西方思想史》，上海社会科学出版社，2007年，第482、483页。

② 恩格斯：《自然辩证法（节选）》，《马克思恩格斯文集》第9卷，人民出版社，2009年，第436页。

的打动与榜样的示范。就是说，从方式上看，也要符合大脑的接受规律——多层面、多系统地去影响对象的生物性器官。而这同样需要生物学—生态学—生态哲学视角的引领。

2. 理论研究实践

从理论研究层面看，可指导“修补世界观拼图”，使心学契合当代。根据马克思主义唯物史观，人们的世界观无不打上其社会生活的烙印。王阳明与当今，两个时代的社会生活烙印各有不同，可从自然环境与人文环境（含谋生、组织、行为、心态几种有机组合的秩序）两个方面加以简述。

王阳明所身处的社会生活是：自然环境因素，遇上了“明清小冰期”，深刻影响了生产、国防和社会安定。其时的谋生秩序，是以家户农耕为主，另外，城市商业开始萌芽；其时的组织秩序，是血缘家庭家族（基层家族制度，最高大一统的差序格局）；其时的行为秩序，是无处不在的神圣礼俗与逐渐世俗化的越轨行为并存。在此基础上的心态秩序，是建立在原初的“天人合一”观（农耕者的视野，感通式的思维，阴阳五行的分析框架）之上的人与自然的关系；是表现为地处世界中心的泛家族主义世界图景（仁爱基础上的，差序格局的）之上的人与他人、他国的关系；是确立在克己复礼、存天理去人欲之上的人与自己内心的关系；等等。

而当下的社会生活是：自然环境在科技与过分物欲驱使下日益恶化，但总体上没有影响人们对物质生活的美好想象；谋生秩序是以工业商业为主；组织秩序是进入城市人的陌生化，不再以血缘为纽带，而以利益而抱团；而行为秩序则是“除魅”以后“实用理性”的日常行为系统。在此基础上的心态秩序：在人与自然的关系上，是科学的普及与常识化使传统“天”的权威地位完全丧失；在人与自己内心的关系上，是个人日益原子化，物质欲求日益增多；等等。

又根据德威特的世界观理论，世界观像个“大拼图”，该拼图由人们对自然、人文、内心等复杂系统的观念共同拼凑而成。王阳明与当下是两个不同的时代，存在不同的社会生活背景，也就生发出不同的世界观。而两者的“核心拼图”至少有三大块很不一样，不能简单拼合：其一，人是逐渐演化来的仍然演化着的动物呢，还是天地造就的天然灵物？其二，天地是一个巨大复杂的无意志的自然系统呢，还是有意志的自然系统？其三，真理是不断在现实人生的实践进程中呈现的呢，还是存在于往日圣贤的话语之中？

上述三个具有重大差别的“世界观核心拼图”的客观存在，让昔日的阳明心学要想契合于当代民众的生活实践，可能需要认真而仔细地“打磨”，才能安放在当下民众的世界观里。但这些内容已经超出本文的主旨，需另著文章加以论述。

（作者顾久系贵州师范大学教授）

心学哲学阐释

心学的进路及其理论意蕴[①]

杨国荣

内容提要：王阳明的心学包含多重方面。在形而上之维，心学提出了“意之所在便是物”，其中蕴含通过人自身与对象的相互作用以形成意义世界的理论取向。这一进路不同于对超验存在的抽象构造，其主要特点在于联系人自身的存在以理解现实世界。心学的视域不仅体现于心与物的关系，而且展开于本体与工夫之辨。一方面，本体从本然走向明觉，离不开后天的工夫；另一方面，工夫不能从无开始，其展开过程需要从内在根据出发，后者即表现为本体。与本体和工夫的讨论相联系的，是王阳明对“事”的注重。从总的方面看，王阳明对“事”的理解包含二重性：一方面他表现出以心说“事”的趋向，另一方面他又将“事”看作是人的现实活动，并以参与多样之“事”作为成就自我的前提。王阳明所理解的自我，不同于封闭的存在，而是承担着社会责任并具有开放性。与之相关，王阳明提出了“万物一体”说，其中包含仁道高于权利以及人性平等的观念，后者构成了对正义作扩展性理解的前提。

关键词：心与物　本体与工夫　万物一体

作为一种创造性的思想体系，王阳明的心学包含多方面的内容，可以从不同角度加以理解和阐释。当然，这种理解和阐释需要围绕心学本身的内涵而展开。本文拟从若干侧面，对王阳明的心学作一论析。

---

① 本文系作者于2020年10月31日在浙江绍兴举行的“阳明心学大会”上的主旨演讲记录。

一

从逻辑上说，王阳明心学开始于对以往思想的反思。如所周知，王阳明曾出入于佛老，并曾信奉程朱理学，但是在对这些思想系统作进一步接触和了解之后，便逐渐对它们产生了怀疑。通过进一步的反思，王阳明既告别了佛老，也走出了理学的思想框架。

王阳明心学的特点在于不仅仅展现以上的反思意识和存疑意识，而且注重正面的建构性工作。在哲学理论的建构方面，王阳明形成了不少值得注意的观念，首先可以一提的是其在形而上层面的独特进路。如所周知，程朱理学以理为第一原理，以此为前提，程、朱更多地侧重于从理气关系这一角度去理解世界。就具体的经验对象而言，程朱理学也肯定理和气不可分，然而，在存在的本源这一形而上的层面，他们又强调理的主导地位。对世界的说明和理解，他们的特点即在于离开人自身的存在，以思辨的方式观照或构造外部世界。与理解世界的以上趋向不同，王阳明着重从人自身的存在出发把握存在。在谈到"意"与"物"的关系时，他曾指出："心之所发便是意，意之本体便是知，意之所在便是物。如意在于事亲，即事亲便是一物；意在于事君，即事君便是一物；意在于仁民爱物，即仁民爱物便是一物；意在于视听言动，即视听言动便是一物。所以某说无心外之理，无心外之物。"[①]这里值得注意的首先是"意之所在便是物"这一论点，其直接的含义是：当人的意识投射或指向对象时，这一对象便构成了人所理解的事物。可以看到，这里所说的"意之所在"，并不是指人通过意识活动构造一个外部的物理世界，而是表明外部世界唯有与人形成某种关联，才能成为对人具有意义的对象。

王阳明居绍兴时曾游南镇，在出游过程中，他的一位门人指着山岩中的花问道：山中的花自开自落，与人之心（意）"亦何相关"？这一诘问的寓意是：外部对象并不依存于"意之所在"。对此，王阳明的回复是："你未看此花时，此花与汝心同归于寂。你来看此花时，则此花颜色一时明白起来。便知此花不在你的心外。"[②]换言之，花开花

① 〔明〕王守仁：《传习录上》，〔明〕王守仁撰，吴光、钱明、董平、姚延福编校：《王阳明全集》卷1，上海古籍出版社，1992年，第6页。

② 《传习录下》，《王阳明全集》卷3，第107—108页。

落确实与人没有什么关系，但是，花的审美意义，包括其鲜亮与否，则离不开作为观赏者的人。观赏花的过程虽不决定其物理结构，但却使之获得审美意义。在王阳明看来，真正对人有意义的事物，只能是与人发生不同关联的存在。

以上是就对象世界而言。同样，社会领域也是如此。社会领域中存在多重人伦关系，在传统社会中，这种关系体现于父子之间、君臣之间等不同方面。然而，以上社会人伦关系之所以获得伦理、政治上的社会意义，则离不开人的作用，包括观念层面的作用。从本源的层面来说，对于没有任何伦理、政治意识的人而言，父母、君主与一般意义上的生物学对象并没有实质的差异，唯有对具有伦理、政治等意识的人来说，父子、君臣才成为伦理、政治关系的对象，并获得相关的伦理、政治意义。当王阳明说“意在于事亲，即事亲便是一物；意在于事君，即事君便是一物”时，便表明了这一点。可以看到，社会领域的对象之所以取得伦理、政治等存在形态，离不开人的作用，包括观念（意）活动。

王阳明对存在的如上理解，注重的是通过人与对象的相互作用以形成意义世界。对王阳明而言，形成于人的多样活动的存在形态，构成了与人相关的意义世界。这一进路既不同于对超验存在的思辨观照，也有别于对外在世界的抽象构造，其主要特点即在于联系人自身的存在以理解现实世界。从王阳明自身的学术思考看，心与物、心与理的分离，是他在本体论上面临的理论问题，而克服这种分离，便构成了其心学的使命之一。通过肯定人和对象的互动并关注由此形成的意义世界，王阳明同时表现出扬弃心与物、心与理截然相分的趋向。当然，对心物分离的以上克服，王阳明主要还限于观念的领域。

二

心学的视域不仅体现于心与物的关系，而且展开于本体与工夫之辨。心物之辨关乎对象之域，本体与工夫的论析则与人自身的存在相涉。作为中国哲学中的重要论题，本体与工夫之辨比较系统地展开于王阳明心学的整个体系中。如所周知，在王阳明及其后学中，关于本体与工夫的讨论和辨析构成了一个引人注目的方面。从哲学的层面来说，本体主要表现为人的内在精神结构或意识系统，这一意义上的本体不同于形而上视域中的实体：所谓“本”，即本然，“体”则指观念的存在形态，总起来，“本体”

的直接含义也就是本然之体，其实际所涉，是人心中本来具有的精神结构或意识系统。上述“本体”的具体内容，主要包括两方面，其一是广义的认识结构：包括对象性的认识（如道德领域中了解道德行为发生的具体情景、对伦理关系的把握或对规范的理解，等等）；其二是价值取向：作为工夫展开的内在根据，本体包含人的价值观念或价值取向。与本体相关的工夫，则展开为人的多方面活动，后者包括宽泛意义上的知与行。

按照王阳明的理解，本体固然具有先天性质（其形成并不依赖于工夫），然而，对本体的自觉意识，则离不开工夫的展开过程。王阳明以良知为心之本体，在他看来，这种本体固然天赋于每一主体，但最初它仅仅处于本然形态，如果停留于此原初状态，则“虽曰知之，犹不知也”。[①]要实现从本然走向明觉的转换，便不能离开后天的工夫。另一方面，本体对工夫也不可或缺。对王阳明而言，以广义的知与行为形态，工夫不能从无开始，其展开过程需要从内在根据出发，后者即表现为本体，而外在的知识结构以及普遍价值观念的内化则构成了其具体内容。这一意义上的本体制约着工夫的展开过程，并赋予它以自觉的形态。总体而言，王阳明认为，本体与工夫无法彼此相分：“合着本体的，是工夫；做得工夫的，方识本体。”[②]

就哲学的层面而言，无论是在中国哲学思想的历史演化中，还是在现代西方哲学的发展中，都可以看到某种消解本体的趋向。历史上的禅宗曾表现出“以作用为性”的进路，“性”与本体处于同一序列，所谓“以作用为性”，也就是把人的日常行为都视为人之本性或本体，这种看法实质上以为人的行为无须内在本体的引导，其内在指向在于消解本体。理学家如朱熹一再批评禅宗“以作用为性”，其实质的意义即否定其消解内在本体的理论取向。在现代哲学中，实用主义趋向于从认识论角度消解一般概念的作用。对实用主义而言，在人的生存过程中，重要的首先是在具体情景中解决各种困境和问题，由疑问的状态走向确定的形态，在这一过程中，情境被赋予主导的意义：人究竟做什么、如何做，都受到特定情境的制约，这一过程既非取决于一般的理论或一般的原则，也与作为普遍原则内化的意识结构（本体）无涉。从以上背景看，王阳明对本体与工夫的如上理解，无疑有其不可忽视的意义。

---

① 《大学问》,《王阳明全集》卷26，第972页。

② 《传习录拾遗》,《王阳明全集》卷32，第1167页。

三

与本体与工夫的讨论相联系的，是王阳明对“事”的注重。从儒学的演化看，儒家很早便形成了关注“事”的传统，后者首先体现于以“事”释“物”，郑玄对“物”的诠释便已开其端：“物，犹事也。”（《礼记注·大学》）这一界定一再为后起的哲学家所认同，如程颐便认为：“物则事也，凡事上穷极其理，则无不通。”①王阳明也上承了这一思想传统，肯定“物即事也。”②

“事”与物的主要差异在于，物是人所面对的对象，“事”则表现为人之所“为”或人之所“作”，亦即人自身所进行的多样活动，后者既包括与实际践行相关的对象性活动，也涉及观念形态的主观性活动。以“事”解释物，不同于前面提到的对世界的思辨构造，而是侧重于联系人自身存在及其现实活动去理解世界。“事”为人之所作，与之相联系，从“事”出发解释物，意味着把握外部世界需要联系人自身的活动，前面提到的“意之所在便是物”，便主要侧重于从人所从“事”的观念活动这一角度，去理解人之外的对象世界。当然，从总的方面看，王阳明对“事”的理解包含二重性：一方面，他认为：“虚灵不昧，众理具而万事出。心外无理，心外无事。”③这一看法蕴含以心说“事”的趋向；另一方面，如后面将论，王阳明又着重将“事”看作是人的现实活动，并以参与“事”为成就自我的前提。

对王阳明来说，“事”的意义不仅关乎对外部世界的理解，而且体现于人自身的德性涵养。注重人的内在德性和品格，构成了儒学的重要方面。德性如何培养？按王阳明的理解，除了在实际做事过程中进行磨炼之外，没有其他途径。《传习录》中曾记载了王阳明与弟子的如下对话：“问：‘静时亦觉意思好，才遇事便不同，如何？’先生曰：‘是徒知静养而不用克己工夫也。如此临事，便要倾倒。人须在事上磨，方立得住；方能静亦定，动亦定。’”④这里首先牵涉“静”与“事”的分别。“静”在此意味着

① 〔宋〕程颐：《伊川先生语一》，《河南程氏遗书》卷15，〔宋〕程颢、程颐著，王孝鱼点校：《二程集》，中华书局，1981年，第143页。

② 《传习录中》，《王阳明全集》卷2，第47页。

③ 《传习录上》，《王阳明全集》卷1，第15页。

④ 《传习录上》，《王阳明全集》卷1，第12页。

未参与“事”或与“事”无涉，以此为德性涵养的方式（所谓“静养”），相应地表现为置身“事”外。然而，这一类的涵养无法面对实际之“事”，所谓“临事倾倒”便表明了这一点。与之相对，“事上磨练”以实际地做事或处事为前提，并具体地表现为在参与“事”的过程中自我历练（包括经受各种困苦磨难），由此切实地培养自身的德性。

“事”有大小之分，按王阳明的看法，在“事上磨练”的过程中，不能忽略日常之事。《传习录》下卷记载：“有一属官，因久听讲先生之学，曰：‘此学甚好，只是簿书讼狱繁难，不得为学。’先生闻之曰：‘我何尝教尔离了簿书讼狱，悬空去讲学？尔既有官司之事，便从官司的事上为学，才是真格物。如问一词讼，不可因其应对无状，起个怒心；不可因他言语圆转，生个喜心；不可恶其嘱托，加意治之；不可因其请求，屈意从之；不可因自己事务烦冗，随意苟且断之；不可因旁人谮毁罗织，随人意思处之：这许多意思皆私，只尔自知，须精细省察克治，唯恐此心有一毫偏倚，杜人是非，这便是格物致知。簿书讼狱之间，无非实学；若离了事物为学，却是著空。’”[①]这一对话的核心在于：“事上磨练”应当从日常之事做起，人所应对之事，首先即体现于日用常行之中。

除了日常之事，王阳明更为注重的是人生大事。如所周知，王阳明12岁的时候，曾向他的塾师提出了一个十分严肃的问题：何为天下第一等事？第一等事，也就是天下最重要的事，塾师按当时的流俗之见，认为第一等事即科场得意、考取功名。王阳明对此不以为然，在他看来：“登第恐未为第一等事，或读书学圣贤耳。”[②]学圣贤亦即成就圣贤，在此，他把人格成就和提升（成就圣贤），看作是天下最为重要的事。这样，一方面，对日常之事不能忽略，另一方面，又应关注价值层面的重要之事，后者对人的成就来说，具有更为内在的意义。

“事”不仅与人个体人格的养成和提升相关，而且在更广泛的意义上涉及成就世界的过程。按王阳明的理解，做事过程同时也是成就世界的过程。他对格物致知的理解便着眼于这一角度：“若鄙人所谓致知格物者，致吾心之良知于事事物物也。吾心之良知，即所谓天理也。致吾心良知之天理于事事物物，则事事物物皆得其理矣。致吾心之良知者，致知也；事事物物皆得其理者，格物也。是合心与理而为一者也。”[③]“致吾

① 《传习录下》，《王阳明全集》卷3，第94—95页。

② 《年谱一》，《王阳明全集》卷33，第1221页。

③ 《传习录中》，《王阳明全集》卷2，第45页。

心良知之天理于事事物物"，也就是一个通过身体力行以作用于对象的过程，后者还同时表现为参与社会领域的多方面之事，而社会道德秩序则由此开始确立，这也就是所谓"事事物物皆得其理"的过程。普遍伦理秩序的以上建构过程，同时也是社会领域意义世界的生成过程。

如所周知，传统哲学对世界的理解，往往存在不同的趋向：或者以物观之，所谓"气论"便体现了这一点。"气"常常被视为物的一般形态，以此考察世界，即表现为以物观之。或者以理观之，"理学"即主要从"理"的角度来观察这个世界。或者以心观之，"心学"便趋向于从"心"的角度理解世界。在这方面，王阳明似乎具有二重性：一方面，作为心学一系的哲学家，他没有完全摆脱以心观之的取向；另一方面，他又并不仅仅限定在以心观之这一视域之上，而是同时注重以"事"观之，亦即从"事"的角度理解这个世界。从哲学的层面看，后者蕴含着重要的视域转换。

以"事"观之，既涉及对世界的理解，也关乎人自身。在从"事"出发考察世界的过程中，世界对人所具有的切身性得到了具体体现，这种切身性又以个体自身的存在为承担者。与之相联系，王阳明对自我和个体给予了较多的关注。他强调学贵得之于心："夫学贵得之心。求之于心而非也，虽其言之出于孔子，不敢以为是也，而况其未及孔子者乎！求之于心而是也，虽其言之出于庸常，不敢以为非也，而况其出于孔子者乎！"[①]这里的核心，在于拒绝一味信奉权威，注重个体的独立思考，以自我本身为判断的主体。

与之相关，王阳明主张以良知为自我的内在准则。具体而言，在观念的层面，他将良知作为判断是非的标准：某种观念、行为的是非、对错，都非根据权威来判断，而是通过人的内在良知来确认。在行为的层面，他则要求按良知作出选择，并且以良知为评判行为正当与否的标准。

而以良知为内在之则，与以普遍之理为准则有着本质区别。以理为准则注重的是外在的规范，并以此为最高的权威，而对个体及其行为则加以约束。以良知为内在之则，一方面并未完全忽略普遍准则，另一方面又注重把这种普遍准则与自我以及特定的情景联系起来。正是通过普遍准则和个体以及特定情境的联系，自我在具体行为过程中的所作所为才具有合理、合宜、合度的形态。如果仅仅抽象地引用一般的原则，

① 《传习录中》,《王阳明全集》卷2，第76页。

所做之事便常常会缺乏这样得宜、得体的性质。比如以孝而例，如果以良知为依据，则在寒冷的冬天，便应努力给父母创造温暖的环境，在炎热的夏天，即应使之感受清凉。这里体现的是对具体情景的注重，而非单纯地引用关于孝的抽象原则。

四

当然，王阳明所说的准则，并不仅仅诉诸个体之心而完全排斥理。事实上，良知的特点即在于心与理的统一，正由于良知同时包含普遍之理，因而它不同于个体的主观独断之见。从价值层面来说，这一意义上的良知又包含责任意识，以良知为准则，同时意味着个体应当承担普遍的社会责任。与之相关的是，自我不能导向以自身为中心或封闭自身，而是应当走向开放的自我。

由以上观念出发，王阳明提出了万物一体说。这一学说的要义在于将整个天下看作一体相关、命运与共的存在形态。具体而言，它包括两个方面，一是如何处理人与人之间的关系，一是如何协调人与物或人与对象的关系。从处理人与人之间的关系来说，万物一体说的核心观念之一是强调仁道高于权利，这里涉及普遍的仁道与个体权利之间的关系。如果考察王阳明对万物一体说的具体解释，便可以注意到，他特别强调不能仅仅以利益关系或权利关系作为处理人与人之间关系的原则。在他看来，如果单纯地以权利为交往的原则，往往会使人与人之间相互隔阂、相互冲突、相互对抗，最后甚至导致骨肉相残。与权利相对的是仁道，后者首先具体化为同情的观念，并推己及人、由近及远。根据仁道的原则，对于天下之人，包括社会上的弱势群体等，都应以普遍的同情之心加以关切，由此避免人与人之间的距离、隔阂，形成人与人之间的和谐关联。

从人与人之间的关系看，万物一体关联着所谓“满街都是圣人”的观念。王阳明有一个学生叫王艮，有一次，王艮从外面回来对王阳明说，他看到一个奇怪的现象，即满街都是圣人。王阳明对此做了肯定，并认为这是很正常的，没有什么可奇怪的。从儒学演化的历史来看，“满街都是圣人”并不是王阳明及其学生第一个提出来的。孟子已指出：“故凡同类者，举相似也，何独至于人而疑之？圣人与我同类者。”（《孟子·告子上》）“圣人与我同类”与“满街都是圣人”在逻辑上无疑有一致之处。从内在含义看，“满街都是圣人”并不是指街上碰到的任何人都已达到了圣人的完美人格境界，其实质是：街上看到的每一个人都具有同等的人性价值，从而应该以人性平等的意识给予他同等的对待。就讲学而言，王阳明曾对学生说："你们拿一个圣人去与人讲学，人见圣人来，都怕走了，如何讲得行！"[①]"拿一个圣人去与人讲学"，意味着具有一种道德上的优越感，并以居高临下的态度对待他人；人"都怕走了"，则表现为由此导致的心理距离以及与之相关的人己之分。只有从人性平等观念出发，人与人之间才能真正建立起相互平等的关系。可以看到，就人与人的关系而言，万物一体所涉及的价值观念主要包括两个方面：其一，仁道高于权利；其二，"满街都是圣人"所隐含的人性平等原则。

由此出发，对正义的观念可以重新加以理解。从实质含义来说，正义的核心观念是得其应得，即每一个人都应得到他应该得到的东西。这一意义的正义，首先关乎分配的原则。尽管后来的一些哲学家，如罗尔斯，认为得其应得会导致不平等，因为在天赋、社会地位等方面处于比较优势地位的人，会因此而得到更多的分配份额，由此导致社会不平等。但是，罗尔斯试图克服这种限度的进路，本身却显得十分抽象。他预设了所谓无知之幕，试图在隐去一切现实社会差异和社会背景的前提下，达到比较平等的共识。然而，这种基于"思想实验"的考察，完全游离于现实的存在形态，因而显得非常苍白空泛，以此为前提的理论推绎，无法在实质上达到公正的共识并克服社会的不平等。

如果从前述王阳明所主张的万物一体说出发，则对正义的观念便可作出另一重意义的理解。如前所述，传统的正义理论主要是以得其应得为实质的内容，其核心是对权利的关注，得其应得，也就是获得有权利、有资格获得的一切。这一意义上的正义，是建立在个体权利基础之上的。从万物一体的观念出发，则可注意到，除了"得其应得"之外，正义同时还关联着"得其需得"（获得每个人需要得到的资源）。个体的存在和发展，需要必不可少的社会资源。如何分配这些资源？仅仅根据个体权利，其结果便是引向"得其应得"：有权利据有，才能获得。与之相对，以万物一体为前提，则意味着肯定前述仁道高于权利的原则，并确认"满街都是圣人"所蕴含的人性平等。仁道高于权利意味着超越单纯的权利意识，人性平等则表明对所有社会成员都应一视同仁，并同等地给予他们以各自所需的发展资源，而不是仅仅根据某种特定的个体权

① 《传习录下》，《王阳明全集》卷3，第116页。

利或资格来分配社会资源。在这方面，万物一体说及其蕴含的内在观念，无疑可以使我们对正义理论达到更为深广的理解：基于万物一体说的“仁道高于权利”和“人性平等”的理念，在价值之域将“得其应得”逻辑地引向“得其需得”；后者通过扬弃仅仅依据个人权利的“得其应得”，而为扩展正义观念的内涵提供了前提。

万物一体说的以上含义，主要关乎人与人之间的关系。万物一体说的第二个方面，则涉及人与物之间的关系。这一意义上的万物一体说，同时指向广义的天人之辨，其中蕴含着尊重自然的观念：从万物一体的观念出发，便应当关切人之外的所有其他对象。事实上，早期儒家已提出了类似观念。孟子肯定“仁民爱物”，即一方面以仁道原则对待民众，另一方面又进一步把仁道观念推而广之，引向人之外的其他对象。万物一体说可以视为这一观念的延续和引申。其内在指向，在于通过以仁道观念对待人之外的对象，使人与万物和谐共存，以建立天人之间的统一形态，其中包含着生态意义上的天人合一观念。

五

在王阳明的心学中，与万物一体说相关的是良知和致良知说。简要而言，所谓良知即先天的道德意识，致良知的内在含义之一则在于达到对这种道德意识的自觉。这一过程具体包含两个方面。首先，致良知意味着超越道德的自发与道德的麻木。缺乏良知或虽有良知但没有自觉意识到良知之时，人的行为或许也会合乎普遍的规范，但二者的这种一致往往带有自发、盲目的特点。同时，缺乏良知意识，往往会对应当做的事完全无动于衷，更遑论自觉地履行相关的道德义务，这种现象便呈现为道德上的麻木。致良知既要求扬弃道德上的自发，也以超越道德上的麻木，并由此达到道德上的自觉为指向。其次，致良知要求化德性为德行。良知本身主要表现为内在的德性和内在的品格，但仅仅内在于意识的层面，并不能产生实际的作用。内在德性还需要进一步化为外在行为，只有这样，良知才可能展现其现实的社会作用。换言之，应当从道德意识的自觉，进一步走向道德行为的自觉。

从更广泛的意义上看，致良知说同时包含着化普遍的道德理想为现实存在的含义。良知既是一种道德意识，也是更广泛意义上的人性意识。如所周知，儒学从先秦开始就展开了人禽之辨，其核心就在于区分人性和物性，并由此把握人之为人的本质规定。

良知是从更广泛的意义上体现了对人不同于其他对象的内在本质之规定的肯定，这种本质规定以人性的形式呈现；致良知说则要求进一步发现人性的光辉，展现人性的光辉。从个体的层面来说，发现和展现人性光辉的过程，是以培养完美的人格为具体内容，并由此真正体现出人之为人的内在价值。而就更广泛的社会层面而言，发现和展现人性的光辉，则意味着使社会超越人的对象化和物化，从而逐渐走向合乎人性的存在形态。

上述致良知说同时又与知行合一说紧密联系在一起。事实上，在王阳明那里，致良知的过程与自觉的行为过程，往往彼此一致。概要而言，所谓知行合一，具体包括两个方面。首先是知应落实于行：判断是不是真正获得和把握了知，主要看是不是真正地依知而行。以孝而言，评判一个人是否“知”孝，不是根据其头头是道地陈述孝的内涵或表达孝的意向，而是要看他在面对父母时，是否积极落实了这方面的观念，唯有实际践行了孝的要求，才能说他懂得了孝。也就是说，主要在于通过行来确证是否真正拥有某种知识，以此来避免知行脱节、知而不行。知行合一的另一重含义，在于肯定以知来引导行：行的展开过程，始终应以知为指导，由此避免行的盲目性。

从知行合一的观念出发，王阳明对身心之学和口耳之学作了区分。在谈到为学进路时，他指出：“然世之讲学者有二：有讲之以身心者；有讲之以口耳者。讲之以口耳，揣摸测度，求之影响者也。讲之以身心，行著习察，实有诸己者也，知此则知孔门之学矣。”[①]所谓讲之以口耳，也就是入乎耳，出乎口，与之相关的知仅仅表现为对象性的知识，其内容主要是对外部对象的把握。这种知识具有外在的描述性或罗列性，而没有化为人的内在道德意识，也没有转换为自觉的道德要求。与此相对，“讲之以身心”则表明把所把握的普遍社会规范、原则已内化于人的内在道德意识，并成为人的内在意识结构和人的存在形态。由此，人的所作所为便可以自然而然合乎普遍的规范。

对王阳明来说，从口耳之学走向身心之学是解决知行相分的重要进路。知行之所以脱节，知之所以未能落实于行，主要便在于道德主体仅仅停留于口耳之学，入乎耳，出乎口，没有使之真正化为人的内在意识。唯有化口耳之学为身心之学，使外在的普遍社会规范成为内在良知的要求，才能自觉自愿地践行所知，克服知与行的分离。

（作者杨国荣系华东师范大学哲学系教授）

---

① 《传习录中》，《王阳明全集》卷2，第75页。

论良知作为人的本原性实在

董　平

内容提要：本文对王阳明的“良知”概念提出新的理解，认为总体上可界定为“人的本原性实在”，同时从四个方面：良知作为生命本原、良知作为情感本原、良知作为理性本原、良知作为德性本原，对“本原性实在”的意义分别进行论说，较为完整而又清晰地展示了王阳明哲学中的“良知”内涵。

关键词：良知　本体　本原性实在

王阳明哲学诞生于宋代以来理学发展的一般背景。就理学而言，作为中国历史上一次规模浩大、历时绵长的哲学—文化运动，从其对先秦儒学之体系化重新建构的基本结果来看，仍以“性与天道”之同一性及其经验贯彻为核心，只不过我们应当特别关注到的是，理学运动实质上是以已经实现了中国化形态的佛教为其理论解构对象的，因此佛教与道教也均作为“有意义的他者”而成为儒学重建的重要思想资源。先秦以孔孟学说为典范的原始儒学，经由新思想元素的融入，不仅其以“性与天道”之同一性理念为核心的思想结构呈现出理论上更为完整的体系性，而且在实践层面的展开也同样更具有体系的完整性。因消解佛教而融入佛教的观行系统以重建儒学，正是宋明理学的整体面貌。在王阳明哲学的整体结构之中，我们同样可以见到他对佛、道诸思想元素的圆摄，但我个人并不主张在具体研究上把王阳明哲学的思想构成再行拆解，将其学说之整体的构成部分还原为佛教或道教之说，虽然这种分析的方法有助于我们对阳明哲学在某种意义上的深入理解，但其结果同时也恐将肢解作为整体的“阳明学”。

王阳明哲学的整体结构，无疑以“良知”为最重要的基础性概念，是其全部哲学之总纲，是其学派之“宗眼”。平藩战争结束之后，王阳明开始正式宣讲良知学说。在写给邹守益的信中，他曾说：“某近来却见得良知两字日益真切简易。朝夕与朋辈讲习，只是发挥此两字不出。缘此两字，人人所自有，故虽至愚下品，一提便省觉。若致其极，虽圣人天地不能无憾，故说此两字，穷劫不能尽。”[①]在嘉靖六年（1527）赴思、田途中，王阳明寄书养子正宪，又说：“吾平生讲学，只是‘致良知’三字。”[②]可见“良知”之说，正为阳明先生毕生讲学精髓，是其晚年终穷究竟极说。既“说此两字穷劫不能尽”，则本文以下所说，自是一偏之见，仅是个人观点而已。

儒学所倡导的为学目的，由孔子而至于孟子，实已有转折存乎其中。孔子以“君子”为基本人格理想，虽力主“下学而上达”，但尚未有成为圣人之说。孟子以性本善为立论基点，则强调“圣人与我同类者”（《孟子·告子上》），故圣人可学而至，“人皆可以为尧舜”，“服尧之服，诵尧之言，行尧之行，是尧而已矣”（《孟子·告子下》）。理学之建构，既以消解佛教为基本理论目的，则相对于佛教之“成佛”，而“成圣”成为突出主题，儒学成为“圣学”。随着理学建构的不断深化，孟子学说之地位也不断上升，实与理学运动的这一本初目的有关。设若“成佛”之根据在一切众生皆本然具足佛之知见，而佛之知见，蕴在众生，故众生性即是佛性，心、佛、众生是三无差别，开示悟入佛之知见，以明心见性，即是成佛，那么同样的，“成圣”之根据也必然人人原所本具、本来具足而无有欠缺的。所谓“心性”问题之所以成为理学不论持何种观点而皆为坚持阐释的一个共同主题，同样与理学运动的本初目的相关。

王阳明自少年时即立志成为圣人，经百死千难，终悟“良知”二字乃“圣学”之“真血脉路”。嘉靖六年，他致书同门弟子，谓：“若今日所讲良知之说，乃真是圣学之的传，但从此学圣人，却无有不至者。”[③]故良知之说，乃是“圣学之的传”，是学以成为圣人之学，即是“圣学”。遵循孟子以来并经宋儒特为阐释发明的基本理路，则人人皆可成为圣人的根据必在于人人原本就具足圣人的本质，良知即是这一本质。因此在王阳明那里，良知的本原性意义并不与“知识”相联系，而是与存在相联系，是一个关于人的本原性实在的范畴。王阳明说：

---

① 〔明〕王守仁：《寄邹谦之（三）》，〔明〕王守仁撰，吴光、钱明、董平、姚延福编校：《王阳明全集》卷6，上海古籍出版社，2011年，第228页。本信系于嘉靖丙戌（嘉靖五年，1526年）。

② 《寄正宪男手墨二卷》，《王阳明全集》卷26，第1091页。

③ 《寄安福诸同志》，《王阳明全集》卷6，第248页。

心者身之主也，而心之虚灵明觉，即所谓本然之良知也。①

良知者，心之本体，即前所谓恒照者也。心之本体，无起无不起，虽妄念之发，而良知未尝不在，但人不知存，则有时而或放耳。②

性无不善，故知无不良，良知即是未发之中，即是廓然大公，寂然不动之本体，人之所同具者也。③

夫良知即是道，良知之在人心，不但圣贤，虽常人亦无不如此。④

天地之间，原只有此性，只有此理，只有此良知，只有此一件事耳。⑤

统观王阳明的这些论述，大抵可见“良知”与“道”“性”“理”“心之本体”等概念是具有内涵上的同一性的。依循先秦哲学的固有之说，“道”是宇宙全体之总相的本初原始者，是一切万物所从产生并获得其现存在的本原性根据，是宇宙的最高实在。由于它是本初原始者，所以道的自身存在不依于他者而有，是不能被二重化因而也不会陷入无限的二重性对待关系的，而永远保持其自身的独立自在；由于它是一切万物所从产生的本原，所以其自身存在的境域便既普遍存在于一切万物，而又超然于万物之表，其大无外而其小无内，是一切万物之无限多样的“现在”与“限在”之归极统一的原点；由于它是宇宙的最高实在，所以尽管由它所产生的一切万物都无有例外地处于无限的变化迁流之中，它却永恒保有其自性之真实，并成为一切万物所回归的最终居所，是为宇宙之究竟实相。本初原始之“道”以其自身的本然性运动而实现了天下一切万物，一切万物则皆因有得于道的“原质”而成就其各自的生存状态，同时也各具其性而各遂其生。凡有得于道者谓之“德”，德者谓之“性”。“德”在物谓之物之性，在人则谓之人之性，“性”即是道作为本原性实在的自身本质普遍贯彻于一切人一切物的共相真实。因此在一般的普遍意义上，“性”作为道之“德”而在一切众物群生的普遍实在，即是一切万物之终极统一的本原性根据。

在王阳明那里，良知即性即道，正是这一在本原性意义上的关于人的存在本质与

① 《答顾东桥书》，《传习录中》，《王阳明全集》卷2，第53页。

② 《答陆原静》，《传习录中》，《王阳明全集》卷2，第69页。

③ 《答陆原静（又）》，《传习录中》，《王阳明全集》卷2，第71页。

④ 《答陆原静（又）》，《传习录中》，《王阳明全集》卷2，第78页。

⑤ 《答聂文蔚（二）》，《传习录中》，《王阳明全集》卷2，第95页。

最高实在之同一性的建立与确认，为其“天地万物本吾一体”而共摄于良知的终极境界提供了形而上的基础。在作为人的本原性实在并纯粹同一于道的意义上，良知自体的实在性即是遍在、遍行、遍摄宇宙全体之一切现象的。《传习录下》载他与朱本思的一段对话，最有意味：

> 朱本思问：“人有虚灵，方有良知。若草、木、瓦、石之类，亦有良知否？”先生曰：“人的良知，就是草、木、瓦、石的良知。若草、木、瓦、石无人的良知，不可以为草、木、瓦、石矣。岂惟草、木、瓦、石为然，天地无人的良知，亦不可为天地矣。盖天地万物与人原是一体，其发窍之最精处，是人心一点灵明。风、雨、露、雷、日、月、星、辰、禽、兽、草、木、山、川、土、石，与人原只一体。故五谷禽兽之类，皆可以养人；药石之类，皆可以疗疾：只为同此一气，故能相通耳。”[①]

朱本思关于良知的理解显然还局限于自体，故有“草、木、瓦、石之类，亦有良知否”之问，而阳明则以“天地万物与人原是一体”为基点，对这一问题做了明确的肯定性回答：“人的良知，就是草、木、瓦、石的良知。”“人心一点灵明”，是天地发窍之“最精处”，即是共相统摄天地一切万物之存在的终极根据。换言之，良知本身的实在性是无限普遍地存在于天地一切万物的，并且正是良知的实在性才使天下一切万物，如风雨露雷、日月星辰、禽兽草木、山川土石，皆各各获得其存在样态的本然性呈现，天地以位，万物以育，是即所谓“物各付物”[②]，一切“物”的“现在”，皆得其

① 《传习录下》,《王阳明全集》卷3，第122页。

② “物各付物”之说，大抵是由程颐所提出的。《二程遗书》卷6《二先生语六》载：“‘致知在格物’，物来则知起。物各付物，不役其知，则意诚不动。意诚自定则心正，始学之事也。”（〔宋〕程颢、程颐撰：《二程遗书》卷6，上海古籍出版社，2000年，第134—135页）卷15《伊川先生语一》又载：“人不止于事，只是揽他事，不能使物各付物。物各付物，则是役物。为物所役，则是役于物。”（《二程遗书》卷15，第190页）然此卷原注“或云明道先生语”，则究竟为大程小程之说，似乎未定。卷18《伊川先生语四》又载：“盖人万物皆备，遇事时各因其心之所重者，更互而出，才见得这事重，便有这事出。若能物各付物，便自不出来也。”（《二程遗书》卷18，第251页）综合来看，此语出自小程子的可能性更大。然“物各付物”之意，实出老庄以道观物。以人观物，则物有贵贱大小高下尊卑，而不合于“物”之自身存在的本来情状；以道观物，则消泯一切人之主观性对于“物”之存在状态的价值附加，从而超离于相对性而得万物之本来情状。故邵雍《观物篇》说：“不以我观物者，以物观物之谓也。既能以物观物，又安有我于其间哉？”“无我于其间”，则“物各付物”也。故所谓“物各付物”，实即要求还原“物”之本然存在的真实相状，是一个关于“存在”的命题。

本然真实状态的呈现。以良知的普遍实在性而统约天下一切万物，故天下一切万物与吾原为一体，这一观点大概未必皆能为其弟子所恰当理解，故《传习录下》又有以下一段对话：

> 问“人心与物同体，如吾身原是血气流通的，所以谓之同体。若于人便异体了，禽兽草木益远矣，而何谓之同体？”先生曰：“你只在感应之几上看，岂但禽兽草木，虽天地也与我同体的，鬼神也与我同体的。”请问。先生曰：“你看这个天地中间，甚么是天地的心？”对曰：“尝闻人是天地的心。”曰：“人又甚么教做心？”对曰：“只是一个灵明。”“可知充天塞地中间，只有这个灵明，人只为形体自间隔了。我的灵明，便是天地鬼神的主宰。天没有我的灵明，谁去仰他高？地没有我的灵明，谁去俯他深？鬼神没有我的灵明，谁去辩他吉凶灾祥？天地鬼神万物离却我的灵明，便没有天地鬼神万物了。我的灵明离却天地鬼神万物，亦没有我的灵明。如此，便是一气流通的，如何与他间隔得？”又问：“天地鬼神万物，千古见在，何没了我的灵明，便俱无了？”曰：“今看死的人，他这些精灵游散了，他的天地万物尚在何处？”①

这段话最易被误解为“天地鬼神万物”为吾心“灵明”之表呈的所谓“唯心主义”观点，实则王阳明所强调的是，天地鬼神万物的存在，就其本质实在性而言，乃与吾心之灵明同体，所以人必须突破自我形体的间隔，方能直达本原，而还归天下一切万物之真实存在的本然状态。正由于人与天下一切万物是构成一个总相的生命存在之共同体的，并且这一共同体中的全部个体之存在实性是归源于、统一于良知的，是依良知而建立并呈现其“如是”之本来情状的，所以良知即是“天地之心”。也正是在“天地之心”的意义上，良知便又称之为“心之本体”或“本心”。

显而易见的是，作为本原性实在，良知是遍在于天地一切人、一切物的，实为一切现象剥离其现象之无限多样性与差别性之后的终极本原。这一本原乃为宇宙发窍之“最精处”，故其实在之本来相状原为“虚灵明觉”。“虚”谓其无自体而以天下一切万物为体，是为无限者本身；“灵”谓其自体虽寂然不动而物来顺应、感而遂通；“明”

---

① 《传习录下》，《王阳明全集》卷3，第140—141页。

谓其原本光明莹彻，其自性之光能照一切万物之本来情状而“物各付物”；“觉”则谓其常惺常觉常照而不堕昏昧。这一“虚灵明觉”之本体，或谓之“道”，或谓之“性”，或谓之“德”，或谓之“心”，其义一也；本体之自我展开，使宇宙一切万物各得其性，各遂其生，同时又调均天下而使一切万物无不处于无限统一的共相秩序之中，自有其本然之理，故“心即理”也。在王阳明那里，无论道、理、心、性，在作为无限广袤而又博厚高明、悠久无疆之宇宙生命共同体之本体的意义上，即总说为良知。故良知即是宇宙之终极实在，或谓之究竟实相；而谓之“良知”或“心之本体”，实是专就人而言。就人的存在状态而论良知，则良知作为人的本原性实在之义，若加具说，窃以为或可就四个层面而予以分别阐释。

一、良知作为人的生命本原

道体以其自身本原性的自然运动而普遍赋予一切万物以存在原质，而良知既同一于道，则良知乃为人之生命本原，自是当然之义。王阳明说：

> 所谓汝心，亦不专是那一团血肉。若是那一团血肉，如今已死的人，那一团血肉还在，缘何不能视听言动？所谓汝心，却是那能视听言动的，这个便是性，便是天理。有这个性，才能生这性之生理，便谓之仁。这性之生理，发在目便会视，发在耳便会听，发在口便会言，发在四肢便会动，都只是那天理发生，以其主宰一身，故谓之心。这心之本体，原只是个天理，原无非礼，这个便是汝之真己。这个真己，是躯壳的主宰。若无真己，便无躯壳，真是有之即生，无之即死。①

此处说“心”，固就“本心”或“心之本体”而言，实即是良知。人的经验生存自然离不开视听言动，视听言动是人作为生命体的本然能力，或谓之“生命力”。生命力的经验表达者虽为耳目四肢之“躯壳”，但“躯壳”并非“使动”者，而只是“从动”者，其动之所以可能，则原本于“心之本体”的“使动”，故心为身之“主宰”。因有

---

①《传习录上》,《王阳明全集》卷1，第41页。

此“主宰”，“躯壳”之视听言动方成为“性之生理”的体现，所以“心之本体”即是“真己”，是人的真实自我。“有之即生，无之即死”，唯此“真己”方是真实生命本身，是为人人本具的生命本原。“夫吾之所谓真吾者，良知之谓也。”[①]既为“真吾”“真己”，则良知即是“本来面目”：“‘本来面目’即吾圣门所谓‘良知’。”[②]既以良知为“本来面目”之“真己”，是生命自身之终究实相，那么它即与现象生命所表呈的状态有异。良知虽为生命活动之所以可能的本原性根据，但并不意味着生命的全部现象性活动均为良知自体的展开形态，因为经验世界中实际上存在着一种极为强大的“离心力”，往往使人的经验生存陷入无尽的二重性对待关系，从而导致身之“躯壳”与“心之本体”的两相分裂。但就心体之良知本身而言，它却是永不陷入二重性的，因为它本质上是不接受也是不可能被二重化的，它总是保持其自身实在的本来相状而独立自在的。正是在这一意义上，良知的存在才可称之为绝对、普遍与永恒。以下一段对话最有兴味：

> 问：“通乎昼夜之道而知。”先生曰：“良知原是知昼知夜的。”又问：“人睡熟时，良知亦不知了。”曰：“不知何以一叫便应？”曰：“良知常知，如何有睡熟时？”曰：“向晦宴息，此亦造化常理。夜来天地混沌，形色俱泯，人亦耳目无所睹闻，众窍俱翕，此即良知收敛凝一时。天地既开，庶物露生，人亦耳目有所睹闻，众窍俱辟，此即良知妙用发生时。可见人心与天地一体，故‘上下与天地同流’。今人不会宴息，夜来不是昏睡，即是妄思魇寐。”曰：“睡时功夫如何用？”先生曰：“知昼即知夜矣。日间良知是顺应无滞的，夜间良知即是收敛凝一的，有梦即先兆。”[③]

此段对话最为生动地表明了良知作为个体生命本原之真实恒在意义。现象生命的活动有作有息，但良知却常惺常知常觉，真实生命本体的自身存在无间于日夜，而总是保持其常惺的知觉状态。“日间良知是顺应无滞的，夜间良知即是收敛凝一的”，然不论“顺应无滞”还是“收敛凝一”，均为良知自身之在的本然方式：前者为良知在“应感”状态之下的随缘运用，后者为良知还归其自体之本在的自相；前者为本体的流行发

① 《从吾道人记》，《王阳明全集》卷7，第278页。

② 《答陆原静（又）》，《传习录中》，《王阳明全集》卷2，第75页。

③ 《传习录下》，《王阳明全集》卷3，第120页。

用，后者为本体的自体实存；前者为动，后者为静；然“体用一源，显微无间”，无论体用、寂感、动静，良知作为生命本原的自体实在，乃即体而显用，即用而归体，体用相即，动静一如。正因此故，“天地万物，俱在我良知的发用流行中”[①]，“天地间活泼泼地，无非此理，便是吾良知的流行不息”[②]，而使宇宙全体呈现为浑沦圆具之生命的大全。

二、良知作为人的情感本原

个体生命的经验存在，必是以感性方式来呈现的，或者说，人在经验世界中的现实生存即体现为感性存在。我们事实上只能通过视听言动之行、喜怒哀乐之情来实现作为生命体的现实存在，就此而言，则凡个体在与世界交往过程之中必不可免的视听言动、喜怒哀乐，在其本原性意义上，便均为生命之自身实在的呈现方式。喜怒哀惧爱恶欲，是为“人情”，然“人情”之表现形态的多样性，却并不意味着其“本体”也是多样的。就“人情”之“本体”而言，仍是唯一，是即良知。易言以明之，良知即是人的情感本原，而情感则是良知在经验生存状态之特定关系情境当中的感性表呈。王阳明说：

> 盖良知虽不滞于喜、怒、忧、惧，而喜、怒、忧、惧亦不外于良知也。[③]
>
> 喜、怒、哀、惧、爱、恶、欲，谓之七情。七者俱是人心合有的。……七情顺其自然之流行，皆是良知之用，不可分别善恶，但不可有所着；七情有着，俱谓之欲，俱为良知之蔽。[④]
>
> 喜怒哀乐本体自是中和的。才自家着些意思，便过不及，便是私。[⑤]

七情之自然流行既皆为良知之用，则良知为七情之本体，其义显明。在良知为七情之“本体”的意义上，则七情即为良知将其自身表达于经验世界的方式，是良知由

① 《传习录下》,《王阳明全集》卷3，第121页。

② 《传习录下》,《王阳明全集》卷3，第139页。

③ 《答陆原静（又）》,《传习录中》,《王阳明全集》卷2，第73页。

④ 《传习录下》,《王阳明全集》卷3，第126页。

⑤ 《传习录上》,《王阳明全集》卷1，第22页。

其作为本体之在自形而上的本在境域向形而下的经验境域的自主迁移，从而使其自身呈现为感性存在。按照王阳明的阐释，良知之存在境域的这种自主迁移是具有必然性的，因为正是这一境域迁移的实现，良知自身的本在才获得形上形下、先天后天、寂显静动的一体融通，才体现其真实存在的自身完整性。因此之故，喜怒哀惧等七情，就其作为良知之发用的本原性意义而论，“不可分别善恶”。因为良知自体之经验表达，也无非是视听言动、喜怒哀乐，故谓“喜怒忧惧亦不外于良知”，若除却喜怒哀乐、视听言动，则良知自体之实在即无由证验。因此作为七情之本原，良知本身即是“未发之中”“自是中和的”。

不过事情的另一方面是，喜怒哀惧之七情的经验表达，虽然在本原性意义上均可为良知本体的自身发越，但这一点却并不能确保处于经验状态之七情的已然表达皆能合乎良知自体作为本原性实在的本然状态。换言之，良知需以喜怒哀乐、视听言动来实现其自身存在境域的迁移，来使其本身的存在转换为感性方式而得以呈现，但作为呈现的结果，也即是经验状态的喜怒哀乐，却完全有可能与其本体的本原性存在状态不相合一。因为在经验状态之中，个体之七情的表达在现实性上是受到经验关系情境的基本制约的，或者说是有其经验情境的基本规定性的，正是这一现实的关系情境，在某种意义上即构成了对于情感之经验表达的“牵引力”，从而导致情感的经验状态与其本体状态之不相合一。正因此故，在经验关系情境之“牵引力”的作用之下，喜怒哀乐之情的表达，便可能失其本体之“中和”而有“过”或“不及”。失其中和，便是“私”，即是“欲”，而反成为良知之障蔽。然一切失中之过与不及，皆就良知自体之本然中正而言，也皆在良知自体之本然中正的“照鉴”之下而得以显现。而在王阳明的整体学说之中，这就已然属于“致良知”的义域了。因此在一般的普泛意义上，确保个体在经验世界中的全部视听言动、喜怒哀乐，皆能依循良知本体自身的本原状态来呈现的方式（或工夫），即是“致良知”。

情感之经验表达契合于良知自体的本原实在状态，即是良知于经验情境中之本然的真实呈现，经由良知自体之虚灵明觉的“反照”，则被还原为心体自身之“乐”。因此王阳明说：

> 乐是心之本体，虽不同于七情之乐，而亦不外于七情之乐。虽则圣贤别有真乐，而亦常人之所同有。但常人有之而不自知，反自求许多忧苦，自加迷

弃。虽在忧苦迷弃之中，而此乐又未尝不存。但一念开明，反身而诚，则即此而在矣。[①]

乐是心之本体。仁人之心，以天地万物为一体，欣合和畅，原无间隔。……其工夫只是时习。时习之要，只是谨独。谨独即是致良知。良知即是乐之本体。[②]

"乐是心之本体"，这一表达大概只见于王阳明。虽然心本体之"乐"在经验表达上仍体现为七情之乐的形式，但其实质并不相同。七情之乐是在关系情境之中由对象所触发的感官愉悦，它是否契合于良知自体的真实状态，或许是未经良知本体自身的内在照察与自我确认的，而心体之乐则实质上为良知自体对所发之情契合于其自身本原实在状态的确证，是良知本体自觉与天地万物为一体、"欣合和畅，原无间隔"而本原生发的自得之乐，是为"真乐"。孟子谓"反身而诚，乐莫大焉"，盖为阳明"乐是心之本体"之义在理论上的发源之处。然就个体的经验生存状态而言，七情之发之不得其"和"，实质上即在情感的经验表达不契于良知本体之本然实在状态本身，不契即不和，因为良知本体即是中和之体，同时也即为经验表达意义上的中和的限度。虽情感之表达有不中不和，但其中和自体原在，"一念开明，反身而诚"，则自得良知本体的自然中正，故"良知即是乐之本体"。

三、良知作为人的理性（知性）本原

在现实的经验世界中，人既需通过视听言动之行、喜怒哀乐之情之感性方式来实现其现实生存，则与事物世界的交往乃是必不可免的基本方式。按照通常的观点，人们正是在与事物世界的交往过程之中才获得了关于事物的知识，因此"知识"便似乎是包含于、存在于事物本身的。不过正如众所周知的那样，王阳明并不赞同这一观点。在他看来，如果"知识"存在于事物本身并且与"吾心"不相关联，那么要用"吾心"去获得关于事物的"知识"便是不可能的，因为若"心"与事物之"理"不具有本原性上的同一性，而是两个具有不同本原的存在序列，那么"心"即与事物之"理"处

---

① 《答陆原静（又）》,《传习录中》,《王阳明全集》卷2，第79页。

② 《答黄勉之（二）》,《王阳明全集》卷5，第216—217页。

于全然不相交涉状态，既两不相涉，则“心”如何能实现关于事物之“理”的“知识”呢？不过经验事实表明，人是能够具备关于事物的“知识”的，这实际上恰好就反过来证实了这样一点，即“吾心”与事物之“理”是具有本原性上的同一性的，而所谓事物之“理”或“知识”，因此也就原本并不存在于事物本身，而原在于“吾心”，是“吾心”原在之“理”在特定关系情境之中的当下呈现而已，“吾心”之全体则是本然地具足了一切事物之“理”的。“世儒之支离，外索于形名器数之末，以求明其所谓物理者，而不知吾心即物理，初无假于外也。佛、老之空虚，遗弃其人伦事物之常，以求明其所谓吾心者，而不知物理即吾心，不可得而遗也。”[①]“吾心即物理”“物理即吾心”，正是“吾心”与“物理”的本原性同一，才使良知展开其自体固有之知成为可能；而良知自体固有之知的展开，即表现为经验上的关于事物之“理”的“知识”。

毫无疑问，这一观点与王阳明独特的“格物致知”论有关，但我们在这里并不打算展开这一问题，而只想表明这样一点：在王阳明那里，作为心之本体的良知，实即是一切知识的本原。因有良知的本在，人们才可能在与事物世界的交往之中“获得”关于事物的“知识”，在具体关系情境之中基于事物的现在状态而从事判断、推理、演绎等知识活动。在作为知性本原的意义上，良知实际上指向人们原在的某种知识能力或能力之知，而就经验表达而言，原在的知识能力也仍然通过经验的知识形式来体现，所以王阳明说：“良知不由见闻而有，而见闻莫非良知之用，故良知不滞于见闻，而亦不离于见闻。”[②]“良知不由见闻而有”，是说良知作为知性本原的自体原在，任何经验意义上的“见闻之知”的叠加与累积既不可能导致良知的“形成”，也不可能导致良知的消解，经验之于良知自体的本初原在是毫无影响的；“见闻莫非良知之用”，则申明“见闻之知”之所以可能，恰在于良知自体的本初原在，是这一原在之知在经验情境之中的当下表呈而已。正因此故，则所谓经验知识的实现，实质上并不是“吾心”从事物当中还原出事物固有之理，而是良知以其自体所固有之能力而开显了其自体所固存之“物理”，因此任何知识形态都并不具有纯粹“客观”的性质，而只是作为知性本原之良知于经验情境之中的随缘显现，也即“见闻之知”乃是知性本原自体的“发用流行”。王阳明说：

---

① 《象山文集序》，《王阳明全集》卷7，第273页。

② 《答欧阳崇一》，《传习录中》，《王阳明全集》卷2，第80页。

凡多闻多见，莫非致良知之功。盖日用之间，见闻酬酢，虽千头万绪，莫非良知之发用流行，除却见闻酬酢，亦无良知可致矣。[①]

在“致良知”的经验意义上，“多闻多见”不仅不为良知之累，反而转为“致良知”之功，因为良知自体的“流行发用”原即是呈现为关于事物的“知识”的，实现这种经验知识的恰当性，或者更为清楚地说，按照作为知性本原的良知之本原能力来使事物还原其当前存在的本来状态，才是关于事物之“理”的真实还原，才是经验知识的恰当实现，而此同时便也即是“致良知”。

由于王阳明否定关于事物之理的“知识”是客观存在于事物本身的，因此常识意义上作为认知活动得以实现之必要条件的认知关系情境，在他那里是不能称为“认知关系情境”的，因为知识的实现本质上并不是认知活动的结果，而是良知自体在这一特定经验情境之中的“发用流行”，是以其本原能力而实现了其本原之知的自我表达。而良知之所以可能实现其原本所具足的本原之知的自我表达，则由于其自体原是具备“照”这一本原能力的。正是“照”这一良知所本具的本原能力才导致其本原之知在现实经验情境之中的发用流行。“照”是“镜体”之用，镜体静净而虚灵明觉，是以有无物不“照”之本然功用；良知之体也因静净而虚灵明觉，是以能照用无穷，故阳明善用“镜喻”。如说：

良知之体皦如明镜，略无纤翳。妍媸之来，随物见形，而明镜曾无留染，所谓“情顺万事而无情”也。“无所住而生其心”，佛氏曾有是言，未为非也。明镜之应物，妍者妍，媸者媸，一照而皆真，即是生其心处。妍者妍，媸者媸，一过而不留，即是无所住处。[②]

阳明也善用“日喻”，如说：

无知无不知，本体原是如此。譬如日未尝有心照物，而自无物不照。无照

① 《答欧阳崇一》,《传习录中》,《王阳明全集》卷2，第81页。

② 《答陆原静（又）》,《传习录中》,《王阳明全集》卷2，第79页。

> 无不照，原是日的本体。良知本无知，今却要有知；本无不知，今却疑有不知，只是信不及耳！[①]

无论是“镜”还是“日”，其共相是自体本明而能照。良知自体之实在原是虚灵明觉的，原是以“恒照”为其本原能力的，因此在个体的经验活动之中，只要无私意之羼入，便自然能实致其本体的当下流行，而还原事物之当前存在的真实状态，是即为“知识”。故王阳明说：“良知只是一个，随他发见流行处，当下具足，更无去来，不须假借。然其发见流行处，却自有轻重厚薄，毫发不容增减者，所谓‘天然自有之中’也。”[②]良知为“天然自有之中”，故即为“中体”，即是“未发之中”，“中体”以其天然自有之本原能力的“恒照”而实现其自体之当下的发用流行，便即是经验意义上之“知识”的实现，并且这一“知识”是面向事情本身的“物各付物”。然关于“中体”的意义，下文当做更为详细的论述。

四、良知作为人的德性本原

经验世界的生活事实表明，人人皆具有实践道德的能力。但如果经验呈现的善言善行没有其内在本原，而仅仅是一种外在的行为状态，那么这种所谓善言善行便仍然只是“习气”而非德行。事实上，这正是“乡愿”与“君子”的本质区别。从孔子开始，儒家即确立了人的存在本原与德性本原同一的根本观念，正源于这一本质同一性，人的存在性本身便需通过德性的实践来体现，或反过来说，现实生存过程中的道德践履，即是个体之本质存在性的真实表达。正是人的这一本原性实在需以德性之行来体现的根本观念，为儒家“下学而上达”架构了通途。王阳明的良知说同样确认这一点，良知既为人的本原性实在，便同时即为人的德性本原。而所谓德性本原，即是善本身，是为至善。王阳明说：

---

① 《传习录下》,《王阳明全集》卷3，第124页。

② 《答聂文蔚（二）》,《传习录中》,《王阳明全集》卷2，第96页。按：“更无去来”，“来”原作“求”，疑误，此据文渊阁四库本《王文成全书》。又，标点略有差异。

至善者，心之本体也。心之本体，那有不善？[①]

至善也者，明德亲民之极则也。天命之性，粹然至善。其灵昭不昧者，皆其至善之发见，是皆明德之本体，而所谓良知者也。[②]

至善者，明德、亲民之极则也。天命之性，粹然至善，其灵昭不昧者，此其至善之发见，是乃明德之本体，而即所谓良知也。[③]

良知即是"至善"，是为"天命之性""心之本体"。正是人的存在性与德性在本体意义上的本原性同一，才使经验上的一切"善的"成为可能，故谓良知即是德性之本原。良知本身既是"粹然至善"而又"灵昭不昧"，则本体自身之用的发越，即呈现为经验上"善的"行为，故凡经验上之"善的"，乃是必合乎良知本体自身之"至善"的本然状态的。"至善之发见，是而是焉，非而非焉，固吾心天然自有之则，而不容有所拟议加损于其间也。有所拟议加损于其间，则是私意小智，而非至善之谓矣。"[④]换言之，"善的"乃是"至善"本身的被表达状态，是良知作为德性本原在经验世界中呈现其自身的必然方式。

作为德性本原的良知之所以能够在经验中开显其自身而体现为道德之行，仍然涉及良知自体的本原能力。在德性本原的意义上，良知使其自体以其本然状态而呈现出来的本原能力，按照王阳明的阐述，则是良知的"自知"。自知者，不依傍任何他者而知，而是其自身所固有的天然自有之知；所自知者，则是"知善知恶""知是知非"。王阳明说：

良知者，孟子所谓"是非之心，人皆有之"者也。是非之心，不待虑而知，不待学而能，是故谓之良知。是乃天命之性，吾心之本体，自然灵昭明觉者也。凡意念之发，吾心之良知无有不自知者。其善欤，惟吾心之良知自知之；其不善欤，亦惟吾心之良知自知之。是皆无所与于他人者也。[⑤]

---

① 《传习录下》，《王阳明全集》卷3，第135页。
② 《亲民堂记》，《王阳明全集》卷7，第280页。
③ 《大学问》，《王阳明全集》卷26，第1067页。
④ 《亲民堂记》，《王阳明全集》卷7，第280页。
⑤ 《大学问》，《王阳明全集》卷26，第1070页。

凡人之为不善者，虽至于逆理乱常之极，其本心之良知，亦未有不自知者。但不能致其本然之良知，是以物有不格，意有不诚，而卒入于小人之归。[①]

只此自知之明，便是良知。致此良知以求自慊，便是致知矣。[②]

“自知”是良知本体之本原能力的自我发越，而不是任何常识意义上的认知活动；“善恶”“是非”作为“知”的结果，也非关系情境之下经由审度、思虑、权衡、推演而实现的知识判断，而是良知于此情境之中其自体之本原真实的当下呈现。由于良知本体原是个“未发之中”，是中体本身，其自身之实在的“性质”是超越于经验相对意义上的善恶是非的，因此也即是“无善无恶”的；正因其自体作为中体而“无善无恶”，它才可能成为一切经验之善恶的判准：凡合乎其自体之本然真实状态的经验表达，也即所谓“自慊”者，在经验价值上即体现为“善的”，因为它是贯彻并保持了良知自体之整全的同一性的；凡不能“自慊”，也即不能保持良知作为中道自体向经验贯彻之同一性的，则体现为经验意义上之“恶的”。所以王阳明曾说：“性之本体原是无善无恶的，发用上也原是可以为善，可以为不善的，其流弊也原是一定善一定恶的。”[③]本体的“无善无恶”之所以可能在“发用”上、在“流弊”处而一定有善有恶，则源于审度思虑之“意”的“自作主张”而不能依循良知自体之本然真实，是即“意”有不诚而“知”有不致。因此当良知“自知”之本原能力发越之际，一依其“自知”之真实状态而落实于经验行为，将良知之所“自知”的善恶是非贯彻于经验之中，即是“诚意”，即是“致良知”，也即是在“致良知”意义上的“知行合一”。不过此重意义我们在这里只是提及而已，暂不做具体展开。

以上所述王阳明良知概念的四个层面，不过是出于“研究”的目的而予以分别具说，绝不是说王阳明那里存在着“四种良知概念”。良知只是一良知而已。散总为别，则本文权为四层而具说；摄别归总，则究竟说为人的本原性实在。作为本原性实在，良知只是唯一，是为浑沦圆具之大全，原为不可分割、不可支离。良知自体虽一，而其用无穷，故其体归寂则一切皆寂，其体显用则全体皆显；然良知本体则无寂无不寂、无显无不显，而永恒保有其自体之在的真实体性，只是一虚灵明觉、常乐我净而已。

---

① 《与陆清伯书》,《王阳明全集》卷27，第1112—1113页。

② 《与王公弼》,《王阳明全集》卷5，第220页。

③ 《传习录下》,《王阳明全集》卷3，第130—131页。

就宇宙全体而论良知，则良知即是道，所谓充塞宇宙、周流六虚、发育峻极，皆无非良知之用；就人而论良知，则良知即是“天植灵根”[①]，原与道体为一，无少间隔。正是这一“天植灵根”，才成为人的本原性实在；正是这一本初原始之实在的自身实在，才使先天与后天、形上与形下、生存与价值、经验与至善，皆全体统摄于个体现实生存过程中之“致良知”的实践；正是“致良知”的实践，才使人的生命境域显现其博厚高明的无限广大。人与天下万物为一体，是即实相。

（作者董平系浙江大学哲学系教授）

① 《传习录下》，《王阳明全集》卷3，第115页。

陆象山的读书法[①]

何 俊

内容提要：宋代理学在打破汉唐经学静态化的注释氛围中展开，完成了对文本从传统的简单接受到批判性接受的转移。相较于朱子以文本为中心的认知读书法，陆象山更加强调读者参与文本的读书法。读古注以知晓文义是象山的读书门径，它以“反之吾心”作为印证史事的根本依据。通过反复诵咏的体验方法，外在的文本完全内化为主体内在的构成，最终落实为自己的“心解”。要之，以读者为中心的象山读书法，使得主体性获得了高度彰显，分析与批判的理性精神亦由此获得确立，具有突破传统而转向现代的深刻内涵。

关键词：陆象山　读书法　“心解”

宋学兴起，后世凡言读书方法，首推朱子。《朱子语类》卷10、卷11专论《读书法》，诚为朱子读书方法的重要示范。陆象山与朱子形成巨大反差。象山虽然强调自己“何尝不读书来？只是比他人读得别些子”[②]，但之所以如此自辩，一方面多少表征着象山之学是不重视读书的，不管这样的形象建立是象山自己有意无意的结果，还是别人的误解与否。既然不读书，自然更谈不上什么读书法。另一方面，象山有此自辩，同样也表征了象山是读书的，而且是有自己的一套读书方法的。最近的研究也已开始关

① 本文系浙江省稽山王阳明研究院重大课题“王阳明心学对现代新儒学的影响”（2020ZW0101）的阶段性成果。

② 〔宋〕陆九渊：《语录下》，〔宋〕陆九渊著：《陆九渊集》卷35，中华书局，1980年，第446页。

注这一事实。[①]本文希望基于最新的研究，能对象山的读书法再作一些申说，以为推进。

一、自出精神与他披判

象山读书法比较完整系统的论述，即“读书之次”，可以他的书信《与刘深父》为代表，然后参以其他加以阐明。兹先照录《与刘深父》所云：

> 至于圣贤格言，切近的当，昭晰明白，初不难晓。而吾之权度，其则不远，非假于外物。开卷读书时，整冠肃容，平心定气。诂训章句，苟能从容勿迫而讽泳之，其理当自有彰彰者。纵有滞碍，此心未充未明，犹有所滞而然耳。姑舍之以俟他日可也，不必苦思之。苦思则方寸自乱，自蹶其本，失己滞物，终不明白。但能于其所已通晓者，有鞭策之力，涵养之功，使德日以进，业日以修，而此心日充日明，则今日滞碍者，他日必有冰释理顺时矣。如此则读书之次，亦何适而非思也。如是而思，安得不切近？安得不优游？若固滞于言语之间，欲以失己滞物之智，强探而力索之，非吾之所敢知也。[②]

首句强调“圣贤格言，切近的当，昭晰明白，初不难晓”，这是象山对于包括经典在内的文本的基本态度。象山以为，人的本心是一样的，存于事物中的道理也是一样的，不以时空而改变，因此面对经典，“吾之权度，其则不远，非假于外物”，只要依其本心，“平心定气”去读即可。象山曰：

> 孩提之童，无不知爱其亲，及其长也，无不知敬其兄。先王之时，庠序之教，抑申斯义以致其知，使不失其本心而已。尧舜之道不过如此。此非有甚高难行之事，何至辽视古俗，自绝于圣贤哉？[③]

---

① 刘飞飞：《论陆九渊的读书法》，欧阳祯人主编：《心学史上的一座丰碑——陆象山诞辰880周年纪念》，武汉大学出版社，2020年。

② 《与刘深父》，《陆九渊集》卷3，第34—35页。

③ 《贵溪重修县学记》，《陆九渊集》卷19，第237页。

由于象山的宗旨在本心的自觉与发明，读书本质上只是一个外部的引导与印证，因此能读懂，自然表明本心有所共鸣，对事理已获明察，反之，则表明“此心未充未明，犹有所滞”。只是不必为此烦恼，更不必去苦思，否则徒乱本心，“自蹶其本，失己滞物”。如果能将不懂的暂且放下，只在已读懂的方面鞭策、涵养，那么“此心日充日明，则今日滞碍者，他日必有冰释理顺时矣”。

当然，要“能于其所已通晓者，有鞭策之力，涵养之功，使德日以进，业日以修，而此心日充日明”，必须是有条件的，那就是读书要落在自己身上，或者说自己要参与到文本中。象山在《与吴仲时》信中说：

> 他人文字议论，但谩作公案事实，我却自出精神与他披判，不要与他牵绊，我却会斡旋运用得他，方始是自己胸襟。[①]

象山这封信中所讲的，虽然不免有特殊的针对，即对付科考的时文研读，但亦是他最基本与最根本的读书方法，姑可称之为参与读书法。如果比较象山这一参与读书法和朱熹的读书法，大致可以讲，朱熹的读书法是认知读书法，重在对文本作客观的理解，而象山的读书法重在对文本作主观的参与，以及基于这种参与的接受。不过，必须紧接着说明，作这样的区别，只是为了凸显象山的参与读书法相对于朱熹认知读书法的特点，而不可将这一区别推到极致。从大的方面讲，整个宋代理学就是在打破汉唐经学偏重静态化注释的氛围中展开的，因此无论朱熹或象山，都已完成了对文本从传统的简单接受到批判性接受的转移。若具体到朱熹与象山的读书来说，朱熹《读书法》开卷两条便强调：

> 读书乃学者第二事。
>
> 读书已是第二义。盖人生道理合下完具，所以要读书者，盖是未曾经历见许多。圣人是经历见得许多，所以写在册上与人看。而今读书，只是要见得许多道理。及理会得了，又皆是自家合下元有底，不是外面旋添得来。[②]

---

① 《与吴仲时》,《陆九渊集》卷6，第88页。

② 〔宋〕朱熹:《读书法（上）》,〔宋〕朱熹撰，朱杰人等主编:《朱子语类》卷10,《朱子全书》，上海古籍出版社、安徽教育出版社，2002年，第14册，第313页。

换言之，在读书的根本是明理以成圣贤上，朱熹与象山几乎没有区别。但在明确了这样的共同性以后，则又必须指出，象山更强调读者的主观参与性接受。就此而言，象山的读书法堪比姚斯的接受美学理论。姚斯讲：

在这个作者、作品和大众的三角形之中，大众并不是被动的部分，并不仅仅作为一种反应，相反，它自身就是历史的一个能动的构成。一部文学作品的历史生命如果没有接受者的积极参与是不可思议的。因为只有通过读者的传递过程，作品才进入一种连续性变化的经验视野。①

在上引《与吴仲时》信后，已讲到象山所言有科考时文研读的具体针对，即象山一开始便以读曾巩文章为例示谈如何读，并不限于经典研读，这意味着象山的参与读书法与姚斯的接受理论是一样的，具有普遍的思想意义。

在接着上引那段书信语后，对于接受者如何积极主动地参与到文本中，象山更具体地讲：

途间除看文字外，不妨以天下事逐一自题评研核，庶几观它人之文自有所发。所看之文，所讨论之事，不在必用，若能晓得血脉，则为可佳。若胸襟如此，纵不得已用人之说，亦自与只要用人之说者不同。②

从“晓得血脉”，到“纵不得已用人之说”，便是姚斯所谓的读者使文本“进入一种连续性变化的经验视野”。由于象山认为“尧舜之道不过如此”，并非“有甚高难行之事”，读者不应“辽视古俗，自绝于圣贤”，而应把经典文本处于完全平等的意义上作日常的道理看。因此，象山实际上是把“六经”拉低了，或者说是把读者抬高了，只要读者能融入自己的生命体会，包括“六经”在内的往圣前贤的著述就“进入一种连续性变化的经验视野”。可以说，“在这个作者、作品和大众的三角形之中”，就对于作为读者的大众参与性的强调而言，象山的参与读书法，“自出精神与他披判，不要与

① 〔德〕H.R. 姚斯著：《走向接受美学》，〔德〕H.R. 姚斯、〔美〕R.C. 霍拉勃著，周宁、金元浦译：《接受美学与接受理论》，辽宁人民出版社，1987年，第24页。

② 《与吴仲时》，《陆九渊集》卷6，第88页。

他牵绊，我却会斡旋运用得他"，恐比姚斯的接受理论有过之而无不及。

基于这样的参与读书法，毫无疑问，就必然面对一个基本的事实，即读者的经验与识见是不一样的，存在着很不相同的阅读与理解层次。由前引《与刘深父》书，可知象山完全意识到这一事实性存在。正因为如此，故象山反复强调读书应从容易接受处入手，将不易接受的暂且放下。象山《语录》载：

> 先生云："学者读书，先于易晓处沉涵熟复，切己致思，则他难晓者涣然冰释矣。若先看难晓处，终不能达。"举一学者诗云："读书切戒在慌忙，涵泳工夫兴味长。未晓莫妨权放过，切身须要急思量。自家主宰常精健，逐外精神徒损伤。寄语同游二三子，莫将言语坏天常。"①

这里引的这首诗，清楚表明，象山读书预设的前提是"天常"重于"言语"，故"读书"的明白与否，根本不是在对象性的书，而是在"切身"的"涵泳工夫"，落处就是本心，即"自家主宰"。而前一句话，前引《与刘深父》书也讲了。在另一封《与邵中孚》信中，象山对此讲得更具体。象山曰：

> 大抵读书，诂训既通之后，但平心读之，不必强加揣量，则无非浸灌、培益、鞭策、磨励之功。或有未通晓处，姑缺之无害。且以其明白昭晰者日加涵泳，则自然日充日明，后日本原深厚，则向来未晓者将亦有涣然冰释者矣。②

象山首先提到的"诂训既通"问题，即《与刘深父》信中讲的"诂训章句，苟能从容勿迫而讽泳之"。如何做到"诂训既通"，且待下文再说。这里仍就象山对"诂训既通之后"的"平心读之"，即其读书法作进一步阐明。象山的"平心读之，不必强加揣量"，"则无非浸灌、培益、鞭策、磨励之功"。严格地讲，上一章所论象山"六经注我"，这个"注"字，绝不是寻常的"注释"，正是此处讲的"浸灌、培益、鞭策、磨励"。换言之，"平心读之"的工夫全是落在自身的"浸灌、培益、鞭策、磨励"，而不

---

① 《语录上》,《陆九渊集》卷34，第407—408页。

② 《与邵中孚》,《陆九渊集》卷7，第92页。

是在“揣量”对象性的文本。文本“或有未通晓处，姑缺之无害”。相反，务求通晓，正坐“强加揣量”之病。

那么，象山所谓的“难晓处”究竟又是什么呢？象山在《与邵中孚》信中更进一步举例以示法。象山曰：

> 《告子》一篇，自“牛山之木尝美矣”以下可常读之，其浸灌、培植之益，当日深日固也。其卷首与告子论性处，却不必深考，恐其力量未到，则反惑乱精神，后日不患不通解也。

“自‘牛山之木尝美矣’以下”与“卷首与告子论性处”的区别，就在于前者多讲具体的“浸灌、培植之益”，都属于可以落在个人生命中的践履，用一日工夫，就能得一日收获；后者主要是作形而上的抽象思辨，对于普通读者而言，多属“难晓处”，故“不必深考”，因为读者的“力量未到”，过多思考这些抽象的人性问题，不仅无益，“反惑乱精神”。象山并不排除“论性处”，只是在他看来，这些形而上的抽象思辨，有待于读者自身“力量”的增强，当工夫到了某种程度，这些思辨性的讨论“不患不通解也”。不过，话虽如此说，但很显然，象山的重心还是明确的。读书的目的在于读者的生命有所受用，因此，读书要由易而难，由浅而深。易与难，浅与深，原本是相对的，故对其评定在于读者自身。这也是象山凸显读者在文本的历史生命构成中的能动性的表征。至此，可以一言以蔽之，读者参与文本的读书法是象山认为最重要也是最好的方法，即如象山自己在《与邵中孚》信中所断言的：“此最是读书良法。”①

二、章分句断寻其意旨

由于象山读书法的整个重心是在强调“接受者的积极参与”，诂训章句“难晓处”暂且放下，因此在世人看来，象山读书法中关于诂训章句的学习方法，在某种程度上被遮蔽或被忽视了。实际上，这种看法是失之偏颇的。因为象山对此既有要求，又有门径。就要求言，仅举象山一句话便足以概之：

---

① 《与邵中孚》，《陆九渊集》卷7，第92页。

束书不观，游谈无根。[①]

只是，象山对读书的要求不在数量，而在真正有所受用。象山曰：

后生惟读书一路，所谓读书，须当明物理，揣事情，论事势。且如读史，须看他所以成，成以败，所以是，所以非处。优游涵泳，久自得力。若如此读得三五卷，胜看三万卷。[②]

当然，读书要达到这个目标，并不容易，故必有门径。象山又曰：

读书须是章分句断，方可寻其意旨。[③]

后生看经书，须着看注疏及先儒解释，不然，执己见议论，恐入自是之域，便轻视古人。[④]

如果将此论断对照前引《与吴仲时》信中所讲的“他人文字议论，但谩作公案事实，我却自出精神与他披判，不要与他牵绊”，便可以看出，两者几乎完全是冲突与矛盾的。《语录》中还有一则：

某读书只看古注，圣人之言自明白。且如“弟子入则孝，出则弟”。是分明说与你入便孝，出便弟，何须得传注。学者疲精神于此，是以担子越重。到某这里，只是与他减担，只此便是格物。[⑤]

首句自称“某读书只看古注”，后面又举《论语》“弟子入则孝，出则弟”为例，强调意思很分明，“何须得传注”，并且申言时风是疲于传注，而自己是着力于减轻负担。

① 《语录上》，《陆九渊集》卷34，第419页。
② 《语录下》，《陆九渊集》卷35，第442页。
③ 《与傅圣谟》，《陆九渊集》卷6，第79页。
④ 《语录下》，《陆九渊集》卷35，第431页。
⑤ 《语录下》，《陆九渊集》卷35，第441页。

如何合乎情理地解释象山言语之间的这种冲突与矛盾，从而真实地把握他的读书门径？或以为“某读书只看古注”是“只看古书”之误。[①]在没有旁证的情况下，以改字来强作解释，并不可取。况且，仅就上引这则语录而言，“某读书只看古注，圣人之言自明白”自为完整一句，此下以“且如”转为具体的举例，与前一句只有“圣人之言自明白”的关联，与“某读书只看古注”并无实际关联。当然，后半截的举例，重心是在“减担”，不要疲精神于传注，但不足以据此改“古注”为“古文”。事实上，前一条语录已非常明确，“后生看经书，须着看注疏及先儒解释”，所谓“须着看”，表明象山对看注疏是视为必要性前提的。

合乎情理的解释应该是，象山的读书门径，“须着看注疏及先儒解释”，“章分句断”，与此同时，又必须明确这不是读书的目的，更不能缠绕于此。象山曰：

> 读书固不可不晓文义，然只以晓文义为是，只是儿童之学，须看意旨所在。学者须是有志读书，只理会文义，便是无志。[②]

“文义”与“意旨”是读书的两个层次。“文义”在前，需先看注疏。对此，象山是非常明确的；而且他对注疏有自己的选择，即“古注”为主。《语录》载：

> 或问读六经当先看何人解注？先生云：“须先精看古注，如读《左传》则杜预注不可不精看。大概先须理会文义分明，则读之其理自明白。”[③]

这则语录对于理解象山读书法“须先精看古注”，尤为重要。宋儒研究《春秋》，沿袭啖助新《春秋》学派，舍传求经，这是理学由经学中转出的重要标志。[④]象山对此是非常肯定的。象山曰：

> 尝阅《春秋纂例》，谓学者曰：“啖、赵说得有好处，故人谓啖、赵有功于

---

① 《论陆九渊的读书法》，《心学史上的一座丰碑——陆象山诞辰880周年纪念》，第587页。

② 《语录下》，《陆九渊集》卷35，第432页。

③ 《语录上》，《陆九渊集》卷34，第408—409页。

④ 何俊著：《从经学到理学》，上海人民出版社，2021年。

《春秋》。”又云：“人谓唐无理学，然反有不可厚诬者。”[①]

但是，他强调“读《左传》则杜预注不可不精看”，在理论上是表征了象山义理隐含于史实，史实即是展开于人的生活的思想，而就此处所讨论的读书法而言，则无疑充分表明他对“古注”的重视。

在“古注”中，象山不太满意的主要是赵岐的《孟子正义》。象山在前引“须先精看古注”那则语录最后，便转出一句评断：

然古注惟赵岐解《孟子》，文义多略。[②]

这当然也是事实。四库馆臣有很中肯的论断：

汉儒注经，多明训诂名物，惟此注笺释文句，乃似后世之口义，与古学稍殊。然孔安国、马融、郑玄之注《论语》，今载于何晏《集解》者，体亦如是。盖《易》《书》文皆最古，非通其训诂则不明。《诗》《礼》语皆征实，非明其名物亦不解。《论语》《孟子》词旨显明，惟阐其义理而止，所谓言各有当也。[③]

也许，正如四库馆臣所言，由于“《论语》《孟子》词旨显明，惟阐其义理而止”，不必过多纠缠于“文义”；只是象山所处的时代，普通士子研读《论语》《孟子》已大大超过“五经”，而学风却流于章句诂训，故令象山极其不满。象山在《与曾宅之》信中便具体讲过一个读书案例：

略记得曾有一卷，粘纸数幅，写前辈议论十数段，于后注所见与所疑，又各空其后，以俟某之说。……记得当时看毕，甚喜其有志于学，亦甚惜其学未知方。亦尝以示一二朋友，因谓之曰：“此人气质志向，固不碌碌，但未得亲

---

① 《语录上》，《陆九渊集》卷34，第405页。

② 《语录上》，《陆九渊集》卷34，第409页。

③ 〔清〕纪昀总纂：《四库全书总目提要》卷35《经部·四书类一》“《孟子正义》十四卷条”，河北人民出版社，2000年，第1册，第915页。

师友，胸中杂然，殊未明本末先后之序。……且当示以读书之法，使之无徒耗其精神……”亦略记回书大意，谓读古书，且当于文义分明处诵习观省，毋忽其为易晓，毋恃其为已晓，则久久当有实得实益。至于可疑者，且当优游厌饫以俟之，不可强探力索。后日于文义易晓处有进，则所谓疑惑难晓者往往涣然而自解。[①]

更令象山反感的是，士林时风所向，以学问为名，将自己的东西附会于古注，终日言学，实不见道。象山曰：

今讲学之路未通，而以己意附会往训，立为成说，则恐反成心之蟊贼、道之榛棘，日复一日而不见其进。[②]

因此，可以断言，“须先精看古注”，实乃象山读书法的门径。所谓“古注”，便是前引四库馆臣所标举的“古学”，即“汉儒注经”。但是，象山不求全部读通，而是读通多少是多少，先就读懂的“反之吾心”，加以印证，使之为己所用。象山曰：

某尝令后生读书时，且精读文义分明事节易晓者，优游讽咏，使之浃洽，与日用相协，非但空言虚说，则向来疑惑处，自当涣然冰释矣。纵有未解，固当候之，不可强探力索，久当自通。所通必真实，与私识揣度者天渊不足谕其远也。[③]

以此统观前引诸条，可以看到象山的表达是高度一致的。这里还需略作申言的是，象山所要通晓的“文义”，主要是史事本身。前引他对杜注《左传》的重视便是一显例。在前引语录“后生看经书，须着看注疏及先儒解释，不然，执己见议论，恐入自是之域，便轻视古人”后面，象山接着讲：

---

① 《与曾宅之》,《陆九渊集》卷10，第139页。

② 《与彭子寿》,《陆九渊集》卷7，第91页。

③ 《与朱济道（二）》,《陆九渊集》卷11，第143页。

> 至汉唐间名臣议论，反之吾心，有甚悖道处，亦须自家有“征诸庶民而不谬”底道理，然后别白言之。[①]

前后联系起来读，便知象山的“恐入自是之域”，便是要摆脱私见，让各种议论在史事的印证下，“反之吾心”，即不杂私意的“本心”。这里，象山所谓“自家有‘征诸庶民而不谬’底道理”，很值得重视。按象山的意思，“反之吾心”，见得的便是常理、常识，也即是“‘征诸庶民而不谬’底道理”，因为本心与道理是合一的。相形之下，言语是其次的，重要的是看是否合乎道理，而这既见之本心，也征诸庶民。象山解孟子所言“吾于《武成》，取二三策而已矣”道：

> 昔人之书不可以不信，亦不可以必信，顾于理如何耳。……使书而皆合于理，虽非圣人之经，尽取之可也。……如皆不合于理，则虽二三策之寡，亦不可得而取之也，……盖非不信之也，理之所在，不得而必信之也。[②]

如此，读书而知文义，也不只是知晓史事本身，而是要更进一步明白其中的道理。换言之，知晓文义最后指向的目标是要知人论世。象山曰：

> 燕昭王之于乐毅，汉高帝之于萧何，蜀先主之于孔明，苻秦之于王猛，相知之深，相信之笃，这般处所不可不理会。读其书，不知其人，可乎？[③]

总之，读古注以知晓文义，无疑是象山读书的门径。而知晓文义，主要是以弄清楚史事为重，知晓史事，则本心自有判明，道理自然彰显。至于言语，能明白的、能认同的，自然可以引为知音，暂不明白、不能理解与认同的，则可以加以搁置，不必空费精神。象山曰：

> 前言往训，真先得我心之所同然耳。引翼勉励，惟日不足，何暇与章句儒

---

① 《语录下》,《陆九渊集》卷35，第431页。

② 《拾遗·取二三策而已矣》,《陆九渊集》卷32，第380—382页。

③ 《语录下》,《陆九渊集》卷35，第432页。

诡诡，玩愒岁月于无用之空言哉？[①]

三、抽绎诵咏便自心解

在读“古注”以明“文义”以后，象山读书法最后一项别具风格的方法是熟读乃至反复“诵咏”。这一方法在前引诸条材料中，其实都有述及，如讲“《告子》一篇，自‘牛山之木尝美矣’以下可常读之”即是。[②]只是“诵咏”在象山的读书法中，实为最后一个环节，故在此略作补述。下面别引一条材料以见之：

《孟子》“登东山而小鲁”一章，抽绎诵咏五六过，始云：“皆是言学之充广，如水之有澜，日月之有光，皆是本原上发得如此。”[③]

为什么反复诵咏这章便能得出这样的识见？象山此处没有解释。毫无疑问，这是象山个人的读书经验，认同与否，并不重要。但是，需要阐明的是：第一，反复诵咏能有益于领会文本，这一经验即便是属于象山个人的经验，也需要承认这对象山而言是一个事实性存在；第二，更重要的是，象山这一读书法是建立在他对文本的认知上，并经过某种分析而采用的方法。象山曰：

“大学之道，在明明德，在亲民，在止于至善”，此言大学指归。欲明明德于天下是入大学标的。格物致知，是下手处。《中庸》言博学、审问、慎思、明辨，是格物之方。读书亲师友是学，思则在己。问与辨，皆须即人。自古圣人亦因往哲之言，师友之言，乃能有进，况非圣人，岂有自任私智而能进学者？然往哲之言，因时乘理，其指不一。方册所载，又有正伪、纯疵，若不能择，则是泛观。欲取决于师友，师友之言亦不一，又有是非、当否，若不能择，则是泛从，何所至止？[④]

---

① 《与赵然道（三）》，《陆九渊集》卷12，第158页。

② 《语录上》亦专录此句：“‘牛山之木尝美矣’以下，常宜讽咏。”（《陆九渊集》卷34，第413页）

③ 《语录上》，《陆九渊集》卷34，第413页。

④ 《语录上》，《陆九渊集》卷34，第411—412页。

这一长段的论述，其要义就在“思则在己”“皆须即人”。在象山看来，文本也好，师友也罢，言各不一，只有“在己”与“即人”，才能真正有所收益。但如何“在己”与“即人”呢？反复诵咏自己理解的文句，烂熟于心，使外在的文本完全内化为主体内在的构成，这大概既是象山的理据，更是他自己的经验。

综而观之，象山的读书法最根本的出发点是以读者为中心，而不是以文本为中心。在象山看来，人的生命是不断展开的，生活是向前的，不是往后的；而在这个不断展开与向前的过程中，会遇到种种挑战与困难，这些挑战与困难无法回避，也不允许回避，只能如流水，盈科而后进。读书则是人面对挑战与困难而获取经验与力量的手段与路径之一，但是书只是过去的经验与教训，并不足以成为人于当下直接面对挑战与克服困难的工具。因此，读书便不是一个简单接受的过程，而应该是一个参与对话、进行评论、反复推敲的过程。在这个过程中，文本虽然是沉默的，但却因为读者的参与而呈现为敞开的状态，同时，读者的参与、评论、推敲使得文本获得意义的延伸。诚如亨利·詹姆斯所说：“评价是欣赏，也是挪用，是去获取智力的财富，去与被评论之事物建立一种良好的关系，并将其纳为己用。”[①]我之所以引用这位19世纪后半叶到20世纪初的西方文学创作家和理论家的话，是因为亨利·詹姆斯是西方文学创作与理论从传统转向现代的代表[②]，借此或足以启发对象山读书法作更具深意的理解。当然，这一深意并不等于要把象山及其所处的时代用狭义的现代主义来解释，而是要指出，象山的读书法是明显具有突破传统而转向现代的深刻内涵的，这个所谓的现代就是主体性获得高度彰显、分析与批判的理性精神获得确立。而这种彰显与确立在知识层面上，也就是表征为象山所指出的“本朝理学”。

在对理学的通常定见中，最足以代表理学的自然是程、朱，尤其是朱子集理学之大成。这点毋庸置疑。只是，就对主体性的凸现，以及分析与批判的理性精神的运用而言，象山因其本心的高标，又显然要比朱子在超越传统的向度上更向前推进。这一推进固然可以由朱陆的整个思想来看，但落在读书法上加以彰显，似乎更适合，因为这直接落实在了具体的知识层面。事实上，象山对此具体落实是有高度自觉的。《年谱》淳熙十五年条有“论解书”一节：

---

① Henry James, *The Art of the Novel: Critical Prefaces*, New York: Scriber's Sons, 1962, p.155.

② 参见代显梅著：《传统与现代之间：亨利·詹姆斯的小说理论》，社会科学文献出版社，2006年。

> 南丰刘敬夫学《周礼》，见晦庵，晦庵令其精细考索。后见先生，问："见朱先生何得？"敬夫述所教。先生曰："不可作聪明，乱旧章。如郑康成注书，枘凿最多。读经只如此读去，便自心解。注不可信，或是讳语，或是莽制。"[①]

推倒郑注，甚至以为或是讳语，或是王莽伪造，强调读经要不乱旧章，只是如此读去，自然能够"心解"。此所谓"心解"，正是前已阐明的从参与到诵咏的过程，也就是作为读者在与文本对话的过程中自得于心的过程。

不过，需要进而说明的是，象山的读书法虽然高度强调作为读者的切己参与，但这个参与最终落实在自己的"心解"，即自己的获得，而不是落实在对文本的诠释。在上述这段对话后，象山接着讲：

> 解书只是明他大义，不入己见于其间，伤其本旨，乃为善解书。后人多以己意，其言每有意味，而失其真实，以此徒去离蔓衍，而转为藻绘也。

这里谈的已是由读书转向解书，即由读书法转向注经法了。但是，由此可以清楚看到，无论是读书，还是注书，象山在自我与文本之间显然划出了一条界线，将自我的识见与文本的真实之义作了区分，彼此印证而不混杂。这中间的分寸感自然很难把握，这也许正是力图突破传统而又不能与传统断裂所形成的一种张力。由此反观前引亨利·詹姆斯所言，也许对象山的读书法会有更深切的体会。

（作者何俊系复旦大学特聘教授）

---

① 《年谱》，《陆九渊集》卷36，第503页。

张九成、王蘋与心学的早期形态

王　宇

内容提要： 本文认为，在陆九渊象山心学崛起之前，张九成、王蘋的哲学思想已经具有非常明显的心学特征。首先，他们都将“心”作为最主要的工夫对象，主张从“心”认识天理，“明心以见性”；至于客观世界的知识，都可以从“心”中获得，不必专门探索。其次，他们都表现出对直觉的推崇，而认为客观知识的研究和探索，是等而下之的认识方式。其三，他们都主张在“见性”或者说把握“心之本体”之后，必须将主观上认知的“天理”，落实到改造客观世界中去，即《大学》“齐家、治国、平天下”，体现出强烈的经世致用倾向。以上三个方面的特征，使得张九成、王蘋既成为陆王心学的先声，也成为朱熹清理二程理学思想遗产时必须加以剔除的异端杂质。

关键词： 早期心学　宋代　张九成　王蘋

在杨时思想的继承者中，除了罗从彦、李侗为代表的道南一脉之外，张九成、王蘋等人则向“心即理”的方向发展，成为陆九渊象山心学崛起的先声。

张九成（1092—1159），字子韶，号横浦居士、无垢居士。徽宗宣和七年（1125）在京师拜入杨时门下。高宗绍兴二年（1132）殿试进士第一名，成为名震天下的状元。累官至权礼部侍郎，后因遭秦桧猜忌而贬谪南安军，闲废十四年之久。绍兴二十六年（1156）起知温州，三年后去世。张九成著述丰富，现存有《横浦文集》《孟子传》《中庸说》《横浦日新》《心传录》，今人结集整理为《张九成集》。[①]张九成受禅宗思想影响

---

① 〔宋〕张九成著，李春颖点校：《张九成集》，中国社会科学出版社，2021年。

很大[①]，故朱熹在《杂学辨》中专门批判了他的《中庸说》[②]。

王蘋（1082—1153），字信伯，福建福清人，定居平江府（今苏州）。王蘋被过继给伯父王伯起为后，王伯起资助他到洛阳师从程颐，成为二程理学的传人。王蘋一直没有应举，高宗绍兴四年（1134），高宗赵构巡幸平江府，知府孙佑向丞相赵鼎举荐他，高宗召对称旨，补右迪功郎、赐进士出身，除秘书省正字，历官著作佐郎、常州通判。[③]因受秦桧猜忌，主动请祠禄回乡，讲学授徒以终。与张九成相比，王蘋社会影响力较小，传世著作只有宋人所编《王著作集》8卷，但他的心学思想很有特色，需要专门介绍。

一、张九成的心学思想

（一）以觉名仁

以觉名仁，是指人心通过"觉"的方式实现"求仁"，而将领悟"仁"后的状态也称之为"觉"。早在程颢那里，就把"我"知觉到万事万物与"我"具有内在统一性，因而是"我"的一部分的状态称为"仁"。二程门人谢良佐（1050—1103）发展了程颢的这一倾向，将"仁"具体表述为："有知觉，识痛痒。"[④]张九成也深受这一思潮影响，其门人评论说："先生论仁，每断然名之以觉。"[⑤]张氏也将"仁"理解为四肢麻木不仁之"仁"，强调"仁"是我与万事万物的内在统一体："心有所觉谓之仁，故草木之实谓之仁，以其得土则生也。四体不知疴痒谓之不仁，故利在一己，害及他人而不恤者，谓之不仁，以其血脉不通也。"[⑥]"我"能够体会他人的喜怒哀乐，是因为"我"觉悟

① 张九成与佛教人士的交游和思想共同点，详参侯外庐、邱汉生、张岂之主编：《宋明理学史》上卷，人民出版社，1984年，第309—314页。

② 〔宋〕朱熹著：《杂学辨》，《晦庵先生朱文公文集》卷72，朱杰人等主编：《朱子全书》，上海古籍出版社、安徽教育出版社，2002年，第24册，第3473—3491页。

③ 王蘋生平资料主要参见〔宋〕章宪撰：《墓志》，〔宋〕王蘋撰，〔明〕王观编：《王著作集》卷5，上海古籍出版社，1986年，第88—90页。

④ 陈来：《论宋代道学话语的形成和转变》上篇《程门仁说略论》，《中国近世思想史研究》，商务印书馆，2003年，第65页。

⑤ 《无垢先生横浦心传录》，《张九成集》，第860页。

⑥ 《离娄下（三代之得天下也以仁）》，《张状元孟子传》卷14，《张九成集》，第560页。

到“我”与他人处于一个整体之中，相互之间存在联系。他进一步说：“仁即是觉，觉即是心。因心生觉，因觉有仁。脱体是仁，无觉无心。有心生觉，已是区别；于区别中熟，则融化矣。”[①]觉悟到这种内在统一性是“心”的功能，但当“心”觉悟到“仁”时，还是将“仁”视为工夫（认识）的对象，“心”与“仁”尚未合一，只有通过常年的“以心觉仁”，使得“心”完全转化为“仁”，此时“心”与“仁”完全合一，同时取消了自身的差异性，豁显出来的就是“心之本体”。

那么，张九成所谓“觉”到底是指痛痒等生理感觉，还是一种直觉？弄清这一点，需要更深入地探究张氏的心性修养工夫理论。张九成说：

> 夫以人心为仁，则凡目之所以视，耳之所以听，鼻之所以臭，舌之所以尝，四体之所以知痾痒者，皆出于心。心即仁也。傥溯流而上，惟精惟一，惟时惟几，以究之，一旦人欲断绝，心之正体发见，然后知仁果人心也。[②]

可见，作为工夫范畴，张九成的“觉”主要指持续不断地去除“人欲”，一旦“人欲”消净，“心之正体”（“仁”）就豁然显现。而“人欲”主要是由人的口、眼、鼻、耳等感觉器官受到外物的引诱而发生的：“耳目之官，其职在视听，而无思在其中，则视为色所引；听为声所引，一入声色中，则声色为主，而视听不见矣。声色，物也。以声色为主，则是以物为主矣。以声引声，以色引色，奔驰流荡，去而莫挽，往而莫来，其为小人也必矣。”[③]因此，必须以“心”的基本功能——“思”来时时监察、控制耳目等感官：

> 心体至大，惟思能入之。盖心之官为思……是以善学者任思而不任视听，其视也以思视，故其视明；其听也以思听，故其听聪。凡耳之所听，目之所视，鼻之所臭，口之所尝，一以思为主，是故行乎声色臭味之中，而不为声色臭味所乱；当声色臭味之未经乎前也，吾则思其所以思者其谁耶？惟精惟一，

---

① 《无垢先生横浦心传录》，《张九成集》，第875页。

② 《告子上（孟子曰仁人心也）》，《张状元孟子传》卷27，《张九成集》，第757页。

③ 《告子上（公都子曰钧是人也）》，《张状元孟子传》卷27，《张九成集》，第762页。

惟时惟几，一旦怳然雾除，霍然云消，思虑皆断，而心之大体见矣。[①]

在张九成看来，“思”虽然是“觉仁”的主要工夫，其重要性毋庸置疑，但这一工夫的最终境界是“思”的自我消失——“思虑皆断”。于是，“思”（以及产生“思”的“心”）成为一种必将被扬弃的阶段性的工夫，而儒学修养的最高境界就排除了“思虑”的存在，不但“心”的思维功能是阶段性的存在，人的基本生理欲望也是邪恶的：“夫食色，人欲也。”[②]这种观点很容易让人联想到禅宗六祖慧能《坛经》中的思想：“不思善，不思恶，正与么时，那个是明上座本来面目。”

（二）格物穷理

张九成高度重视格物穷理，认为《大学》“八条目”，最根本在于“格物穷理”：“由修身而造之，知其本于一心，由一心而造之，乃知其本于诚意，由诚意而造之，乃知其本于致知，由致知而造之，乃知其本于格物。”张九成所理解的“格物穷理”的对象十分广泛：

所谓格物者，穷理之谓也。一念之微，万事之众，万物之多，皆理也。……是故于一念之微，一事之间，一物之上，无不原其始而究其终，察其微而验其著。[③]

这就是说，无论是主体的情绪和思维，还是客观世界的事事物物，都应该穷尽其“理”。这在某种程度上体现了他对探究客观知识的重视。但是，这种“穷理”的目的，却是通过对某一具体事物的“穷理”而触类旁通地推广到其他事事物物之上：

通其一而行其万，则又收万以归一。又旋著以观微，又考终而要始，往来不穷，运用不已，此深造之学也。夫如是，则心即理，理即心。内而一念，外而万事，微而万物，皆会归在此，出入在此。[④]

---

① 《告子上（公都子曰钧是人也）》,《张状元孟子传》卷27,《张九成集》，第763页。

② 《告子上（告子曰食色性也）》,《张状元孟子传》卷26,《张九成集》，第742页。

③ 《离娄下（孟子曰君子深造之以道）》,《张状元孟子传》卷19,《张九成集》，第635页。

④ 《离娄下（孟子曰君子深造之以道）》,《张状元孟子传》卷19,《张九成集》，第635页。

不加区别地、广泛地对一事一物展开“穷理”，得到某种“抽象”的理，然后将此种“理”更加扩大地在客观事物和主体思虑上加以验证和实践，并不断完善和修正，以进一步上升到更抽象的“理”，如此螺旋上升，最终使得“心”完全把握最高真理的“天理”，“夫如是，则心即理，理即心”。

张九成又认为，“心之大体”豁显之后，还需要改造客观世界：

> 然而大体已见，未有功用也。由此顺流而下，以其所以发见者，坐照万理之所在，森然如通邑大都，东西南北，高揭明示，膏车结驷以往来乎其间，或进或退，或出或处，无所蹊径背驰，以失其本宗者，此所谓“义，人路也”。[①]

所谓“万理”即具体的事事物物之理。主体在觉悟到“心之大体”（心之正体）之后，还要通过发现“万理”，寻求改造客观世界的“功用”。当然，张九成所谓的“坐照万理之所在”，其理论预设是“心即理”，事物之中的“万理”在根本上是由“我”赋予的、投射的。在《孟子传》另一处中，他历数经典中对“水”的品格和特征的不同表述，然后解释道：

> 深造天下之理者，予夺抑扬，进退去取，亦安有不可者？故吾意之所在，理之所在也，圣人之所在也。意在清明，则指此水为清明；意在自取，则指此水为自取；意在迅速，则指此水为迅速，意在广大，则指此水为广大也。[②]

“水”之品德，是由圣人根据自己的主观判断赋予的。而“意之所在，理之所在”，则与明代王阳明的“意之所在为物”[③]非常接近。总体而言，张九成的“格物穷理”说就其对象的广泛性而言，具有某种知识论的特征，但他对如何在客观事物上“穷理”语焉不详，而更重视在“念虑”上“穷理”，因此这一“穷理”的本质仍然是“去人欲”：“使吾知格物知至之学，内而一念，外而万事，无不穷其源流，穷其终始，穷之

---

① 《告子上（孟子曰仁人心也）》，《张状元孟子传》卷27，《张九成集》，第757页。

② 《离娄下（徐子曰仲尼亟称于水）》，《张状元孟子传》卷19，《张九成集》，第642页。

③ 〔明〕王守仁：《传习录下》，〔明〕王守仁著，吴光、钱明、董平、姚延福编校：《王阳明全集》卷3，浙江古籍出版社，2010年，第99页。

又穷之，至于极尽之地，人欲都尽，一旦廓然，则性善昭昭无可疑矣。此所谓‘一日克己复礼，天下归仁也’。”[①]又说：“人欲已灭，天理著焉。”[②]这样一来，“去人欲”与“存天理”就成了同一个过程的不同名称，即人欲消除一分，“天理”就彰显一分。这一点也是王阳明反复强调的。

（三）顿悟倾向

从上文可以看出，在张九成的“格物穷理”论中，有一个很明显的飞跃阶段，呈现出鲜明的顿悟特征。上引《孟子传》中，他强调“通其一而行其万，则又收万以归一”，主体先由一事一物穷理，把握了较抽象的真理后，再展开对客观世界的实践。这里，由“通其一”到“行其万”就是一个飞跃的过程。他还说：“一旦豁然，念虑皆断，心之本体见矣。”[③]“一旦恍然雾除，霍然云消，思虑皆断，而心之大体见矣。”这些都是将对心之本体的认识描述为飞跃的过程。

张九成的顿悟倾向，特别集中地体现在其所著的《中庸说》中：“天命之谓性，第赞性之可贵耳，未见人收之为己物也；率性之谓道，则人体之为己物，而入于仁义礼智中矣。然而未见施设运用也。修道之谓教，则仁行于父子，义行于君臣，礼行于宾主，知行于贤者，而道之等降隆杀，于是而见焉。”[④]他认为，《中庸》第一章“天命之谓性”反映了人未发觉“性”为自身本有，因而与“性”处于二元对立的状态；“率性之谓道”指人通过“体”的方式发现了自身所具有的“性”，并由此领悟了“仁义礼智”等道德。但仅此还不够，还需要运用实践于客观世界中，而“修道之谓教”正是将道德运用于现实生活（父子之间、君臣之间、宾主之间）中的过程。朱熹在《杂学辨》中对这一解释专门进行了批评：

> 谓之性，则固已自人所受而言之。今曰未为己物，则是天之生是人也，未以此与之而置之他所，必是人者自起而收之，而后得以为己物也。不知未得此性之前，其为人也，孰使之呼吸食息于天地之间以收此性？且夫性者，又岂块

① 《离娄上（孟子曰居下位不获乎上）》，《张状元孟子传》卷15，《张九成集》，第580页。

② 《克己复礼为仁说》，《横浦先生文集》卷19，《张九成集》，第268页。

③ 《告子上（孟子曰欲贵者人之同心也）》，《张状元孟子传》卷28，《张九成集》，第766页。

④ 《中庸说》卷1，《张九成集》，第803—804页。

然一物，寓于一处，可掇而置之躯壳之中耶？[①]

首先，“性”是人所固有的，人与“性”之间并非“收”（获取）与被收的关系，如张九成所言“未见人收之为己物”，就仿佛“性”作为一个独立的实体被放置在人以外的某个物理空间中。其次，朱熹指出，人的基本生理功能的正常运转就是“性”的发用，因此即便人在主观上没有意识到体悟“性”的重要性，“性”亦一直在人身上正常发用。但张九成在这里的表述则将人的生理功能和肉体的运转，与“性”割裂开来。第三点，也是最为要害的问题，朱熹认为，人只有通过“仁义礼智”等道德实践才能实现对“性”的体认：“仁义礼智，性之所有，与性为体者也。今曰体为己物然后入于仁义礼智之中，则是四者逆设于此，而后性来于彼也。不知方性之未入也，是四者又何自而来哉？”[②]“仁义礼智”是“性”之发用，“性”是“仁义礼智”之体，二者根本割裂，如张九成所说，则是人在“率性之谓道”时只体认“性”而对“仁义礼智”懵然无知。而在朱熹看来，“仁行于父子，义行于君臣”，正是人体认“性”的途径和方法：“凡此皆不知大本、妄意穿凿之言，……仁行于父子，义行于君臣，是乃率性之道，而遽以为修道之教，亦失其次序矣。”[③]由此可见，张九成不但颠倒了工夫的顺序，而且反映出他所理解的“体性为己物”，完全是顿悟的、直觉的，排除了学问思辨。

张九成解《中庸》“君子中庸”一句时，表述了同样的逻辑顺序：“方率性时，戒慎恐惧，此学者之事也。及其深入性之本原，直造所谓天命者在我，然后为君臣、父子、兄弟、夫妇之教，以幸于天下，至于此时，圣人之功用兴矣。”朱熹批判道：“又曰‘深入性之本原，直造所谓天命在我’，理亦有碍。且必至此地然后为人伦之教以幸天下，则是圣人未至此地之时，未有人伦之教，而所以至此地者，亦不由人伦而入也。凡此皆烂漫无根之言，乃释氏之绪余，非吾儒之本指也。”[④]在朱熹看来，“直造所谓天命在我”是工夫的最高境界，这样的最高境界必然是通过在“人伦”上下工夫，经过长期艰苦的修养才能达到的。而张九成却以“直造所谓天命在我”可一蹴而就，“人

---

① 《杂学辨·张无垢中庸解》，《晦庵先生朱文公文集》卷72，《朱子全书》，第24册，第3474页。
② 《杂学辨·张无垢中庸解》，《晦庵先生朱文公文集》卷72，《朱子全书》，第24册，第3474页。
③ 《杂学辨·张无垢中庸解》，《晦庵先生朱文公文集》卷72，《朱子全书》，第24册，第3474页。
④ 《杂学辨·张无垢中庸解》，《晦庵先生朱文公文集》卷72，《朱子全书》，第24册，第3475页。

伦”教化必须在此之后展开，这违背了儒学的基本立场，明显受到佛教的影响。

（四）践履体认与读书讲论

由于张九成将“去人欲”作为“穷理”的本质，其工夫论主要以主体自身的“念虑”为对象，重视通过践履体认本体，而对于读书学习、讲论义理比较轻视和贬低。

张九成说：“学不贵于言语，要须力于践履。践履到者，其味长，乃尽见圣人用处。古之人所以优入圣域者，盖自此路入也。”[①]所谓“不贵于言语”，既指对经书中的字句义理的研读，也指学者之间的研讨。无论是研读经书还是研讨义理，在一定阶段反而成为“穷理”的妨碍：“理到熟处，亦不可言传，只管去影上寻，故转觉相远矣。且自去体认。”[②]南宋初期，很多学者引用程颐语录证明自己的观点，张九成对这种崇拜文字记录的风气很不赞成，指出程颐在世时注重引导学者自己体会，而不是直言相告：“伊川妙处，全在要人力行，所以不欲苦言。用意深者，当自得之。言之又不免做梦。”[③]

然而，儒家经典皆由文字写定，承载了圣人的教导，是否需要研读呢？张九成说：“夫六经，明天下之理者也。使吾自格物之学，穷天下之理，小大不遗，幽显皆彻，内外一致，则六经之言，皆吾胸中所欲言者耳。随吾意之所在取以用之，或断章而取义，或逆志而忘辞，何所不可？”[④]也就是说，六经所蕴含的天理与人心所具有的天理一般无二，学者应该根据自己“格物穷理”的心得，随意地解释经典。因此，读六经之前，必先格物穷理：“观六经者当先格物之学。……盖六经之言，皆圣贤之心也，吾自格物先得圣贤之心，则六经皆吾心中物耳。”[⑤]

综上所述，张九成的理学思想在继承程颢、杨时、谢良佐的基础上，呈现出一些新的思想特征，特别是将人的知觉运动、生理本能与“天理”（“性”）对立，呈现出形而上与形而下的分裂。他对工夫修养的顿悟式理解与佛教禅宗非常相似，而在其重践履、轻读书的主张中也能看到禅宗“不立文字”的影子。所有这些特征，与后来陆九

---

① 《题晁无咎学说》,《横浦先生文集》卷19,《张九成集》，第274页。

② 《无垢先生横浦心传录》,《张九成集》，第906页。

③ 《无垢先生横浦心传录》,《张九成集》，第931页。

④ 《离娄下（徐子曰仲尼亟称于水）》,《张状元孟子传》卷19,《张九成集》，第641页。

⑤ 《告子下（公孙丑问曰高子曰）》,《张状元孟子传》卷28,《张九成集》，第774页。

渊心学乃至明代王阳明良知心学都有某种相通之处。

二、王蘋的心学思想

（一）以“正心诚意”为工夫之根本

王蘋的工夫论重心在“正心诚意”。他在向高宗陈述三条“今日政治之本”时，将“正心”列为首位，并引用了《大学》“欲明明德于天下者”一段：

> 何谓正心诚意？《记》曰：“欲明明德于天下者，先治其国……欲修其身者，先正其心，欲正其心者，先诚其意。”然则治天下国家，以至于修身，皆本于正心诚意而已。盖诚者，天之道也；意与天合，则动静语默，不以毫发己私间于其间，无适而非道矣。心其有不正乎？举而措之事业，疑无难也。[①]

王蘋在引用《大学》时，略去了“欲诚意者，先致其知；致知在格物”一句，而将整个理学工夫的基础建立在“诚意”之上，使人的思维活动和情绪都符合“天之道”。而从现存资料看，他从未在其他地方专门阐述过“格物致知”。如《诗·烝民》云：“天生烝民，有物有则。”王蘋解释道：“天生烝民，有物必有则。如耳目者，物也；能视听者，则也。”[②]他所理解的“物”就是人的“身”，所谓“则”就是支配身心运行的天理。可见，王蘋理解的“格物”其实就是“正心、诚意、修身”，而不是客观世界的“物”。其弟子章宪在为他撰写的《墓志》中写道：“其学，要以深造自得，敏于躬行。其序自正心诚意，以至修身、齐家、治国、平天下；要本于格物致知，自尽己之性，以至尽人物之性，极于参天地、赞化育。”[③]据此，王蘋的“格物致知”的本质是“自尽己之性”，通过领悟自己身心具有的“天理”，逐渐向外扩充到认识客观世界的“天理”。

---

① 〔宋〕王蘋：《应诏论事奏状》，《王著作集》卷2，第72—73页。

② 《答吕舍人书》，《王著作集》卷2，第79页。

③ 《墓志》，《王著作集》卷5，第89页。

（二）反对“物物皆归吾仁”

这样一来，对具体的事事物物之理的探索在王蘋看来并不重要。他在秘书省任职时，同僚范如圭说：“天下归仁，只是物物皆归吾仁。”王蘋指窗棂问：“此还归仁否？”范如圭默然无言以对。王蘋的弟子陈齐之为此赋诗：“大海因风起万沤，形躯虽异暗同流。风沤未状端何若，此处应须要彻头。”[①]具体事物之间的差异，只是海水被暴风吹起的波涛，形状虽然万殊，但论其本质和源头，不过是海水而已。这一理论祖述了张载《正蒙·动物篇》中的观点：“海水凝则冰，浮则沤。然冰之才，沤之性，其存其亡，海不得而与焉。”[②]在王蘋及其弟子看来，学者只需要从“源头”下工夫，也就是在“心”上下工夫，认识到万事万物之理都在我心，不在天下“物物”之间。朱熹读到王蘋这条语录后，反驳如下：“此窗不归仁，何故不打坏了？如人处事，但个个处得是，便是事事归仁。且如窗，也要糊得在那里教好，不成没巴鼻打坏了。”[③]窗之所以存在，必然有其具体的理由，此一理由是“天理”的初级形式，是“天下归仁”之“仁”的一部分。只有认识了天下的每一具体事物或人自身的道理，合而言之方为“天下归仁”。朱熹的反驳清晰地反映了他与王蘋的分歧：朱熹认为，研究具体事事物物之理不仅是必需的，而且是通向“天理”的必由之路；王蘋则认为，只需要在“心性”上下工夫，客观世界的事事物物之理自然得到呈现。

（三）“见性”与顿悟

与张九成一样，王蘋也习惯以“见”描述对“天理”的领悟。有学者问：“学者于知见上日有所进，于自得处更无分毫进，何也？”所谓“知见”是对客观知识的学习，“自得”则是对“天理”的领悟。提问者发现，虽然知识积累增进了很多，但“自得”没有一点点的进步。王蘋回答：“自得处岂得分毫进？若见则便见。……学者拈起一处思量，须是要便见，若悠悠，即玩矣。若未有见，又且放过。然思不可苦，苦则愈远。”[④]王蘋指出，“见”是飞跃、瞬间的领悟，一见则全见，不存在日积月累的、“分毫”的进步。学者固然不可不“思量”，但“思量”没有结果，就不必深求，因为

---

① 《震泽记善录》，《王著作集》卷8，第105页。

② 〔宋〕张载著，章锡琛点校：《正蒙·动物篇第五》，《张载集》，中华书局，1985年，第19—20页。

③ 〔宋〕黎靖德编，王星贤点校：《朱子语类》卷53，中华书局，1986年，第1284页。

④ 《震泽记善录》，《王著作集》卷8，第103—104页。

顿悟的机缘还未出现。可见，在王蘋看来，对“天理”的追求不是依靠“智力”完成的。有学者问：“张思叔绎诗：‘此道难将智力求。’学有所思索，是用智力求也。”提问者认为，既然是学习，就不可能不思索，思索就是“智力”的运用，张绎（字思叔）此句诗有偏颇。王蘋答：“此言则恍然神悟处，不是智力求底，学者安能免得不用智力，人须求悟，悟不求人。若静坐有所得，难矣。学者体究，切不可以文义解释。思叔所谓‘劝君莫作聪明解’也。”[①]王蘋没有完全否定“智力”在认识天理过程中的作用，但是在接近“天理”的最终阶段，“智力”已经不起作用，发挥决定性作用的是“恍然神悟”。

在教学过程中，王蘋也表现出强烈的“不立文字”的倾向。每当弟子请教经典中个别字句的意义时（“每以经子质疑问难”），他的回答都非常简短（“其言甚简”），而且只是用不同的声调重复诵读（“先生只抑扬其声”），学生当下觉得“义理已明”。譬如有弟子问“万物皆备于我”，他的回答是：“万物皆备于我。”[②]这种方式与禅宗公案中的“棒喝”非常相似。

不过，王蘋也认为儒、佛虽然在认识最高真理方面殊途同归，但二者的界线也是不容模糊的：“释氏只将此理来游戏，更无用处。吾儒则欲游泳此理，既见了，不便休了也。”王蘋认为，佛教与儒家最终认识的“此理”是一样的，但是儒家在认识“此理”后积极地经世致用，改造客观世界，譬如颜回在《论语》中领悟“克己复礼，天下归仁”后，还要向孔子请教“克己复礼”的具体条目；而儒学的“礼仪三百威仪三千”，也是“此理”之发用。[③]这说明，他与张九成一样，都重视“夫以人心为仁，则凡目之所以视，耳之所以听，鼻之所以臭，舌之所以尝，四体之所以知痾痒者，皆出于心。心即仁也。傥溯流而上，惟精惟一，惟时惟几，以究之，一旦人欲断绝，心之正体发见，然后知仁果人心也”的儒学的经世致用。

三、结语

综上所述，在陆九渊象山心学崛起之前，张九成、王蘋的哲学思想已经具有非常

---

① 《震泽记善录》,《王著作集》卷8，第103页。

② 《震泽记善录》,《王著作集》卷8，第104页。

③ 《震泽记善录》,《王著作集》卷8，第105页。

明显的心学特征。

第一，他们都将“心”作为最主要的工夫对象，主张从“心”认识天理，“明心以见性”；至于客观世界的知识，都可以从“心”中获得，不必专门地探索；相比之下，朱熹则认为对客观事物的“格物穷理”，与主体自身的心性“涵养”，应该始终交织在一起，不可偏废。

第二，他们都表现出对直觉的推崇，而认为客观知识的研究和探索，是等而下之的认识方式，而语言文字经常成为认识天理的障碍，因而不是最可靠的传道载体。这使得他们的工夫论都具有简易、顿悟的特征。相比之下，朱熹则主张“吾道之所寄不越乎言语文字之间”①，认为离开言语文字的传道方式毫不可取。

第三，他们都主张在“见性”或者说把握“心之本体”之后，必须将主观上认知的“天理”，落实到改造客观世界中去，即《大学》“齐家、治国、平天下”，体现出强烈的经世致用倾向。与此形成鲜明对比的是，朱熹始终认为“格物、致知、正心、诚意、修身”是贯穿始终的，而“治国、平天下”则是派生的、第二位的，是可遇而不可求的，不必过早地加以考虑。

以上三个方面的特征，使得张九成、王蘋既成为陆王心学的先声，也成为朱熹清理二程理学思想遗产时必须加以剔除的异端杂质。

（作者王宇系浙江省社会科学院研究员）

① 〔宋〕朱熹撰：《中庸章句序》，《四书章句集注》，中华书局，2012年，第15页。

论王阳明“知行合一”的三重诠释

申绪璐

内容提要：知行合一命题突出体现了阳明学的实践特征，也是理解阳明学的关键概念。王阳明的知行合一包含境界论、本体论和功夫论的三重思想。首先，王阳明将知行合一看作是圣人的理想境界，是学者追求的目标。其次，从心外无物的本体性命题出发，知行都是心之发用，是知行本体即同一天理的不同展现。形而下的知行差异固然不能否认，但是都可被一念发动所统摄。最后，知行工夫相辅相成，并无先后可言，学者不能偏重。知行合一思想的不同层次是阳明学思想解读的关键，其中也蕴含着王阳明以工夫识本体的思维路径。

关键词：王阳明　知行合一　知行本体　真知　心外无物

“知行合一”是王阳明的标志性思想，突出体现了阳明学的实践特色。《传习录》中，徐爱在记录阳明有关《大学》“亲民”“至善只求诸心”的回答之后，第5条即提出“知行合一”的问题，可见阳明门下对此问题的关心。在讨论知行合一的相关资料中，问答的重点不同，出现不同的诠释向度，导致问题分析的复杂。乐爱国指出晚清民国以来，从认识论、伦理学以及本体论的角度探讨知行合一，充满争议。[①]李明辉提出必须从“知行本体”“未有知而未行”“知是行的主意，行是知的工夫”等五个关键论点理解知行合一。[②]陈立胜认为知行合一具有“根源意义”“完成意义”和“照察意

① 乐爱国：《民国时期对王阳明“知行合一”的不同解读与论争》，《兰州学刊》，2020年第8期。

② 李明辉：《从康德的实践哲学论王阳明的“知行合一”说》，台北：《中国文哲研究集刊》，1994年第4期。

义"，不同方面的不同理解表明了知行合一含义的复杂性。[①]李承贵认为对于"知行二分"的不同表现，阳明的"知行合一"表现为五大旨趣，背后蕴含着本体层面的根本原则。[②]吴震提出"知行是在一个实践过程中的双向互动、彼此涵摄"，而其得以成立的依据则是本体论层面"心体良知具有统摄知行活动全过程的主宰性"。[③]董平指出王阳明知行合一的完整内涵呈现为知为"知觉"、为"感知"、为"知识"、为"良知"四重向度。[④]以上相关论述也提示我们，对阳明学知行合一思想的诠释不应仅仅停留于工夫论层面，本体论层面的诠释才是关键。

一般而言，知行合一属于儒家思想中的工夫论命题，但是在阳明的思想中，知不仅表示具体的认识，还表示形而上的良知，于是知行合一命题便具有了形而上的属性，与阳明心即理、心外无物的思想相贯通，知行合一亦具有本体论的特殊含义。由此，知行合一的相关论述中交织着本体论的逻辑演绎和工夫论的当下实践，更增加了阳明学中知行合一命题的复杂性。本文将从境界论、本体论以及工夫论的三个方面，分别阐释知行合一的理论逻辑和现实意义。固然，阳明的某些论述存在理论上的纰漏，但是从本体论的层面而言，知行合一是阳明学中的必然命题，对于阳明学的理论完整性有着不可或缺的重要意义。

一、知行境界

知行合一说体现了阳明学的实践特质，其主要魅力就是鼓舞人们克服现实中知行不一的弊病。受各种外在和内在因素的干扰，知行不一是现实中普遍存在的现象。与此相对，圣人作为儒家理想人格的象征，自然能够克服这样的弊病，做到知行合一。知行合一是圣人的品质之一，是普通学者的理想与目标，是应当达到的最终境界。

《传习录》中第一次出现知行合一的问答，阳明提出知行合一的"真知行"就是

---

① 陈立胜：《何种"合一"？如何"合一"？——王阳明知行合一说新论》，《贵阳学院学报》，2015年第3期。

② 李承贵：《王阳明"知行合一"论五种旨趣》，《天津社会科学》，2021年第1期。

③ 吴震：《作为良知伦理学的"知行合一"论——以"一念动处便是知亦便是行"为中心》，《学术月刊》，2018年第5期。

④ 董平：《论"知行合一"的四重向度》，《社会科学战线》，2019年第2期。

“如好好色，如恶恶臭”，这是克服私欲后的知行本体。

> 爱因未会先生“知行合一”之训，与宗贤、惟贤往复辩论，未能决，以问于先生。先生曰：“试举看。”
>
> 爱曰：“如今人尽有知得父当孝、兄当弟者，却不能孝、不能弟，便是知与行分明是两件。”先生曰：“此已被私欲隔断，不是知行的本体了。未有知而不行者；知而不行，只是未知。圣贤教人知行，正是安复那本体，不是着你只恁的便罢。故《大学》指个真知行与人看，说‘如好好色，如恶恶臭’。见好色属知，好好色属行，只见那好色时已自好了，不是见了后又立个心去好；闻恶臭属知，恶恶臭属行。只闻那恶臭时已自恶了，不是闻了后别立个心去恶。如鼻塞人虽见恶臭在前，鼻中不曾闻得，便亦不甚恶，亦只是不曾知臭。就如称某人知孝、某人知弟，必是其人已曾行孝、行弟，方可称他知孝、知弟，不成只是晓得说些孝弟的话，便可称为知孝弟。又如知痛，必已自痛了方知痛；知寒，必已自寒了；知饥，必已自饥了；知行如何分得开？此便是知行的本体，不曾有私意隔断的。圣人教人必要是如此，方可谓之知；不然，只是不曾知。此却是何等紧切着实的工夫！如今苦苦定要说知行做两个，是甚么意？某要说做一个是甚么意？若不知立言宗旨，只管说一个两个，亦有甚用？”①

徐爱就日常生活中，由于各种各样的原因，人们无法做到知行合一的现象向阳明提问，认为这是必须正视的现实，而不能以知行合一的口号简单应对。“今人尽有知得父当孝、兄当悌者，却不能孝、不能悌”，这是道德实践的现实困境。阳明回应：“此已被私欲隔断，不是知行的本体了。”将知行不一的原因归结于私欲，这与朱子学的观点并无不同，也是宋明理学的基本观点。徐爱关心的就是个人如何克服私欲、恢复知行合一的本然状态。

阳明举出《大学》所说的“好好色，恶恶臭”，以此说明知行的本然状态，以人体的自然反应形容孝悌等道德行为的本然状态。这样的类比在《孟子》中已出现。《孟子·告子上》提出“理义之悦我心，犹刍豢之悦我口”，以食物足而能使人愉悦说明道

---

① 吴震解读：《传习录》，第5条，国家图书馆出版社，2018年，第39—40页。

德行为的效果。孟子认为两者具有可类比性。严格地说，外在事物使人身感到愉悦或者厌恶，是否能够直接等同于伦理情境中人对他者做出的道德行为本身就是个有争议的问题，孔子在《论语·子罕》篇中已对此发出感叹：“吾未见好德如好色者也！”即经验的好恶与道德的好恶不能直接等同。

回到此则材料，阳明所说的好色、恶臭、知痛、知寒、知饥，无不是因物质原因而导致的身体反应。与见好色属知而好好色属行不同，“自痛”“自寒”“自饥”只是身体的自然反应，也不同于“其人已曾行孝行悌”的道德自觉行为。（后文将会讨论，阳明在《答顾东桥书》中将“饥而欲食”称为“意”，称为“行之始”。）阳明由此得出“知行如何分得开”的结论，亦显牵强。另外，以上行为一般不涉及他人，而我们在谈论伦理准则和道德行为，尤其是在对一个人进行道德评价时，主要关心的是道德主体对他人做出的行为。个人的“好好色，恶恶臭”与对他人的“孝悌”，显然存在很大的不同。阳明以“好好色，恶恶臭”说明知行合一，这样的类比固然具有启发性，指出了伦理的本然或者理想状态，但是不能说这样的论证毫无瑕疵。知行不一是由于“私欲隔断”，不难想象徐爱等人并非不知这一原因，他们真正的问题乃在于私欲克服的困难要远远大于鼻塞之病的恢复。

阳明以“好好色，恶恶臭”比喻知行合一，只是提出了学者克服私欲之后的理想境界。以身体的自然反应说明复杂的伦理环境下个体的道德行为，这样的类比也容易引起困惑。我们也可以反问，我喜欢美食，或许可以比较容易地获得烹饪技能。如果我喜欢音乐和美术，我也都能够娴熟地掌握这些技艺吗？艺术技巧的获得需要长期的不懈努力，然而在此前一条的语录中，郑朝朔问：“至善亦须有从事物上求者？”阳明答：“至善只是此心纯乎天理之极便是，更于事物上怎生求？”[①]阳明抽解掉朱子学中于具体事物上“存天理，去人欲”“格物致知”的工夫，那么一般学者又应该如何克服“私欲隔断”以达到知行合一呢？这正是徐爱、黄绾等人的疑问之所在。

此则材料中还需注意一点，即阳明学中形而上的良知与形而下的认识如何区分的问题。虽然阳明两次提到“知行的本体”，要求学者“安复那本体”，但是这里讨论的都是形而下的知行问题，即私欲隔断之前的知行本原状态，而并未提升到形而上的良知本体的高度。此则材料中，作为《传习录》第一次讨论“知行合一”，阳明强调指

① 《传习录》，第4条，第38页。

出："必是其人已曾行孝行悌，方可称他知孝知悌。"这也是自二程以来"若夫真知，未有不能行者"[①]的一贯主张，即真知必实行。阳明以上所说的"知行合一"，只是进一步强调知与行需要相互辅助、相互印证。

> 人但得好善如好好色，恶恶如恶恶臭，便是圣人。[②]
>
> 问："圣人生知安行是自然的，如何有甚功夫？"先生曰："知行二字即是功夫，但有浅深难易之殊耳。良知原是精精明明的，如欲孝亲，生知安行的，只是依此良知，实落尽孝而已；学知利行者，只是时时省觉，务要依此良知尽孝而已。"[③]

理想的圣人能够如"好好色、恶恶臭"一样践行道德，便自然能够依照良知"生知安行"。然而这样的知行境界说同样潜藏着理论困境。"人皆可以为尧舜"是儒家思想中基本的理论预设，但是孔子尚且"七十而从心所欲，不逾矩"，其他儒者显然需要更多的努力和时间，甚至可能终身都无法如"好好色、恶恶臭"一样真知实行。如果知行合一的圣人境界是普通学者终身无法实现的，那么其不过是镜花水月，王阳明知行合一说的现实意义亦会遭受损害。

阳明强调知行不可分、私欲隔断而知行不一，都是延续程颐、朱熹以来的观点。阳明以"好好色、恶恶臭"的圣人境界说明知行合一，虽然给予儒者以精神的鼓励，但是在形而下的现实层面存在许多难以克服的理论问题。真正地理解阳明心学中的知行合一思想，必须从本体论的层面进行解读。

二、一念动处便是知亦便是行

在《答陆静原》第二书中，阳明提出："所谓'生知安行'，知行二字亦是就用功上说；若是知行本体，即是良知良能，虽在困勉之人，亦皆可谓之'生知安行'矣。

---

① 《罗氏本拾遗》，《程氏外书》卷6，〔宋〕程颢、程颐著，王孝鱼点校：《二程集》，中华书局，1981年，第388页。程颐以老虎伤人为例，指出："学者须是真知，才知得是，便泰然行将去也。"（〔宋〕程颐：《伊川先生语四》，《河南程氏遗书》卷18，《二程集》，第187—188页）

② 《传习录》，第229条，第397页。

③ 《传习录》，第291条，第458页。

知行二字更宜精察。”[①]此处明确区分，一般所说的知行都是指形而下的工夫，是“就用功上说”。与此相对，形而上的“知行本体，即是良知良能”，这是人人具备的。

> 知是心之本体，心自然会知。见父自然知孝，见兄自然知弟，见孺子入井自然知恻隐，此便是良知，不假外求。若良知之发，更无私意障碍，即所谓“充其恻隐之心，而仁不可胜用矣”。然在常人不能无私意障碍，所以须用致知格物之功。胜私复理，即心之良知更无障碍，得以充塞流行，便是致其知。知致则意诚。[②]

“知是心之本体，心自然会知”，这是阳明学的基本思想。知即本体的良知，与之相对，知孝、知悌、知恻隐的具体之知，是本体之良知的自然发用。在“无私意障碍”的理想状态下，知孝、知悌、知恻隐之知自然会转化为孝、悌、恻隐的具体行为。阳明从本源上提出，具体的知行都来自于心之本体的良知天理。在“无私意障碍”的情况下，本体之知会自然展现出具体的知以及相应的行。从本体论而言，知行合一表示知行是心之本体发用的不同方面，而并非只是形而下的知行不离。

“心外无理”“心外无物”是阳明心学的重要命题，知行合一思想与此有着内在的贯通。心是人身的主宰，不仅个人行为的伦理价值，甚至自然世界的存在意义都是通过人的活动，将内心之天理赋予外在的世界。“心外无理”“心外无物”表明人化世界的价值和意义都源于心之天理，只有这样人化的、被赋予的世界，才是对人而言“真实”的世界。在此过程中，人的知行活动是不可或缺的。

> 身之主宰便是心，心之所发便是意，意之本体便是知，意之所在便是物。如意在于事亲，即事亲便是一物，意在于事君，即事君便是一物；意在于仁民爱物，即仁民、爱物便是一物；意在于视听言动，即视听言动便是一物。所以某说无心外之理，无心外之物。[③]

---

① 《传习录》，第165条，第288页。

② 《传习录》，第8条，第49—50页。

③ 《传习录》，第6条，第46页。

与“心外无物”说相对，“意之所在便是物”，事物之成立源于内心所发之意赋予的价值。比如事亲事君、仁民爱物，这些行为的成立都依赖于内心所发之意。如果没有心之本体的良知，没有心之所发的意，这些行为就无法称作事亲、仁民的道德行为。在这种意义上，人之“视听言动”的成立，同样需要心的主导。形而下的视、听作为具体之“事”，都依赖心之本体的天理良知。从这样的角度来说，知行作为具体之事（物），都不过是内心天理良知的一种展现。从本体论而言，知行源于内心的天理，其主宰皆为同一个心，知行合一则表明知行的根源皆依据于相同的天理。

从知行的本体良知以及心之主宰而言，形而下的知行不过是心之发用的不同面向。以走路为例，双腿的运动是受心的主宰，但双腿迈出有先后、有动静，虽然有区别，但都接受心的命令，目的都是为了走路，我们会形容类似的情况为“动静合一”。比如驾驶汽车时，司机会在发现危险情况时，本能地做出刹车反应。这些动作都是没有私意障碍、自然而然的。不过科学实验表明，从眼睛发现危险到右脚踩下刹车，中间确实有一定的反应时间。那么，我们能否说知在先、行在后呢？顾东桥就抓住这一点，提出了质疑：“然工夫次第不能无先后之差，如知食乃食，知汤乃饮，知衣乃服，知路乃行，未有不见是物，先有是事。此亦毫厘倏忽之间。”[①]事实上，前文所引《传习录》中阳明第一次解释“知行合一”时，已经出现类似矛盾。阳明举例说：“如鼻塞人虽见恶臭在前，鼻中不曾闻得，便亦不甚恶，亦只是不曾知臭。”然而按照顾东桥的批评，鼻塞人不知有恶臭，自然不会厌恶、躲避，这难道不是“见是物”然后“有是事”吗？而且我们不会见食饮、见汤吃，显然也是知的判断在前而行在后。从这一点上看，不仅知行不同，而且有先后之别，顾东桥对知行合一的批评确实有其逻辑根据。

阳明在回信中反驳道：

> 夫人必有欲食之心，然后知食。欲食之心即是意，即是行之始矣。食味之美恶，必待入口而后知，岂有不待入口而已先知食味之美恶者邪？必有欲行之心，然后知路。欲行之心即是意，即是行之始矣。路歧之险夷，必待身亲履历而后知，岂有不待身亲履历而已先知路歧之险夷者邪？“知汤乃饮”，“知衣乃

① 《传习录》，第132条，第199页。

服”，以此例之，皆无可疑。[①]

从回信来看，对于顾东桥知为先、行为后的说法，或者说对知为行之条件的质疑，阳明并没有正面回应，而是从另一个方面提出“欲食之心”是“行之始”，“知食”之前已经先有行。只有亲自品尝，才能知道食物的美味，可见行是知的条件。同样，先有“欲行之心”才会“知行”，只有亲身履历，才知道路途的险夷。阳明以行为先、知为后，行为知之条件进行反驳，只能说明形而下的知行互为补充。但是，无论知先行后还是行先知后，顾东桥所说“工夫次第，不能无先后之差”的问题仍然存在。

不过，阳明在回信中提出先有“欲食之心”然后“知食”，“欲食之心”是“意”，是“行之始”，这样的说法很容易让人联想到阳明学的“一念发动”说。

问知行合一。先生曰：“此须识我立言宗旨。……我今说个知行合一，正要人晓得一念发动处，便即是行了。发动处有不善，就将这不善的念克倒了。须要彻根彻底，不使那一念不善潜伏在胸中。此是我立言宗旨。”[②]

阳明指出“一念发动”即是“行”，这与“欲食之心”是“行之始”的思想是一致的。现实中，受物欲干扰的现象普遍存在，比如有善念不行，是因为私欲的干扰；有恶念不行，是因为良知的克制。但在阳明看来，如果没有任何省察克制的话，一念发动就自然会有相应之行为的出现。因此阳明强调“发动处有不善”，就将不善之念克倒，不使其潜伏胸中。

对于“知行自是合一”的观点，阳明进一步提出：“但要晓得一念动处便是知亦便是行。”[③]在没有任何干扰的情境中，心中产生一个念头（念头的出现是受到一定外在的刺激，阳明指出意念是没有悬空的），就自然会觉察（知），亦自然会行。比如觉察口渴之时，自然会喝水，或者去寻找一杯水。欲食、欲行的一念发动之时，自然会觉察并产生相应的行动。

回到顾东桥所说的“工夫次第，不能无先后之差”的问题，阳明只能以形而下的

① 《传习录》，第132条，第199—200页。

② 《传习录》，第226条，第391—392页。

③ 《传习录》拾遗，第19条，陈荣捷著：《王阳明〈传习录〉详注集评》，重庆出版社，2017年，第323页。

知行互为依据来回复，这也是工夫论层面阳明知行合一说的主要思想。但是阳明进一步指出，具体的知行都源于“一念发动”，知行合一表示形而下的知行皆源于天理良知的最初一念。将最初一念在具体的知行中落实，这也是阳明的“致良知”思想。

> 或疑知行不合一，以“知之匪艰”二句为问。先生曰：“良知自知，原是容易的，只是不能致那良知，便是‘知之匪艰，行之惟艰’。”[①]

学者提出《尚书·说命》所言“知之匪艰，行之惟艰”，质疑形而下的具体知行的不同。阳明则强调“良知自知”，进而要求学者“致良知”。《尚书》中的具体之“知”被阳明转变为形而上的“良知”，“行”则是为了展现形而上之知的致良知。虽然阳明并没有直接回答“知行不一”的问题，但以致良知统摄知行，达到知行合一，这才是阳明学的根本。

综上所述，对于其他学者关心的知行难易、知行先后问题，阳明在承认形而下层面之差别的同时，还不断地将其提升至本体论的层面来加以解释。阳明从本体论的角度来论述知行合一，强调形而下的知行源于本体的天理，知行皆由同一本心发出，本心的最初一念自然表现为知行的不同方面，而这样的过程，阳明又以致良知的工夫来涵摄，这可以说是阳明学知行合一思想的根本。

三、知行工夫，本不可离

在本体论角度，知行合一是阳明心学理论的应有之义，但是无论徐爱所说的知行不一还是顾东桥所问的知行先后，形而下的知行差别并未消解。知与行虽然皆受本心之主宰，但毕竟有所不同。知行不一的问题在现实中也普遍存在。《传习录》第5条阳明与徐爱第一次讨论知行合一时，两人之间有这样一段对话：

> 爱曰：“古人说知行做两个，亦是要人见个分晓，一行做知的功夫，一行做行的功夫，即功夫始有下落。”先生曰：“此却失了古人宗旨也。某尝说知

① 《传习录》，第320条，第500页。

是行的主意，行是知的功夫；知是行之始，行是知之成。若会得时，只说一个知，已自有行在；只说一个行，已自有知在。古人所以既说一个知，又说一个行者，只为世间有一种人，懵懵懂懂的任意去做，全不解思惟省察，也只是个冥行妄作，所以必说个知，方才行得是；又有一种人，茫茫荡荡悬空去思索，全不肯着实躬行，也只是个揣摸影响，所以必说一个行，方才知得真。此是古人不得已补偏救弊的说话，若见得这个意时，即一言而足。今人却就将知行分作两件去做，以为必先知了，然后能行，我如今且去讲习讨论做知的工夫，待知得真了，方去做行的工夫，故遂终身不行，亦遂终身不知。此不是小病痛，其来已非一日矣。某今说个知行合一，正是对病的药，又不是某凿空杜撰，知行本体原是如此。今若知得宗旨时，即说两个亦不妨，亦只是一个；若不会宗旨，便说一个，亦济得甚事？只是闲说话。”①

徐爱明确主张知行分开来讲，不是说知行二者截然对立，而是知行二者存在差异，不可随意混淆。阳明所说的“知行本体原是如此”，仍然是在论述形而下的知行。阳明指出：“知是行的主意，行是知的功夫；知是行之始，行是知之成。”可见，阳明承认具体之知行的不同，但他进而提出知是行为的方向主宰，是行为的意义价值之所在，而行是知的具体展现，是知的一个落实。因此，“只说一个知，已自有行在，只说一个行，已自有知在”。知行互相涵盖，但对于道德行为的完成而言，二者又是相辅相成、不可或缺的。“若知得宗旨时，即说两个亦不妨，亦只是一个。”说明在承认知行差异的同时，阳明并不希望学者纠结于具体问题，而是要牢记知行的最终目的都是为了成就道德、展现良知这一根本目的。

阳明还补充道，古人分别强调知与行，只不过是针对人之弊病的不同，从不同的方面予以纠正的对症之语，是“不得已补偏救弊的说话”，切不可由此割裂知与行，尤其不可过分地执着于知先行后，从而导致知而不行的弊病。

“知行合一”之说，专为近世学者分知行为两事，心欲先用知之之功而后

---

① 《传习录》，第5条，第40—41页。

行，遂致终身不行，故不得已而为此补偏救弊之言。①

知者行之始，行者知之成。圣学只一个功夫，知行不可分作两事。②

提倡知行合一，就是针对学者“终身不行”的弊病。只有知之真才能行之切。这样的观念固然没有错，但学者执着于行前求知，遗忘了为学的真正目的是成就道德，这就有问题了。具体的事物总是在不断变化之中，因而不可能预先将所有的问题讲习明白。在具体的实践过程中，人很容易对外界事物产生疑虑，于是不断出现新的问题，甚至对自己内心的判断也始终有所怀疑。阳明早年为心与理不能合一而困扰，这大概也是原因之一。所以阳明担心，知先行后的观念可能导致学者始终被各种疑虑所牵绊，“终身不行，终身不知”。于是他便从形而下的工夫实践的角度，用“知行合一”来提醒学者，强调知行互相涵摄、互为前提；知不仅是行之前的起点，还是要通过具体的实践才能达到的目标。而知行的根本目的，都是为了学者的道德成就。

门人问曰：“知行如何得合一？且如《中庸》言‘博学之’，又说个‘笃行之’，分明知行是两件。”先生曰：“博学只是事事学存此天理，笃行只是学之不已之意。”③

此则材料中，有学者依据《中庸》的“博学之”“笃行之”，明确提出知行工夫的差别。阳明同样没有简单地取消二者的差别，而是从学的角度，指出博学、笃行是存养、践行天理的不同方面，二者并非截然割裂。从天理的角度，阳明也认为，博学与笃行不过是不可分割的不同面向。

凡谓之行者，只是着实去做这件事。若着实做学问思辨的工夫，则学问思辨亦便是行矣。学是学做这件事，问是问做这件事，思辨是思辨做这件事，则行亦便是学问思辨矣。若谓学问思辨之，然后去行，却如何悬空先去学问思辨

① 〔明〕王守仁：《与道通书（四）》，〔明〕王守仁著，吴光、钱明、董平、姚延福编校：《王阳明全集》卷32，上海古籍出版社，2011年，第1331页。

② 《传习录》，第26条，第84页。

③ 《传习录》，第321条，第500页。

得？行时又如何去得做学问思辨的事？行之明觉精察处，便是知；知之真切笃实处，便是行。若行而不能精察明觉，便是冥行，便是“学而不思则罔”，所以必须说个知；知而不能真切笃实，便是妄想，便是“思而不学则殆”，所以必须说个行；元来只是一个工夫。凡古人说知行，皆是就一个工夫上补偏救弊说，不似今人截然分作两件事做。某今说知行合一，虽亦是就今时补偏救弊说，然知行体段亦本来如是。吾契但着实就身心上体履，当下便自知得。今却只从言语文义上窥测，所以牵制支离，转说转糊涂，正是不能知行合一之弊耳。

知行原是两个字说一个工夫，这一个工夫须着此两个字，方说得完全无弊病。若头脑处见得分明，见得原是一个头脑，则虽把知行分作两个说，毕竟将来做那一个工夫，则始或未便融会，终所谓百虑而一致矣。若头脑见得不分明，原看做两个了，则虽把知行合作一个说，亦恐终未有凑泊处，况又分作两截去做，则是从头至尾更没讨下落处也。

知之真切笃实处，便是行；行之明觉精察处，便是知。若知时，其心不能真切笃实，则其知便不能明觉精察，不是知之时只要明觉精察，更不要真切笃实也。行之时，其心不能明觉精察，则其行便不能真切笃实，不是行之时只要真切笃实，更不要明觉精察也。知天地之化育，心体原是如此。乾知大始，心体亦原是如此。[①]

对于“学问思辨属知”“笃行属行”的问题，阳明认为，这一方面是为了“补偏救弊”，防止学者终身不知、终身不行的弊病；另一方面是为了强调“知行体段”，即《传习录》中徐爱所记“知行本体”的本来状态。他还指出：知行“元来只是一个工夫”，“知之真切笃实处，便是行；行之明觉精察处，便是知”。知行只是一个工夫的不同方面，学者要“头脑处见得分明”，“着实去做”。“学问思辨”之知与“笃行”之行本身就是同一践履的不同方面，不可截然分开。

在为学穷理、道德成就的统摄下，一切具体的知行都只是道德行为的不同表现，本应合一。在进行以上对话的前一年，即嘉靖四年（1525），阳明在《答顾东桥书》中已明确提出学、问、思、辨、行皆是穷理之学，本身已经蕴含着穷理的要求。

---

① 《答友人问》，《王阳明全集》卷6，第232—234页。

知之真切笃实处，即是行；行之明觉精察处，即是知。知行工夫，本不可离。只为后世学者分作两截用功，失却知行本体，故有"合一并进"之说。"真知即所以为行，不行不足谓之知。"[①]

知州则一州之事皆己事也，知县则一县之事皆己事也。[②]

夫学问思辨行皆所以为学，未有学而不行者也。如言学孝，则必服劳奉养，躬行孝道，然后谓之学，岂徒悬空口耳讲说，而遂可以谓之学孝乎？学射，则必张弓挟矢，引满中的；学书，则必伸纸执笔，操觚染翰；尽天下之学，无有不行而可以言学者，则学之始，固已即是行矣。……学至于穷理至矣，而尚未措之于行，天下宁有是邪？是故知不行之不可以为学，则知不行之不可以为穷理矣；知不行之不可以为穷理，则知知行之合一并进，而不可以分为两节事矣。[③]

阳明不断强调，知行互相蕴含，相互印证，互为前提，所以"知行工夫，本不可离"。如"知州""知县"之名，已经蕴含着治理一地的要求，无论知还是行都是为了实现这样的目标。学、问、思、辨、行，皆是为学穷理和成就道德的一部分。道德的成就离不开具体的践行。阳明说"未有学而不行者"，只有做到"服劳奉养""引满中的""操觚染翰"，才能称得上学孝、学射、学书等学习目的的完成。真正的学不仅是知识的获得，同样也是实践的完成。"知行合一并进"，本身就是为学穷理的客观要求。

穷理者，兼格致诚正而为功也，故言穷理则格致诚正之功皆在其中，言格物则必兼举致知、诚意、正心，而后其功始备而密。今偏举格物而遂谓之穷理，此所以专以穷理属知，而谓格物未尝有行，非惟不得格物之旨，并穷理之义而失之矣。此后世之学所以析知行为先后两截，日以支离决裂，而圣学益以残晦者，其端实始于此。[④]

---

① 《传习录》，第133条，第202页。

② 《传习录》，第134条，第207页。

③ 《传习录》，第136条，第215—216页。

④ 《传习录》，第137条，第222页。

阳明同样强调穷理已包含“格致诚正之功”，穷理本身已蕴含着行的要求。按照阳明的解释，《大学》中的格物、致知、诚意、正心，都是兼知行的工夫，“其功始备而密”。因此，如果将格物、穷理的工夫单独抽出来，以为在此之后才有行的工夫，只讲知而没有行，那么穷理也就不可能达到真正的穷理。而阳明提出知行并举，也正是为了克服朱子学中格物思想的固化。

> 意欲温凊，意欲奉养者，所谓意也，而未可谓之诚意。必实行其温凊奉养之意，务求自慊而无自欺，然后谓之诚意。知如何而为温凊之节，知如何而为奉养之宜者，所谓知也，而未可谓之致知。必致其知如何为温凊之节者之知，而实以之温凊，致其知如何为奉养之宜者之知，而实以之奉养，然后谓之致知。
>
> 温凊之事，奉养之事，所谓物也，而未可谓之格物。必其于温凊之事也，一如其良知之所知，当如何为奉养之宜者而为之，无一毫之不尽；于奉养之事也，一如其良知所知，当如何为奉养之宜者而为之，无一毫之不尽，然后谓之格物。温凊之物格，然后知温凊之良知始致；奉养之物格，然后知奉养之良知始致，故曰“物格而后知至。”致其知温凊之良知，而后温凊之意始诚，致其知奉养之良知，而后奉养之意始诚，故曰“知至而后意诚。”此区区诚意、致知、格物之说盖如此。①
>
> 可以知致知之必在于行，而不行之不可以为致知也明矣。知行合一之体，不益较然矣乎？②

在这里，阳明对诚意、致知、格物本身即蕴含行的问题做了进一步说明。在阳明看来，诚、致、格本身就已经是行，通过践行才能达到诚意、致知和格物的完成。从另一角度而言，如果物不能格（正）、知不能致、意不能诚，即不能通过行而予以展现，那么物、知、意本身也就是原始而不完善的。如果意不能诚，没有具体落实的话，那么这样的意本身也非真意。知若不能在具体环境中加以运用，这样的知也非真知。

① 《传习录》，第138条，第224—225页。

② 《传习录》，第139条，第227页。

同样，依据阳明“心外无物”的观点，如果外部的存在没有以内心之理而正的话，那就可以说是没有意义之物。诚意、致知、格物任何一项，都是致良知、穷天理展现过程的一部分。“致知之必在于行”，阳明强调良知的呈现必须落实在具体行为上，没有人之行为，良知就不可能充分展现，外在之物亦不能得其正。

> 逮其后世，功利之说日浸以盛，不复知有明德亲民之实。士皆巧文博词以饰诈，相规以伪，相轧以利，外冠裳而内禽兽，而犹或自以为从事于圣贤之学。如是而欲挽而复之三代，呜呼其难哉！吾为此惧，揭知行合一之说，订致知格物之谬，思有以正人心，息邪说，以求明先圣之学，庶几君子闻大道之要，小人蒙至治之泽。①

阳明晚年还反复强调，其提倡知行合一、致良知，训格物为正物，都是针对社会上的功利之说、巧文博词而发的。知行割裂，知而不行，不仅对学者自身有害，亦导致整个社会的道德衰落。

综上所述，阳明提倡知行合一并非要取消知行的差别，而是反对截然割裂知行，遂致终身不行的弊病。阳明一方面强调行才是知的完成，践行之后的知才是真知；另一方面又从学者致良知、道德成就的角度，指出学、问、思、辨、行都是道德践行的不同方面，知行合一，不可分隔，从形而下的层面而言，亦即各种工夫互相涵摄，不能对立。

四、结语——以工夫识本体

无论从理想境界、成德工夫还是良知本体来说，阳明皆强调知行合一、不可分离，尤其是道德践行的重要性。其实，除了良知本体的思想之外，理想境界、成德工夫层面的知行合一观点，朱子学亦不会完全反对。但阳明提出以工夫实践体认本体之知，则进一步反映出他对于工夫实践的重视。

---

① 《书林司训卷》，《王阳明全集》卷8，第314页。

> 如发见于事亲时，就在事亲上学存此天理；发见于事君时，就在事君上学存此天理；发见于处富贵、贫贱时，就在处富贵、贫贱上学存此天理；发见于处患难、夷狄时，就在处患难、夷狄上学存此天理；至于作止、语默，无处不然，随他发见处，即就那上面学个存天理。①
>
> 合着本体的是工夫，做得工夫的方识本体。②

阳明认为，不是存天理而后践行，而是在道德践行的过程中存天理。不是只有体认本体之后才能做工夫，而是为学工夫的完成才能真实地把握本体的天理良知。不通过具体实践，就无法真正把握内在的良知。

> 刘观时问：“未发之中是如何？”先生曰：“汝但戒惧不睹，恐惧不闻，养得此心纯是天理，便自然见。”观时请略示气象。先生曰：“哑子吃苦瓜，与你说不得；你要知此苦，还须你自吃。”
>
> 时曰仁在傍，曰：“如此才是真知，即是行矣。”一时在座诸友皆有省。③

李侗教导朱熹观未发之前的气象，以识得“未发之中”的本体。阳明反过来提出，体认天理不是在工夫之前，而是在“戒惧不睹，恐惧不闻”的具体实践之中。“你要知此苦，还须你自吃”，真知的获得源于具体的践行。行之前的言语传授、冥思苦想是不可能真正获得良知的。徐爱受其指点，最后也认为“如此才是真知”，本体的未发之中是无法通过语言来直接传达的，而只能在形而下的实践中来体认把握。显然，这是阳明心学对于孔子在《论语·宪问》中所说的“下学而上达”思想的本体论提升。

阳明在自己的心学体系中，突出道德践行的重要性，反映了阳明学的实践精神。工夫实践不再是格物穷理之后的附属，而是在实践验证的过程中最终达到真知的体认，这就使得工夫实践具有形而上的本体论意义。

总之，阳明的知行合一思想，可以从儒家的理想境界、成德工夫论以及本体论三重层面进行诠释。阳明学对圣人境界的追求以及反对工夫论层面的知行割裂，与朱子

---

① 《传习录》，第9条，第51页。

② 《传习录》拾遗，第3条，《王阳明〈传习录〉详注集评》，第316页。

③ 《传习录》，第125条，第185页。

学有着共通之处。阳明知行合一的思想根本，在于本体论层面的知行源于同一良知本体，而形而下的知行只是天理展现的不同方面。作为本体论层面的应有之义，内心天理必然要展现为外在之物。因此，知行合一也就成为阳明不得不宣扬的重要思想。

（作者申绪璐系杭州师范大学公共管理学院哲学系副教授）

域外心学进展

朱子心性论的建构与对《孟子》的诠释

〔日〕藤井伦明

内容提要：本文通过检讨牟宗三先生关于朱子对《孟子》的诠释所作的分析、批判，进一步阐明朱子对《孟子》的诠释的脉络及其心性论的建构。朱子心性论主要依据《中庸》建构，所以朱子需要从“体用论”的脉络解读《孟子》，从而出现不合《孟子》文本之处。虽然如此，但朱子的道德理论并没有成为牟先生所说的“他律道德”。《孟子》与朱子都把“心”理解为“道德主体”，《孟子》把“心”视为“已完成”的道德主体，从如何使它发挥这样的脉络谈“心”，朱子则把“心”视为“未完成”的道德主体，从如何使它完成这样的脉络谈“心”。虽然两者谈“心”的立足点有所不同，但《孟子》与朱子所理解的“道德成立”之结构、方向是相同的。《孟子》谈“心”的脉络或许比较接近陆王心学的立场。

关键词：朱熹　心论性　牟宗三　《孟子》诠释

一、前言

朱子学又被称作“新儒学”，其学术风格、思想体系与汉唐儒学有所不同。但站在朱子本人的立场而言，他追求的并不是脱离先秦儒家（孔孟）的脉络，开创全新的儒家思想体系，而是阐明先秦儒家的真义，继承儒家思想的道统。因此，朱子的学说、主张基本上都以儒家经典为依据。就这一点看，朱子学的立场又是与汉唐儒学一致的。朱子的思想主要是以“四书”（《大学》《中庸》《论语》《孟子》）为依据，其“心性论”也是依据四书，尤其是《中庸》《孟子》。毋庸置疑，朱子代表性的著作就是《四书章句集注》。[①]朱子认为汉唐学者的经注并未完全正确掌握经书的真义，所以必须重新注释，阐明真正的圣贤之道。朱子所作的“新”注，亦即《四书章句集注》等，具有巨大的影响力，不仅在明清时期的中国，在越南、朝鲜、日本等东亚地区也成为解释“四书”的标准。但不能说朱子新注是被全盘接受的，历史上反对、批判朱子新注的也有不少，这也是事实。例如继承汉唐训诂学传统的清朝考据学亦即“汉学”阵营，对朱子新注的主观性就持批判立场。其实不只是“汉学”阵营，若从汉宋之争的脉络而言，同样归属于“宋学”阵营的陆王心学也批判朱子新注，指出朱子的诠释与孔孟文本之间的差距。直到现代，仍有很多学者对朱子经典诠释的客观性问题进行检讨，笔者认为其中最犀利地批判朱子经典诠释的问题的学者是牟宗三先生。

牟宗三先生对朱子思想所作的分析非常细致、深入，堪称现代朱子学研究的重要成果之一。牟先生批判朱子对《孟子》的诠释脱离《孟子》文本，不合《孟子》的意思[②]，结果导致朱子所理解的“心”与《孟子》截然不同，进而开展出“他律道德”的立场。笔者认为，朱子对《孟子》的诠释确实有如牟先生所指出的脱离《孟子》文本之处，但牟先生关于朱子对《孟子》的诠释的分析也有值得商榷的地方。[③]在这种问题意识下，本文通过检讨牟先生关于朱子对《孟子》的诠释的分析、批判，以进一步阐明朱子解读《孟子》的脉络及其心性论的建构。

二、牟先生对朱子《孟子》诠释的批判

以下是牟先生批判朱子对《孟子》的诠释的一段精彩分析：

> 朱子讲孟子，心、情属于气，气是形而下的，恻隐之心属于形而下，这就糟糕了，这是违反孟子的。照孟子义理，心就是性，从心说性，所以，心性

---

① 关于《四书章句集注》的撰作过程、诠释体例、义理思维等，可参阅陈逢源《朱熹与〈四书章句集注〉》（台北：里仁书局，2006年）。

② 关于牟先生对朱子《孟子》诠释的批判，可参阅牟宗三《心体与性体》（上海古籍出版社，1999年）、《宋明儒学的问题与发展》（华东师范大学出版社，2004年）等。

③ 杜保瑞先生也批评牟先生对朱子思想的分析、理解有不正确的地方，可参阅杜保瑞《牟宗三儒学平议》（新星出版社，2017年）。杜先生在该书第12章《对牟宗三诠释孟子学的方法论反思》中探讨了牟先生对朱子《孟子》诠释在理解上的问题，但杜先生批判的视角与本文有所不同。

是一，也就是心理是一。照朱子的体会分解，恻隐之心等说成心、情，只仁、义、礼、智是性，结果成心、性、情三分，心、性、情三分是道德地讲;形而上地讲，就是理气二分。性即理，情、心属气。这种讲法是错的，不合孟子的意思。朱子的头脑不能讲孟子，他不了解孟子，也不了解《中庸》、《易传》，他只能讲《大学》。[①]

根据牟先生的分析，朱子在《孟子》诠释中将“心”“性”“情”三者加以区别，从“理气二分”的脉络将“性”归属于“理”，将“情”“心”归属于“气”。牟先生认为这种理解违反《孟子》原来的脉络，不合《孟子》的意思。[②]对牟先生而言，朱子如此违反《孟子》原来的脉络加以诠释的结果，是把在《孟子》中圆满“合一”的“心”与“理”变成“不能一”。牟先生敏锐地察觉到朱子从错误的脉络诠释《孟子》的结果，是开展出与《孟子》根本不同的“心”观以及道德理论。关于这一点，牟先生有如下详细说明：

陆象山所说“心即理”，王阳明说“良知即天理”，以及程明道言“天理二字却是自家体贴出来”。天理动态地讲就是道体，从“于穆不已”来;静态地讲就是道德法则。总说是道德法则。“心即理”那个理是道德法则，“良知即天理”那个天理也是道德法则。道德法则是西方的词语，中国这种抽象的词语很少。照朱子的分解，仁、义、礼、智是理，恻隐、辞让、恭敬、是非是心是情，情、心属于气，这不合孟子原意。孟子原意心就是理，恻隐之心就是仁这个理。“心即理”就等于意志自律，就是心的立法性。恻隐之心立一个法，立一个理，立一个理就是给你一个方向，定方向就是理。这个理由心立，理固然是形而上的，心也是形而上的，心不属于气，恻隐之心就是一个具体的心，无所谓分两个概念，朱夫子分解做情、心，这是穿凿。理是存有义，心是活动义，这就是“即存有即活动”。理从心发，这个活动义的心不一定属于形而下，不是凡活动就属于形而下。这一点一定要彻底弄明白。恻隐之心不能分解成两

① 牟宗三著:《宋明儒学的问题与发展》，华东师范大学出版社，2004年，第98页。

② 暂且不说朱子的头脑能不能讲《孟子》、能不能真正了解《中庸》《易传》的内容这一问题，牟先生的观点大概是现代学界对朱子思想的一般看法，获得了大多数学者的支持、肯定。

> 个概念，要说心就是心，说情就是情，这个情不是形而下的。这个情只能用feeling，不能用emotion。Feeling可高可低，不一定属形而下。尽管feeling有活动义，这个情是本情。本情、本心都是超越的，不属于感性，这样才能说心就是理，心理合一。照朱子的分析，心、理不能一。[①]

牟先生认为《孟子》没有区别“理”（存有义）与“气”（活动义），也没有将“心”“性”“情”加以三分，“心”等于“性”（“理”），“心”“性”“情”三者本来是一体的、无法割裂的。在《孟子》中，“心”（“情”）本身作为“理”决定道德法则，确定该走的方向，实践道德行为。例如“恻隐之心”以“仁”为道德法则，确定自己发展的方向，进而实践道德行为。根据牟先生的理解，《孟子》的“心”乃是作为“情”具有活动义，同时作为“理”可以自发自律地设定道德法则这种“超越的”主体。因此，牟先生认为《孟子》的道德理论是“自律道德”的立场。但朱子对《孟子》的诠释不合《孟子》的原意，将“心”看作“实然的心气之心”，进而推导出“他律道德”的立场。以下是牟先生说明朱子的诠释推导出“他律道德”的理路：

> 伊川、朱子所说之心只是实然的心气之灵之心，其自身常不能凝聚而清明，反常在浮动、昏沉、散乱之中。是以必须敬以涵养使之常凝聚常清明，然后始能发其明理之用。明理是明存在之理，故必须即物以明。[②]
>
> 在伊川、朱子，性只成存在之理，只存有而不活动，心只是实然的心气之心，心并不即是性，并不即是理，故心只能发其认知之用，并不能表示其自身之自主自决之即是理，而作为客观存有之“存在之理”（性理）即在其外而为其认知之所对，此即分心理为能所，而亦即阳明所谓析心与理为二者也。[③]

朱子虽然提倡“性即理”，但没有无条件地接受“心即理”这个命题。他在诠释《孟子》时将“四端”与“四德”严格区别，将前者规定为形而下的“情”，将后者规定为形而上的“性”（“理”），同时对“心”“性”“情”三者从概念上加以区别。牟先

---

① 《宋明儒学的问题与发展》，第101—102页。

② 《心体与性体》，第1册，第90页。

③ 《心体与性体》，第1册，第91页。

生认为，既然“性即理”，从“理气二元”的脉络来看，“性”之外的“心”“情”等应该看作属于“气”的存在。因此在朱子思想中，“心”成为“实然的心气之心”，“理”（“性”）是存在于“心”之外的。若“心”与“理”割裂开来，“心”无非是“实然的心气之心”，成为没有“自发自律地”设定道德法则之能力的存在。换言之，它已经不是一个“超越的”道德主体。根据牟先生的理解，朱子脉络的“心”具有“明理之用”“认知之用”，通过发挥这一作用，认知外在客观之理，“使心气情变之发动渐如理”，才能实践道德行为。这种立场无非是“他律道德”。关于“自律道德”的立场与“他律道德”的立场的异同，牟先生有如下说明：

> 吾人不能由反身自证，自证其道德的本心之自发自律自定方向自作主宰以为吾人之性体，以认取性体之为理，而乃是客观地由“存在之然”逼显出其所以然之理以为性，主观地由心气之灵之凝聚来把握这些理，以使心气情变之发动渐如理。就客观地由“存在之然”来逼显说，是性理之道德意义之减杀；就主观地由心气之灵之凝聚来把握这些理说，吾人之实践之为道德的，是他律道德，盖理在心气之外而律之也。（理经由心气之灵之认知活动而摄具之，内在化之，以成其律心之用以及心之如理，此不得视为心理为一，此仍是心理为二。其为一是关联的合一，不是本体的即一、自一。本心即性、本体的自一、是自律道德。关联的合一是他律道德。）①

根据牟先生的理解，朱子虽然说“性即理”，但此“性”并不是“心”的本体，也不是实际上存在于“心”中的道理，而是存在于“心”外，用“心”的认知作用，观察“存在之然”而掌握、阐明的“所以然之理”。“心”以此外在的“所以然之理”为“性”并控制自己，对“心”之发动加以调整从而使之符合规律。在此，“心”与“性理”被割裂，“心”虽然作为“心气之心”具有活动义，但无法成为“自主自决”的道德主体，它必须以“心”外之“理”（“性”）为依据，才能实践道德行为。另外，“性理”也因为被看作是通过外在的“存在之然”而归纳出来的“所以然”，亦即客观世界的规律，而因此失去“活动义”，又失去“道德意义”。

---

① 《心体与性体》，第1册，第74—75页。

如此，牟先生强调，在朱子“心”论里，“理”不在“心”内而在“心”外。但我们发现朱子的言说中多次出现“心具万理”“心包万理”等说明。[①]为了避免己见与朱子言说产生矛盾，牟先生对朱子所谓“具”或“包”的概念作了如下说明：

> 朱子所谓“具”或“包”是心知之明之认知地具，涵摄地具，“包”亦如之。《大学补传》所谓“人心之灵莫不有知”是也。即在心知之明之认知作用中把理带进来，而云“即在吾心”，“心具万理”，“心包万理”。（中略）此非《孟子》所谓之“存心”之义，亦非孟子由仁义内在所函之“心即理”义。由《孟子》仁义内在之心即理而说“心具万理”，此“具”是本心自发自律地具，是本体创生直贯地具，不是认知地具，涵摄地具；是内在之本具、固具，不是外在地关联地具。此种分别，朱子不察，遂只以“认知地具”说“心具万理”。[②]

牟先生认为朱子所谓“心具万理”“心包万理”等言说，不能按照字面上理解。它不是“心即理”脉络的真正的“本具”“内具”，而是“心即气”脉络的“认知地具”“涵摄地具”。对牟先生而言，“心”既然不是“理”而是“气”，因而“心”中有“理”在逻辑上是不可能的。虽然“心”是“气”，但其“气”是灵明的，所以具备可以认知“理”的功能。因此，“心”可以认知“理”而将“理”作为知识带进心中。这就是朱子所谓的“心具万理”“心包万理”。

另外，根据牟先生的分析，朱子脉络的“性”是“理气二分”下的“理”，它是“只存有而不活动”的。但关于“性”“情”关系，朱子常说“性发而为情”，此说明与牟先生对“性”（“理”）的理解有所矛盾。牟先生认为朱子所谓“性发”也与“心具理”一样不能按照字面上理解。牟先生的解释是：

> 伊川、朱子亦常不自觉地顺习惯说性发而为情，实则严格言之，彼所说之性理实不能发也，只是心气依性理而发，统属于性，遂谓性之发矣。[③]

---

① 例如《朱子语类》中有“一心具万理”“心包万理，万理具于一心”等言论（〔宋〕朱熹：《学三·论知行》，〔宋〕黎靖德编，王星贤点校：《朱子语类》卷9，中华书局，1986年，第1册，第154、155页）。

② 《心体与性体》，第3册，第357—358页。

③ 《心体与性体》，第1册，第78页。

根据牟先生的理解，“性理”是没有活动义的存在，所以它本身无论如何不能“发”，朱子所谓“性发为情”，其实意味着“心气”依据“性理”而引发“情”。关于这一点，李明辉先生基于牟先生的观点作了更清楚的说明：

> 朱子之“理”是只存有而不活动，而性即理，故“性发为情”，并非意谓“性自身发而为情”，而是意谓“情依理而发”。①
>
> 性是理，理无所谓动。故“性之动”非性本身的动，而是情依性而动。能动者是气，故情属于气。心则居于性、情之间而统摄之。②
>
> 朱子所谓心统性情，其实只是意谓心依性理引发情，也就是说，心认知地以异层次之性理为依据，而引发同层之情。③
>
> 心之所以为“虚灵”、为“精爽”、为“神明”，乃是由于它能凭其知觉涵摄理。心之主宰能力即在于依理而御情，以应万事；在此意义之下，即可说“心宰万物”。④

再者，朱子将《孟子》所谓“尽心”理解为《大学》脉络的“知至”或“诚意”⑤，但牟先生认为朱子这样的理解并不符合《孟子》“尽心”说的原意。牟先生指出：

> 无论以“知至”说尽心，或以“诚意”说尽心，皆非孟子“尽心”之义。“物格而后知至”，以“知至”说尽心，是认知地尽。“知至而后意诚”，以诚意说尽心，是实行地尽。但此实行地尽却是依所知之理尽心力而为之，心成虚位字，是他律道德，非孟子“尽心”之义。孟子说“尽心”是充分实现（扩充）

---

① 李明辉：《四端与七情——关于道德情感的比较哲学探讨》，台北：台湾大学出版中心，2005年，第356—357页。

② 李明辉：《朱子论恶之根源》，钟彩钧主编：《国际朱子学会议论文集》，上册，台北：台湾“中央研究院”中国文哲研究所筹备处，1993年，第566页。

③ 《朱子论恶之根源》，《国际朱子学会议论文集》，上册，第571页。

④ 《朱子论恶之根源》，《国际朱子学会议论文集》，上册，第573页。

⑤ “以《大学》之序言之，知性则物格之谓，尽心则知至之谓也。”（〔宋〕朱熹：《尽心章句上》，《孟子集注》卷13，〔宋〕朱熹撰：《四书章句集注》，中华书局，2011年，第327页）“尽心者，发必自慊，而无有外之心，即大学意诚之事也。”（《孟子十·尽心上》，《朱子语类》卷60，第1425页）

> 本心之谓，既非“知至”之认知地尽，亦非“依所知之理、尽心力而为之”之他律式的实行地尽。①

如此牟先生认为，《孟子》脉络的“尽心”是使“心”本身充分“扩充”（发挥），任何道德依据都在“心”本身，“心”直接成为道德本体、道德动力而展现其道德作用。相对于此，朱子脉络的“尽心”，因为道德依据不在“心”本身，因此必须先“知至”，亦即向外充分认知“理”（“认知地尽”），以其所认知的“理”为道德根据，进一步“诚意”，亦即充分发挥“心力”（“实行地尽”）。②根据牟先生的理解，通过朱子对《孟子》的诠释，“尽心”的“尽”从原来的自律式的“尽”变成他律性的“尽”。牟先生将朱子“他律式”的“尽心”的过程，也就是说从“知”到“行”的过程，作了如下具体说明：

> “进学”者即是即物以明存在之理、以致其心知之明也。……然后心气之发动始能完全依其所以然之理而成为如理之存在，此即所谓全体是“天理流行”也。……是故“即物穷理”以致知并不是留住于物自身之曲折之相上而穷究其形构之理以成经验知识（见闻之知、科学之知），乃是即之而越过其曲折之相以穷究其超越的、形而上的“所以然”之“存在之理”，以便使吾人之心气全凝聚于理上，使其发动全如理。故此知仍是“德性之知”，其目标仍在指向于道德行为上，使吾人之行为皆如理。……盖此理本为存在之理，故吾人知之而依之，即可发动如理之行为以成其德行。有德行（如理的行为）始可说有德性。③

总括牟先生所理解的朱子心性论的结构大致如下：“心”“性”“情”三者是独立的存在。其中“心”与“情”属于“气”，“性”属于“理”。“心”中没有“理”的成分，“理”在心外。虽然“心”是“气”，但有认知“理”的功能（“知”）。“心”能认

---

① 《心体与性体》，第3册，第402页。

② 换个角度来看，这意味着在朱子思想里“知”（“知至”）与“行”（“诚意”）是分而为二的。诚如众所皆知的，王阳明从知行分裂的脉络批判朱子学，提倡“知行合一”。笔者认为牟先生批判朱子思想的视角相当接近阳明学。

③ 《心体与性体》，第1册，第90页。

知“理”而将“理”引进来当作“性”。“心”依据其“性”来控制“心”“气”的发动(“情”)。这就是牟先生所理解的“心统性情”。朱子提倡的“格物穷理”就是由“心”认知外在之“理”的工夫。若“心”不认知“理”，自己没有可以依据的道德准则，也就无法控制其发动(“情”)，结果也就无法实践道德行为。朱子重视“格物穷理”的原因就在于此。

三、《孟子》文本的脉络与朱子的诠释

如上所述，牟先生强调朱子对《孟子》的诠释不合《孟子》的意思。那么牟先生此番理解到底合不合理?笔者认为，朱子对《孟子》的诠释中确实有脱离《孟子》文本的地方，因此牟先生的指摘是有道理的。《孟子》在谈“心”时没有特别对“心”与“性”“情”加以区别，而是看似笼统地视为一物。但朱子对《孟子·公孙丑上》“四端”说却作了如下解释:

> 恻隐、羞恶、辞让、是非，情也。仁、义、礼、智，性也。心，统性情者也。①

如牟先生所言，朱子确实有“心”“情”“性”三分的观点。关于“四端”(恻隐、羞恶、辞让、是非)与“四德”(仁、义、礼、智)的关系，若从《孟子》原文的脉络来看，应该理解为“四端(之心)”本身扩充的结果成为“四德”，“四端”是起点、基础，“四德”是到达点、成果。《孟子》的原文是:

> 恻隐之心，仁之端也；羞恶之心，义之端也；辞让之心，礼之端也；是非之心，智之端也。人之有是四端也，犹其有四体也。……凡有四端于我者，知皆扩而充之矣，若火之始然，泉之始达。苟能充之，足以保四海；苟不充之，不足以事父母。②

---

① 《公孙丑章句上》,《孟子集注》卷3,《四书章句集注》, 第221页。

② 《公孙丑章句上》,《孟子集注》卷3,《四书章句集注》, 第221页。

《孟子》认为，恻隐之心、羞恶之心等“四端”是仁、义等“四德”之“端”。从后面提到的“扩而充之”的脉络来解读，《孟子》所谓的“端”是“开端”之“端”，亦即出发点或基础，“四端”扩充、发挥的结果便是“四德”。因此，若谈先后关系，“四端”在先，“四德”在后，但两者之间没有形而上、形而下等存在层次上的差异，而只是表示发展的不同阶段。作为从《孟子》原来的脉络诠释“四端”说的例子，我们可以参考日本德川时代古义学派学者伊藤仁斋的解释：

> 端，本也。言恻隐、羞恶、辞让、是非之心，乃仁义礼智之本。能扩而充之，则成仁义礼智之德。故谓之端也。先儒以仁义礼智为性，故解“端”为“绪”，以为仁义礼智之端绪见于外者，误也。①

其中所谓“以仁义礼智为性，故解‘端’为‘绪’”的“先儒”是指朱子。朱子确实如仁斋所言，把“端”解释为“绪”，亦即表露的意思。朱子《孟子集注》曰：

> 端，绪也。因其情之发，而性之本然可得而见，犹有物在中而绪见于外也。②

根据朱子的诠释，“四端”是从“心”中显现出来的“情”，“四德”是潜在于“心”中的“性”“理”。“四端”之情就是“四德”之性的展现、表露。我们通过看得见的“四端”之情，可以确认看不见的“四德”之性的存在。从朱子的脉络而言，因为人具有“四德”之性，所以才有“四端”之情。他以“四德”之性为因（本），以“四端”之情为果（末）。而此“四德”之性无非是天所赋予的纯粹至善之“理”。换个角度来说，通过人有“四端”之情这一现象，我们可以确认人心中有“四德”之性（“理”），进而可以证明“性善”的事实。在这种朱子诠释的脉络中，《孟子》原来的“四端”→“四德”这一关系被颠倒，变成“四德”→“四端”。再加上，“四德”作为形而上的“性”，“四端”作为形而下的“情”，“四端”与“四德”之间产生存在层次上的差异。很明显，若从《孟子》原文的脉络来看，如仁斋所言，朱子的诠释确实有

---

① 〔日〕伊藤仁斋著：《孟子古义》，〔日〕关仪一郎编：《日本名家四书注释全书·孟子部（一）》，东京：东洋图书刊行会，1926年，第69页。

② 《公孙丑章句上》，《孟子集注》卷3，《四书章句集注》，第221页。

"误"。而牟先生认为朱子的诠释不合《孟子》的意思也有道理，即若要理解《孟子》的"心"，我们不能忽视《孟子·尽心上》中的"尽其心者，知其性也。知其性，则知天矣"一句。这一句在朱子心性论中具有重要的意义。从《孟子》原文的脉络来看，"尽心"与"知性"的关系可以理解为如下两种：

一是能够"尽心"，才可以"知性"。或能够"尽心"的人，才会"知性"。

二是"尽心"的人就是"知性"的人。"尽心"的人，他愿意"尽心"的原因就在他"知性"，亦即知道性之善。

第一种理解在赵岐《孟子》注中可以看到。赵岐说：

> 性有仁义礼智之端，心以制之。惟心为正。人能尽极其心，以思行善，则可谓知其性矣。[①]

赵注逻辑上虽然有不够清楚的地方，但他以"尽心"为"知性"的条件、前提这一点是明确的。

第二种理解在仁斋《孟子古义》以及焦循《孟子正义》中可以看到。仁斋的解释是：

> 尽心者，谓扩充四端之心，而至于其极也。知性者，谓自知己性之善而无恶也。言自能尽其心者，知其性之善可以扩充也。苟能知其性之善，则知天亦自在其中矣。盖性则天之所命，善而无恶。故曰知性则知天矣。[②]

仁斋将"尽心"说与"四端"说的内容相结合，将"尽心"解释为"扩充四端之心"，认为如此主动"尽心"（扩充四端之心）的原因就在于"知性"，亦即"知其性之善可以扩充"。根据焦循《孟子正义》的阐释："惟不知己性之善，遂不能尽极其心，是能尽极其心以思行善者，知其性之善也"[③]，可知焦循的理解比较接近仁斋，他也认

① 〔清〕焦循：《尽心章句上》，〔清〕焦循撰，沈文倬点校：《孟子正义》卷13，中华书局，1987年，第943页。

② 《孟子古义》卷7，第283页。

③ 《尽心章句上》，《孟子正义》卷13，第943页。

为“尽心”的原因就在于“知性”。这两种诠释虽然理解的视角完全不同，但无论哪一种诠释，要表达的重点都是“尽心”的重要性以及结果，而不在于如何实现“尽心”这种方法论。笔者认为，从《孟子》原文的脉络来看，这两种诠释都成立。但朱子从如何实现“尽心”这种工夫论的脉络来解读此一句，从而认为“知性”为“尽心”之必要条件。针对《孟子·尽心上》所谓“尽其心者，知其性也”一句，朱子作了如下解释：

> 心者，人之神明，所以具众理而应万事者也。性则心之所具之理，而天又理之所从以出者也。人有是心，莫非全体，然不穷理，则有所蔽而无以尽乎此心之量。故能极其心之全体而无不尽者，必其能穷夫理而无不知者也。既知其理，则其所从出，亦不外是矣。以《大学》之序言之，知性则物格之谓，尽心则知至之谓也。[①]

根据朱子的阐释，世界的一切“理”都在心中，而心所具有的这些“理”就是《孟子》所谓“性”。因此，从本体的层面而言，人之“心”是“全体”，亦即十全十美的。但若不向外“穷理”就无法向内“知性”，也就无法完全发挥心之“全体”(“心之量”)，也就是无法“尽心”。在朱子的诠释中，“知性”成为“尽心”的必要条件，为了“尽心”必须要“知性”(“穷理”)。关于这一点，我们通过《朱子语类》的记载可以看得更清楚：

> “尽其心者，知其性也。”“者”字不可不子细看。人能尽其心者，只为知其性，知性却在先。
>
> 人往往说先尽其心而后知性，非也。心性本不可分，况其语脉是“尽其心者，知其性”。心只是包着这道理，尽知得其性之道理，便是尽其心。若只要理会尽心，不知如何地尽。
>
> 尽其心者，由知其性也。先知得性之理，然后明得此心。知性犹物格，尽心犹知至。

① 《尽心章句上》,《孟子集注》卷13,《四书章句集注》, 第327页。

知性，然后能尽心。先知，然后能尽；未有先尽而后方能知者。盖先知得，然后见得尽。①

如此，朱子将《孟子》“尽其心者，知其性也”一句从工夫论的脉络加以理解，进而在顺序上强调“知性”在先、“尽心”在后。朱子还引用《大学》八条目，指出“知性”相当于《大学》所谓“物格”，“尽心”相当于《大学》所谓“知至”。从《大学》文本的脉络而言，“物格”的结果就是“知至”，“物格”是“知至”的条件。朱子将对《孟子》的诠释与将对《大学》“格物致知”、《中庸》首章“天命之谓性”的诠释互相关联起来，从而建立起比较完整的心性论体系。但若从《孟子》文本的脉络来看，则不得不说朱子的诠释脱离了《孟子》文本。因此，牟先生批判朱子对《孟子》的诠释不合《孟子》的意思是符合事实的。但牟先生进而推导出《孟子》伦理学说属于“自律道德”，而朱子伦理学说属于“他律道德”这番结论，却有值得商榷的地方。笔者认为，牟先生对朱子言说的分析中可能有脱离朱子本人脉络之处。下面拟从朱子本人的脉络，来阐明朱子的心性论结构。

四、朱子所言的“心”与心性论建构

如牟先生所指出，朱子对《孟子》的诠释确实有不合《孟子》原意的地方。但这种诠释上的偏差，真的使朱子的“心”变成“实然的心气之心”了吗？虽然朱子所诠释的“四端”与“四德”之间的关系是颠倒的，但朱子的伦理学说真的变成“他律道德”了吗？其实仔细解读朱子的言说，很难断定朱子所谓的“心”是“气心”，也很难将其伦理学说归类为“他律道德”。再看朱子对《孟子·公孙丑上》“四端”说的总结：

此章所论人之性情、心之体用，本然全具，而各有条理如此。②

① 《孟子十·尽心上》，《朱子语类》卷60，第4册，第1422—1423页。

② 《公孙丑章句上》，《孟子集注》卷3，《四书章句集注》，第221页。

说明朱子是从“体用论”的脉络来理解“性”“情”关系的，认为“性”是“心”之体，“情”是“心”之用。朱子虽然脱离了《孟子》文本的脉络，将“心”“性”“情”三者加以区别，而且强调“性即理”，但关于“心”“性”“情”三者的关系，却不是从“理气论”的脉络，而是从“体用论”的脉络来加以把握、理解的。关于这一点，可以举出以下很多例证：

> 心之为物，实主于身，其体则有仁义礼智之性，其用则有恻隐羞恶恭敬是非之情，浑然在中，随感而应，各有攸主，而不可乱也。[①]
>
> 孟子言：“恻隐之心，仁之端也。”仁，性也；恻隐，情也，此是情上见得心。又曰“仁义礼智根于心”，此是性上见得心。盖心便是包得那性情，性是体，情是用。心字只是一个字母，故“性”“情”字皆从“心”。[②]
>
> 且如仁义自是性，孟子则曰“仁义之心”，恻隐、羞恶自是情，孟子则曰“恻隐之心、羞恶之心”。盖性即心之理，情即性之用。[③]
>
> 心兼体用而言。性是心之理，情是心之用。[④]

如上所确认，牟先生认为在朱子思想中“性”属于“理”，“心”“情”属于“气”，而学界一般的理解也是如此。[⑤]但若从“体用论”的脉络来理解“心”“性”“情”三者的关系，即如朱子以上所表明的，“性”是“心”之体，“情”是“心”之用，若限定“性”“情”两者之关系，则“性”是“情”之体，“情”是“性”之用。若是如此，我们就不能简单地将“心”“情”归属于“气”。首先，关于“心”的属性，朱子既然

---

① 〔宋〕朱熹：《大学或问下》，《大学章句》，〔宋〕朱熹撰：《朱子全书》，上海古籍出版社、安徽教育出版社，2010年，第6册，第527页。

② 《性理二·性情心意等名义》，《朱子语类》卷5，第1册，第91页。

③ 《性理二·性情心意等名义》，《朱子语类》卷5，第1册，第91页。

④ 《性理二·性情心意等名义》，《朱子语类》卷5，第1册，第96页。

⑤ 关于“心”的属性，学界有不同的理解，但关于“性”“情”关系，“以性为理，以情为气”这一理解应该可以视为学界的共识。但陈来先生质疑以心为气的观点，认为“心性系统是一个功能系统，而不是存在实体”，因此不能用理气观念来规定(陈来：《朱子哲学中“心”的概念》，《中国近世思想史研究》，商务印书馆，2003年)。笔者也赞同这一观点。关于“心”的归属问题，参阅吴震：《“心是做工夫处”：关于朱子“心论”的几个问题》(《朱子思想再读》，三联书店，2018年)。

明白指出“心”之本体是“性”，亦即“理”，那么“心即气”的观点在理论上便很难成立。因为若以“心”之本体为“性”(“理”)，再以其“心”为“气”，朱子的立场就变为以“气”之本体为“理”，从而违背“理气二元”“理气不杂”的原则。笔者认为，既然朱子明确说“心”之本体是“性”(“理”)，那么我们就不得不承认“心”的概念中确实含有“理”的成分。①再者，关于“情”的属性，既然“情”是本体之“性”(“理”)的作用，依据“体用一源、显微无间”的原则②，我们便无法将“性”“情”两者视为个别独立的存在，而需要对之进行连续性、整体性的把握。若使“情”归属为“气”，“性”“情”之间出现不能跨越的存在层次上的区分，那就无法确立其体用关系。总之，若从“体用论”的脉络来看，“心”“性”“情”三者虽然从概念上可以区别，但实际上不是个别独立的存在，而是同一物的不同面向或阶段。关于这一点，可以从朱子根据《中庸》，将“性”“情”关系解释为“未发”与“已发”的关系这一事实中得到证明。朱子对《中庸》首章的“喜怒哀乐之未发，谓之中；发而皆中节，谓之和”一句的诠释是：

> 喜怒哀乐，情也。其未发，则性也。无所偏倚，故谓之中。发皆中节，情之正也，无所乖戾，故谓之和。③

朱子在《太极说》中对“性”“情”关系，也按照《中庸》的脉络作了如下说明：

> 情之未发者，性也，是乃所谓中也，天下之大本也；性之已发者，情也，

---

① 当然这并不意味着需要接受“心即理”的观点。“心即理”与“心之本体是理”不同。如朱子将“心”分为“本体”层次与“作用”层次，前者相当于“性”，后者相当于“情”。若看“心”的本体层次(“性”)，它是十全十美的“理”，但若看“心”的作用层次(“情”)，就不一定会展现出十全十美的理想状态。既然“心”的概念中包含体用两个方面，那就不能无条件地将“心”认定为“理”。

② 众所皆知，“体用一源、显微无间”是程颐提倡的命题，朱子将这一命题运用在自己的心性论中。朱子对这一命题的内涵作过如下说明：“‘体用一源’者，自理而观，则理为体、象为用，而理中有象，是一源也；‘显微无间’者，自象而观，则象为显、理为微，而象中有理，是无间也。”(《答何叔京》,《朱子文集》卷40,《朱子全书》，第22册，第1841页)

③ 《中庸章句》,《四书章句集注》，第20页。

> 其皆中节，则所谓和也，天下之达道也。皆天理之自然也。[①]

《朱子语类》中也有如下说明：

> 心有体用。未发之前是心之体，已发之际乃心之用，如何指定说得。[②]
>
> 性是未动，情是已动，心包得已动未动。盖心之未动则为性，已动则为情，所谓“心统性情”也。[③]

可见，朱子明确将“情”之“未发”（“未动”）的阶段视为“性”，将“性”之“已发”（“已动”）的阶段视为“情”。若“性”“情”关系就是“未发”“已发”的关系，我们就不应该将两者视为个别独立的存在，而应该将两者视为连续的“一物”。朱子就是将“性”与“情”视为“一物”的。他说：

> 性、情一物，其所以分，只为未发已发之不同耳。若不以未发已发分之，则何者为性，何者为情耶？[④]

朱子将“一物”的“未发”阶段称为“性”，将“已发”阶段称为“情”，而统合这两个阶段、从“一物”的视角来把握的概念就是“心”。因此，对朱子而言，“心”“性”“情”三者并不是个别独立的存在，而是同一存在（“一物”）的不同面向而已。在《朱子语类》中还可看到如下说明：

> 心之全体湛然虚明，万理具足，无一毫私欲之间；其流行该遍，贯乎动静，而妙用又无不在焉。故以其未发而全体者言之，则性也；以其已发而妙用者言之，则情也。然“心统性情”，只就浑沦一物之中，指其已发、未发而为言尔；

---

① 《太极说》，《朱子文集》卷67，《朱子全书》，第23册，第3274页。

② 《性理二·性情心意等名义》，《朱子语类》卷5，第1册，第90页。

③ 《性理二·性情心意等名义》，《朱子语类》卷5，第1册，第93页。

④ 《答何叔京》，《朱子文集》卷40，《朱子全书》，第22册，第1830页。

> 非是性是一个地头，心是一个地头，情又是一个地头，如此悬隔也。[①]

在此，朱子提醒我们不可以使“心”“性”“情”三者互相“悬隔”而将它们视为个别独立的存在。由以上的例子可知，朱子虽然在概念上区别“心”“性”“情”，但实际上是将三者视为“一物”的。朱子确实运用“理气论”来说明这个世界，若只依据“理气论”的脉络来思考，除了“理”之外的事物，理论上都需要把它归属于“气”。因此，若从“理气论”的脉络来分析“心”，除了被朱子规定为“理”的“性”之外，“心”“情”等都要被归属于“气”。而若“心”“情”是“气”，那“性”与“心”“情”之间就有了“悬隔”。这样一来，“心”自身便无法成为道德主体，而需要以外在的“性理”为道德依据。

由此可见，朱子的心性论不是套用“理气论”来建构的，而是套用“体用论”来建构的。[②]因此笔者认为，应该从“体用论”的脉络加以解读，才符合朱子的意思。关于这一点，陈来先生也有说明：

> 朱子拒绝把“形而上”/“形而下”这样的分析模式引入对“心”的讨论，这也意味着“理/气”的分析方式不适用于朱子自己对“心”的了解。……而朱子认为在心性论中只能性情为体用，心则统心情。[③]

牟先生完全忽视“体用论”的脉络，只关注从“理气论”的脉络来理解朱子的心性论。因此，牟先生以“心”“情”为“气”，将“心”“性”“情”三者视为个别独立的存在，进而认为朱子脉络中的“心”无法成为道德主体。但这种理解脱离了朱子诠释《孟子》的脉络，可能不符合朱子的意思。

牟先生对朱子所谓“心具理”所作的诠释，也有值得商榷的地方。牟先生将

---

① 《性理二·性情心意等名义》，《朱子语类》卷5，第94页。

② 当然，应该认为“性即理”这一命题属于“理气论”的脉络，因而不能说朱子“心性论”中完全没有“理气论”的要素。但朱子“心性论”主要是从“体用论”的脉络来建构这一点是明确的。笔者关注的是在朱子思想中“理气论”与“体用论”的并存。而这两种理论在性质上完全不同，那么这两种不同的理论到底在朱子思想中能不能会通、协调呢？有无互相冲突、矛盾呢？关于这一问题，可能需要另外检讨。

③ 《朱子哲学中心的概念》，《中国近世思想史研究》，第194页。

此“具”理解为“认知地具”，认为朱子想要表达的真正意思是“心”具有认知外在之“理”的功能，从而将“理”引进来当作内在之“知识”。牟先生将“心”规定为“气”。若基于“心即气”的立场，当然“心”在理路上无法具“理”。因为牟先生是从“理气论”的脉络来解读朱子之说，所以不得不推导出这样的解释。但如上所述，朱子本来将“心”“性”“情”三者视为“一物”，并以“性”（“理”）为“心之本体”，所以笔者认为“心具理”可以按照字面的意思来理解。朱子肯定“心”具有实体意义上的“理”这一点，我们通过朱子对《孟子》所作的如下诠释即可得到确认。首先，朱子对《孟子·尽心上》所谓“求则得之，舍则失之，是求有益于得也，求在我者也”的“在我者”一句作了如下解释：

> 在我者，谓仁义礼智，凡性之所有者。①

毫无疑问，朱子认为“仁义礼智”等实体意义上的“理”作为“性”而内在于“我”。其次，朱子对《孟子·尽心上》所谓“万物皆备于我矣。反身而诚，乐莫大焉”一句作了如下解释：

> 此言理之本然也。大则君臣父子，小则事物细微，其当然之理，无一不具于性分之内也。……诚，实也。言反诸身，而所备之理，皆如恶恶臭、好好色之实然，则其行之不待勉强而无不利矣。其为乐，孰大于是。②

朱子将《孟子》所谓“备于我”的“万物”理解为“理之本然”“当然之理”，并明确指出一切理“具”“备”于人的“性分之内”。但朱子认为人所备的“理”来自“天”，也就是说人所具有的“理”是“天”赋予的。朱子这些观点是依据《中庸》而展开的。朱子对《中庸》首章所谓“天命之谓性，率性之谓道，修道之谓教”一句作了如下解释：

---

① 《尽心章句上》,《孟子集注》卷13,《四书章句集注》，第357页。

② 《尽心章句上》,《孟子集注》卷13,《四书章句集注》，第357页。

> 命，犹令也。性，即理也。天以阴阳五行化生万物，气以成形，而理亦赋焉，犹命令也。于是人物之生，因各得其所赋之理，以为健顺五常之德，所谓性也。率，循也。道，犹路也。人物各循其性之自然，则其日用事物之间，莫不各有当行之路，是则所谓道也。[①]

根据《中庸》的脉络，朱子认为人所具备的“性”就是天所赋予的“理”，于是提出“性即理”这一命题。由此，朱子将“理”所具备的“性”视为“健顺五常之德”也就得到了确认。可见，朱子所谓“心具理”的“具”绝对不是“认知地具”，而是“实体地具”。而朱子将此“理”（“性”“五常之德”）视为“心”之本体，进而认为《孟子》所谓“仁义礼智”的“四德”相当于此“性”。也就是说，朱子为了符合《中庸》的脉络，将《孟子》所谓的“四端”解释为已发之“情”，将“四德”解释为未发之“性”（“理”），从而颠倒了《孟子》原来的“四端”与“四德”的关系，以“四德”为“心”之本体，“四端”为“心”之作用。换言之，朱子为了使《孟子》与《中庸》在理论上相互贯通，刻意脱离《孟子》文木的脉络，用“体用”或“未发已发”的脉络来诠释“四端”与“四德”的关系。

关于“尽心”与“知性”的关系，如上所述，若从《孟子》原文的脉络来看，“尽心”的结果是“知性”或“知性”等于“尽心”这两种诠释才可能符合《孟子》的意思。但朱子脱离《孟子》文本的脉络，以“知性”为“尽心”的必要条件来展开诠释。这也是为了让《孟子》的“尽心”能够符合《中庸》脉络的“心”，亦即“性”是“心”之“体”，“情”是“心”之“用”，“性”的“已发”是“情”，“情”的“未发”是“性”，以“性情”为“一物”，从“一物”的视角来理解“性情”就是“心”。为了“尽心”就必须先“知性”，亦即先要正确认知其本体“性”。而只有正确认知“性”，才能使本体之“性”圆满发挥而成为作用之“情”。在朱子看来，此本体之“性”圆满发挥而成为作用之“情”的状态就是《中庸》所谓“诚者不勉而中，不思而得，从容中道”的“诚”[②]，以及《孟子》所谓“反身而诚”[③]、《大学》所谓“诚其意”[④]的境界。若

---

① 《中庸章句》，《四书章句集注》，第19页。

② 《中庸章句》，《四书章句集注》，第33页。

③ 《尽心章句上》，《孟子集注》卷13，《四书章句集注》，第357页。

④ 《大学章句》，《四书章句集注》，第8页。

朱子所理解的“心”的结构包含体用、未发已发两个层面，那就只有完全发挥本体之“性”（“理”）而达到“诚”的境界才能说“尽心”。朱子曾说：

> 盖天者，理之自然，而人之所由以生者也；性者，理之全体，而人之所得以生者也；心则人之所以主于身而具是理者也。天大无外，而性禀其全，故人之本心，其体廓然，亦无限量，惟其梏于形器之私，滞于闻见之小，是以有所蔽而不尽。①

如前文所述，针对《孟子·尽心上》所谓“尽其心者，知其性也”一句，他也进行了解释。通过这些解释，我们可以清楚地理解朱子谈“心”的问题意识之所在。朱子认为，人都具备完全无缺的“理”，这就是“心”之本体或者“性”。若要探讨“心”，就“本体”层面而言没什么问题，问题就在于能不能圆满顺利地发挥其本体之“性”。人虽然具备完整的本体之“性”，但实际上往往被“形器之私”“闻见之小”等所遮蔽，而无法完全发挥其“无限量”的整体内容，结果出现不能适当“应外事”亦即作用之“情”“不中节”等状况。这就是朱子所认为的没有实现“尽心”的状态。虽然朱子将“知性”解释为《大学》所谓的“物格”，将“尽心”解释为《大学》所谓的“知至”是脱离《孟子》原意的，但在朱子那里作为“尽心”的条件要求的“知性”（借由“格物穷理”的“物格”），却是以完全发挥本体之“性”而使作用之“情”“中节”，进而正确地“应万事”为目的的。换言之，朱子所理解的“尽心”并不是牟先生所说的“‘知至’之认知地尽”或“‘依所知之理、尽心力而为之’之他律式的实行地尽”，而是克服遮蔽本体之“性”的各种障碍，同时明确把握本体之“性”的整体面貌，使它圆满顺利地显现而成为作用之“情”，进而适当地“应万事”。也就是说，朱子所理解的“尽心”无非是使“心”发挥其本性、潜力或者使“心”复原本来面目，让它成为真正的道德主体。朱子确实以“格物穷理”，亦即认知外在之理的工夫为“尽心”的必要条件，但这工夫不是为了使“属于气的心”依据“外在之理”而调适其活动，而是为了使“以理为本体的心”顺利显现、发挥其“内在之理”而成为道德主体。可见，我们从朱子有关“尽心”的相关言说中，无法解读出“他律道德”。笔者认为，

① 《尽心说》，《朱子文集》卷67，《朱子全书》第23册，第3273页。

牟先生可能忽略了“体用论”的脉络，而只关注“理气论”的脉络，并以此解读朱子之言论，所以在理路上推导出朱子的伦理学说属于“他律道德”这样的结论。但是，这一结论可能值得商榷。

五、结语

总之，在牟先生看来，朱子对《孟子》的诠释不合《孟子》的原意。朱子脱离《孟子》原文的脉络来理解“心”，结果使“心”与“性”（“理”）分裂，成为“实然的心气之心”。这就意味着“心”失去了“理”的成分，从而使“心”无法成为道德主体。因此，在朱子思想的脉络中，若要实践道德行为，就必须首先认知“心”外之“理”（“格物穷理”），将所认知的理当作道德依据，而使“心”“气”之发动（“情”）建立在“理”的基础上。换言之，使道德行为能够成立的依据在“心”外之理，若不依靠“心”外之理，人就无法实践道德行为。这就是牟先生要将朱子心性论规定为“他律道德”的原因之所在。

笔者认为，如牟先生所指出的，朱子对《孟子》的诠释有不合《孟子》原意之处。但牟先生对朱子心性论的分析、理解可能脱离了朱子言说的脉络，有不合朱子原意之处。朱子主要依据《中庸》，从“体用论”的脉络来建构心性论，因而首先以“性”为“理”，进而将“性”（“理”）视为“心之体”，将“情”视为“心之用”。朱子虽然将“心”分为“性”与“情”，但他并不是从“存在论”亦即“理气论”的脉络加以分析，而是将“心”分为“本体”与“作用”两个层面。若根据“体用一源”的原则，此“本体”与“作用”的关系是不能被互相“悬隔”独立的，而应该被看作是连成一体的。关于这一点，我们从朱子将此体用关系解释为“未发已发”或者“未动已动”中也可以得到确认。因此，对朱子而言，“心”“性”“情”三者本来是“一物”。若朱子所理解的“心”是这样的，那么道德行为的依据也就自然在于作为“心之体”的“性理”。也就是说，道德的根据不在“心”之外，而在“心”之内。朱子提倡向外“格物穷理”的目的，其实就在于向内促使“心之体”的“性理”圆满显现，从而使“心”复原其作为道德主体的本来面貌。

朱子的心性论主要依据《中庸》建构。而为使《孟子》的内容符合《中庸》的脉络，朱子对《孟子》的诠释出现了不合《孟子》原意之处。虽然如此，朱子的道德理论并没有成为牟先生所说的“他律道德”。若要指出《孟子》与朱子的异同，则在于两者虽然都将“心”理解为“道德主体”，但《孟子》将“心”视为已完成的道德主体，而朱子将“心”视为未完成的道德主体；前者是从如何“发挥”的脉络来谈“心”，而后者是从如何“完成”的脉络来谈“心”。从这一点看，《孟子》谈“心”的脉络或许比较接近陆王心学的立场。

（作者藤井伦明系日本九州大学准教授）

命运多舛的王守仁及其心学[①]

〔俄〕科布杰夫　著

杨春蕾　孙晓彤　译

内容提要：本文以当代研究为基础，描述了王守仁的生平及世界观。王守仁是明代最杰出的哲学家、文学家、书法家、教育家、军事家和政治家。本文呈现了他戏剧性的一生，详细阐述了其思想与作品在中国的接受史。尤其是在当代，王守仁成为备受赞誉、广为研究的人物，他的家乡浙江绍兴建立了纪念馆和研究中心，被贬流放地贵阳成为独具特色的心学研究之地。

关键词：王守仁　阳明学　明代哲学　新儒学　心学　绍兴　贵阳

王守仁（1472—1529），字伯安，号阳明，1472年10月31日出生于浙江省余姚县，1529年1月9日在归乡途中病逝于江西省南安府。王守仁是明代杰出的哲学家、文学家、书法家、教育家、军事家和政治家。

记录王守仁生平和创作的重要史料是《王文成公全书》中内容翔实的附录部分。《王文成公全书》是1572年为纪念王守仁诞辰100周年而刊刻的第一部作品全集。附录包括《年谱》和《世德纪》两部分。其中，《年谱》附录讲述其逝世后所获尊荣和发生的事件；《世德纪》主要包括王守仁及其先人的传记，特别是由黄绾（1477—1551，号久庵、石龙）撰写的《阳明先生行状》，十分详尽地记录了王阳明的生平。

王守仁出身显赫，先辈有西汉宣帝年间博士谏大夫王吉（？—前48，字子阳）、

---

① 本文是俄罗斯科学院东方学研究所和浙江省稽山王阳明研究院合作课题“俄语世界的王阳明及中国传统思想文化研究”（№ 2019ZW0101）部分成果，首次发表在俄罗斯科学院东方学研究所的杂志《中国社会与国家（五十周年会议）》（2020）。

汉晋时期大臣王览（206—278，字玄通）、东晋著名书法家王羲之（303—361，一作321—379，字逸少）。其父王华（1446—1522，字德辉，号实庵），1481年中进士，1507年任南京吏部尚书。

王守仁5岁时仍不会说话，但从小就表现出过人的才能，不仅通读儒、道、佛各家经典，还知晓兵法和养生术。1492年，参加浙江乡试，中了举人，并与父亲定居北京，开始从事文学创作。因自10岁开始写诗，积累深厚，王守仁在这一领域获得了很高的声誉。1499年，王守仁中进士，之后任职工部和刑部。1502年，返乡治病，并在家乡附近会稽山（另一说法是四明山）的阳明洞天修建住所，"阳明"之号即源自此，自称"阳明子"。"阳明"二字的字面意思为"太阳的光芒"，在道家神话中意味着东方青帝，而在中医中则是经脉之一。早在唐代，阳明洞就受到诗人们的吟赞，尤其是白居易和元稹，而道家学派则将其归入三十六个"小洞天"之一。随后两年王守仁在此过着隐居生活，练习健身延寿的"道引术"，并掌握了道教的养生术。1504年，他重新被起用，主持了山东省的科举考试。

1506年冬，二十余名官员因不满宦官刘瑾擅政而遭到镇压。王守仁上疏论救触怒刘瑾而被廷杖四十，而后贬至贵州龙场担任驿丞。龙场今位于距贵州省会贵阳17公里的修文县，当时是贵州西南部的一个蛮夷荒僻之地，自然环境恶劣。在被谪途中，王守仁故意将衣服放在钱塘江岸边，伪装跳水自尽，以此躲过了刘瑾所派刺客的追杀。

直到1508年春，王守仁才到达流放地。当时他不仅和社会处于完全隔绝的状态，甚至有遭受人身伤害的可能。最初，因驿站年久失修，不能住人，王守仁不得不住在龙冈山上的一个山洞中，此洞亦被称为"阳明洞天"。他曾在名篇《瘗旅文》中，生动地描绘了贬谪生活的悲凉情境。在这种极端情况下，王守仁在1508年的一个夜晚豁然悟道，并形成了"心即理"的重要观点，认为应该从主体本身而不是从外部世界中寻求自然、社会和人的规律。这种思想的转变，也导致了对整个儒学"理"这一概念的重新思考和定义。而"理"的概念，曾一直与儒家的基本社会伦理范畴如"礼"（礼仪/礼节）、"义"（公正/责任）、"信"（信任/信念）等概念并重。

1509年，王守仁在龙场悟道的基础上，又进一步提出了"知行合一"的观点，并受席书（1461—1527，字文同，号元山）的邀请，赴贵阳文明书院讲学。席书于1509至1510年在贵州主管文化教育，他不仅公开地与被贬的王守仁交往，后来还在朝堂上为王守仁辩护，特别是1524年他在北京统领礼部及1526年任太子太保之时。[①]自此，王守仁开始正式宣传讲授自己的心学理论。

1509年，谪戍期满，王守仁度过了人生中最艰难的一段时期。杜维明称这一时期为他的"青年时期"，也是他致力于心学研究的时期。1512年，当回忆起自己的贬谪生活时，王守仁曾直言当时自己的身心皆经受了严重折磨，这些苦难不仅对他本人是有益的，而且对所有人都是有益的。他在蛮夷之地所赢得的尊敬，显然在很大程度上也为他赢得了政治上的声誉。因此，1510年刘瑾谋反事发后，王守仁即被任命为江西省庐陵知县，同年春前往赴任，并在当地恢复了保甲制度。此前，明朝的开国皇帝朱元璋曾尝试施行此政。而在更早之前的宋朝，这项措施就已经是宰相王安石变法时的改革计划之一。[②]1510年冬，在得到明武宗朱厚照接见后，王守仁的仕途逐渐有了起色，同时作为哲学家也开始声名鹊起。其最早的学生、后来的礼部尚书、翰林院学士黄绾，一直是自己导师的拥护者。[③]王守仁的第一个正式学生是他的妹夫徐爱（1487—1517，字曰仁，号横山）。1508年徐爱中进士，任朝廷要员。他们的师徒关系在当时一度被世人比作孔子与爱徒颜回。一时间，包括徐爱在内的众多士子纷纷前来听王守仁讲学。王守仁则专注于实践方面，尤其是"知行合一"，并最终招揽了众多才华横溢的学生。为应对伪信徒们对老师思想的亵渎，歪曲事实，弟子们开始记录王守仁的言论。1511—1513年，87岁的日本知名禅僧、遣明正使了庵桂悟出使明朝。1513年，了庵桂悟与王守仁在宁波有过交流。[④]

1514年，王守仁升任南京鸿胪寺卿。1516年，在王琼（1459—1532，1484年进士）的关切和协助下，王守仁由最开始的文官，逐渐转型成为统管江西、湖南、广东和福建一带的军政总督。王守仁于1517年初上任后，便迅速施行了一系列社会、政治、军事改革，比如设立保甲制，组建地方自卫军等。然后他凭借自己杰出的军事才能，出

---

① Ching 1976—Ching J., *To Acquire Wisdom: The Way of Wang Yang-ming*, N. Y.; L.: Columbia University Press, 1976.C. 43,46, 523-525.

② Кобзев 2002 — Кобзев А. И. Философия китайского неоконфуцианства. М. Вост. лит., 2002. С.50-64,74-75,97-100.

③ Dictionary 1976—*Dictionary of Ming Biography* (*1368–1644*), Ed. by L.C. Goodrich. Vol. 1, 2. N. Y.; L.: Columbia University Press, 1976.C.255-256, 673-675.

④ Chan 1963—Chan Wing-tsit, *Instructions for Practical Living and Other Neo-Confucian Writings by Wang Yang-ming*, N. Y.; L.: Columbia University Press, 1963.C.263-267.

色指挥了四次快速战役，将地方武装彻底击溃。1519年夏，在江西颇具势力的皇子朱权的第四代继承人朱宸濠，因图谋皇位起兵造反，王守仁成功地将其击溃并俘虏，由此被任命为江西巡抚。

1521年，明武宗朱厚照去世，明世宗朱厚熜即位，王守仁应诏入朝。但在朝内政治阴谋左右下，他最终被任命为南京兵部尚书，而未留在北京。同年，王守仁受封“新建伯”，年俸千石。晚年，王守仁通过对波折人生历程的总结，而成就了自己思想的最高境界——“致良知”说。

1522年3月，王守仁的父亲王华去世，他辞官回乡守丧三年。但是此后并没有得到新的任命，于是又在家乡待了两年。这五年是他创作热情和哲学成就最高的时期。1525年底，他的学生在越城创办了阳明书院。

1525年初，王守仁的夫人、江西巡抚参议诸养和之女去世。王守仁自16岁与诸氏成婚一直无子，因此，1515年，王华指定侄子王正宪为王守仁的继子。诸氏去世后，王守仁娶张氏为继室。次年，其子王正億（1526—1577，字仲时，号龙阳）出生，并成为他的正式继承人，袭“新建伯”封号。

1527年夏，王守仁被朝廷重新起用，任广东和广西两地的左都御史、总督兼巡抚，奉命平定广西西南疆域的动乱。当时，聚居此地区的瑶族部落的两首领之间发生冲突，政府干预其中，意欲歼灭部落两首领，并委派流官治理。这一举动激发了矛盾，从而爆发动乱。面对此局面，时任两广总督姚镆一时无法应付。王守仁接手后，将军事行动主要部署在田州和思恩地区，并掌控了湖北、湖南、江西、广东和广西等广大地域的军事指挥权。

1528年初，王守仁抵达广西南宁府。他驳回了废除世袭土官、改由政府委派流官治理地方的提议，试图和平解决争端。正是得益于此政策的施行及其显赫军功，一个月内，在没有发生流血冲突的情况下，王守仁解决了田州和思恩的冲突。随后，他又成功指挥了一场军事行动，平定了广西西南的八寨之乱，结束了明初以来此地暴乱频发的局势。经过他的整治，此地后来安定祥和，直至明末。凭借军事但更主要的还是社会、政治手段，王守仁在平定边乱的过程中，功勋卓著，并由此扬名于世，成为明朝仅有的取得军功的三位文官之一。

1529年初，王守仁的身体状况急剧恶化。他向皇帝上疏，乞求告老还乡，不等批复，即返程回乡。但因所患肺病加重，不幸病逝于归途舟中。

王守仁去世后，即遭到各种诬蔑和诽谤，其学说也被禁止。直到1567年明穆宗朱载垕即位，才恢复其名誉，并追授更高的爵位“新建侯”，谥号“文成”。1584年，他被从祀于孔庙。

王守仁的主要哲学著作有《传习录》《朱子晚年定论》《大学问》和《五经臆说》等。王守仁的学说与心学创始人陆九渊（1139—1193，字子静，因讲学于象山书院，人称“象山先生”）的思想具有承袭性。其典型证据就是，他们都认为人心中存在绝对真理和价值。但是，王守仁本人却更强调自己与朱熹理学的思想联系，而陆九渊却是朱熹理学的主要反对者。

为此，王守仁试图证明朱熹在去世前其思想观点已发生了根本性的改变。例如，朱子已开始侧重于内部的完善，而不是“外部”知识的积累。这一点，在王守仁的《朱子晚年定论》中反映得最为明显。王守仁早期遵循朱熹学说，力求实现源自《大学》[①]的观念，即客观存在上的“格物”观。后来，王守仁从理论上转向了主观、现实的方向，强调“格物”应在自己心中“格”。这一观点主要形成于1508年，它得益于王守仁的一次大悟，而他当时得出的主要结论即是“心即理”。也就是说，天地万物的本原或原理，最初存在于“心”之中。而《五经臆说》《大学问》等，则不过是他用来解释和强化自己观点的儒家权威经典。

王守仁的哲学也以“知行合一”说而著称于世，这意味着将认知功能理解为行动或行为，并将行为解释为知识的直接功能：知识即是行动，反之则不可。这一理论本身也确定了“良知”（“先天的知识”“自然的知识”“直觉知识”“先验知识”等）这一王守仁主要思想的实质。而其“致良知”的观点，则是对《大学》“致知”概念和《孟子》“良知”概念的整合。《孟子》中的“良知”（“一个人无须思考分辨就知道的东西”）与“良能”（“一个人无须学习就具有的能力”）是相同的概念。王守仁的“良知”指的就是“心”，具有灵魂、精神、认知、知识、感觉、意志、意识甚至潜意识的广泛含义。“良知”是天生的、无先决条件的、超个体的；它是每个人所固有的，同时又不能转移给他人的；它属于太虚，是无穷无尽的，决定着知识和认知的产生；它是天理的核心，是天生的道德情操和道德义务的基础。因此，在朱熹的理学传统中被解释为最

① Кобзев 2014—Кобзев А. И. Да-сюэ: Великое учение святомудрых для школяров, ученых и владык, или Судьба конфуцианского канона в Китае, на Западе и в России. М.: Вост. лит., 2014.С.115-116.

大程度地扩展知识（“穷理”）的儒家的“致知”思想，在王守仁那里是以“良知”和“知行合一”的概念来加以阐释的，从而使“良知”成为充分实现最高道德理想的标准。

王守仁的认识论观点集中体现在他的“四句教”中。“四句教”是从《大学》中衍生出来的。王守仁在1527年出征广西前与学生在天泉桥上有一场著名的对话，其中提到：“无善无恶心之体，有善有恶意之动，知善知恶是良知，为善去恶是格物。”在王守仁之前，儒家学者就提出过解决“心”及其活动的问题，但他们更关注静止未发的方式。与此相反，王守仁论证了“物质/身体与功能/应用”（体—用）、“运动与静止”（动—静）、精神状态的未显现与显现（未发—已发）之间的统一，并总结了积极开展实践活动的必要性，以及脱离日常生活的危害性。对于道教和佛教，他遵循了当时被广泛采用的方法，把它们看作是具有同一性的“二氏之学”而与作为“圣人之学”的儒学相对立。他认为，道教和佛教融合了个人主义的内容，它们对于个人自我完善是有益的，但不适用于构建社会生活秩序。王守仁承认，自己对道教和佛教有过20年的执着研究，批判它们首先是为了发展自己的学说。他认为，真正的“圣人之学”只有通过自己的新说才能得到恢复，而主张把真正的道教、佛教与它们的糟粕（“土苴”）区别开来。因为在他看来，真正意义上的佛教和道教几乎与正统儒学一样是玄妙和雅致的，而其中的“土苴”则是学说和实践方面的庸俗元素，包括道家的“养生术”。

但是，王守仁对禅宗的意识概念是持否定立场的。他认为：从现象世界解脱出来并且善恶不分的要求，隐含着摆脱社会伦理责任、寻求利己主义的“我”，它源自禅宗六祖慧能及其弟子神会的“无念”概念，强调的是精神回归到摆脱宁静和排斥外物的原始状态，而这种观点是根本站不住脚的。因为良知本质上即是“常识”，是一种即使在梦中也可以“认知”的能力。慧能的“顿悟”即对“佛性”的自发理解，在王守仁看来，则是基于“空虚”的概念，而与《大学》中的“致知”“诚意”“正心”等概念所描述的真正的精神升华没有关系。尽管如此，王守仁的哲学与禅宗佛教依然有许多共同性，包括有目的地改变心的宗旨、师生之间思想意识的共鸣等。

王守仁对陆九渊一系列思想的发展，形成了“陆王学派”，而王守仁自己的思想学说则被称为“阳明学派”。王守仁钟爱的弟子有钱德洪（1496—1574，号绪山）、王畿（1498—1583，号龙溪）和王艮（1483—1541，号心斋）。16至17世纪，阳明学的早期追随者按地域形成六个流派：浙中、江右、南中（江苏和安徽）、楚中（湖南和湖北）、北方（山东和河南）、粤闽（福建和广东），以及以“怪”和官方所称的“狂”而著称的泰州学派，代表有何心隐（1517—1579，号夫山）和李贽（1527—1602，号卓吾）。以上这些流派中，浙中、江右和泰州学派发挥了重要作用，同时还有三个颇具影响力的学派与泰州学派进行过论战。这三个学派在某种程度上都遵循了王守仁的思想，它们是以李材（生卒年不详，号见罗）为代表的"止修学派"、顾宪成（1550—1612，号泾阳）为代表的"东林学派"和刘宗周（1578—1645，号念台）为代表的"蕺山学派"。

明末阳明学者之间的争论主要围绕以下问题而展开：精神"本体"与道德"工夫"的相互关系、"性""心"与"善""恶""至善"的相互联系、发现并在实践中实现"真知"的方法、人性的善和良知等。

直到17世纪中叶，王守仁的学说都在中国思想舞台上占据主导地位。但随着政治局势、思想环境的改变，阳明学逐渐式微，并逐渐被官方的程朱理学所取代。然而，阳明学却从16世纪开始传播到日本和朝鲜，并对两国的哲学思想发展产生了深刻影响，更促成17世纪日本阳明学派的产生和发展。

明治维新之前，日本的阳明学在日本已成为主要的哲学思潮，后又对明治维新产生了重要影响。19世纪末日本现代化的成就启发了中国的知识分子，特别是改良派和革命派，他们复兴阳明学，使之成为从维新运动到辛亥革命时期发挥积极思想作用的精神力量。曾国藩曾说"王阳明矫正旧风气，开出新风气，功不在禹下"，将王守仁与建立夏朝的大禹相提并论。

近代以来中国著名的思想家几乎都受到了王守仁思想的影响，例如康有为、谭嗣同、梁启超、熊十力、梁漱溟、冯友兰、贺麟。清朝灭亡后，王守仁的思想学说日渐受到重视，《王文成公全书》先后有1913年上海中华图书馆石印本、中华书局《四部备要》排印本等。这种复兴还表现出与400年前相同的特征：阳明学不仅吸引了受过教育的精英人士，而且还吸引了普通民众，例如文盲制盐师王艮。

基督教传教士、汉学家戴遂良（G.F. Léon Wieger，1856—1933）曾写道："中华民国成立之后王阳明的思想在中国得到了广泛的传播，或许应该称为显学。"[①]西方首位研究和翻译王守仁作品的学者是美国传教士、哲学教授弗雷德里克·古德里奇·亨克

① Dictionary 1976—*Dictionary of Ming Biography* (*1368-1644*), Ed. by L.C. Goodrich. Vol. 1, 2. N. Y.; L.: Columbia University Press, 1976.C.255-256, 673-675.

（F.G. Henke，1876—1963），他于1911年在中国开始进行这项研究。[①]苏联汉学家彼得罗夫在《苏联大百科全书·哲学》一节中也指出：王守仁的思想在20世纪30年代的中华民国的一部分人群中很受欢迎。[②]同时，这一学说思想也极大地鼓舞了革命青年，如著有中国第一本《中国哲学史》的著名学者、诗人、书法家谢无量（1884—1964，号希范），1915年出版了《阳明学派》一书。1924年，著名艺术家、作家、评论家倪贻德（1901—1970，笔名尼特）标点本《阳明全书》出版[③]，此书后被多次再版。其中的前言部分由郭沫若撰写，名为《伟大的精神生活者王阳明》。此外，郭沫若还写有《王阳明礼赞》一文。[④]1927年，另一位新文化运动奠基人之一的叶圣陶，在上海出版了校注版《传习录》。1980年，台湾商务印书馆出版，2017年重庆出版社出版。北京大学哲学系教授邓艾民在《中国大百科全书·哲学卷》中编写了9篇关于王守仁与阳明学的文章。邓艾民著有《传习录注疏》，2000年台湾法严出版社出版，2012年上海古籍出版社出版。[⑤]1931年，著名作家、历史学家宋云彬（笔名宋佩韦）出版《王守仁与宋明理学》。[⑥]

需要指出的是，苏联时期的汉学巨擘阿列克谢耶夫（B.M. Алексеев，1881—1951）的观点与当时的苏联官方意识形态相去甚远。他在1935年8月撰写了《动乱与革命年代的中国文化》一文，但直到2003年才得以发表，称王守仁为“晚期儒学改革者中最著名的一个”，在中国和日本都“被认为具有很高的价值”。[⑦]1942年，阿列克谢耶夫通过翻译《古文观止》中王守仁的3篇经典文章，阐明了自己对王守仁思想的积极肯定态度。[⑧]在俄罗斯，笔者最早对王守仁的知觉、认识论及其历史争议进行研究，

---

① Henke 1964—Henke F. G., *The Philosophy of Wang Yang-ming*, London; Chicago: The Open Court Publishing Co 1916 (reprint: N. Y.: Paragon, 1964). C.47-104.

② Петров 1936—Петров А. А. Китайская философия // Большая Советская Энциклопедия. Т. 32. М.: Советская Энциклопедия, 1936. С. 743-755.

③ 倪贻德标点，支伟成校订：《阳明全书》，大中书局，1924年。

④ 郭沫若著：《郭沫若全集·历史编第三卷》，人民出版社，1984年。

⑤〔明〕王阳明撰，邓艾民注：《传习录注疏》，上海古籍出版社，2012年。

⑥ 宋佩韦著：《王守仁与宋明理学》，商务印书馆，1931年。

⑦ Алексеев 2003—Алексеев В. М. Труды по китайской литературе. В 2 кн. / Сост. М.В. Баньковская. Кн. 2. М.: Вост. лит., 2003. С.280.

⑧ Кобзев 2013—Кобзев А. И. Первые русские переводы Ван Ян-мина и В. М. Алексеев // Архив российской китаистики. Т. 2 / Сост. А. И. Кобзев. М.: Вост. лит., 2013. С. 212-234, 412-420.

并且研究他的生活与哲学。这些早期研究成果主要体现在笔者于1978年撰写的博士学位论文，以及分别于1983年、2002年和2016年出版的3部专著中。[①]

直到1949年前，阳明学说在中国一直备受关注，此后，阳明学说在日本受到推崇。日本著名作家三岛由纪夫曾试图发动兵变，失败后切腹自尽。在他死前发表的《作为革命哲学的阳明学》一文中指出：阳明学“被日本人民的灵魂过滤掉了，已经完全变成了日本民族的哲学，并一如既往地推动着未来革命世界观的萌芽”。[②]与此同时，近10年来，新儒家尝试借助西方哲学范畴来阐释并积极推广阳明学，使得阳明学更具有全球性的现实意义。[③]

1972年，著名历史学家杨天石（1936—）出版《王阳明》一书。1973年，在庆祝王阳明诞辰五百周年之际，日本众多知名的阳明学者出版了12卷本《阳明学大系》。[④]20世纪80年代，王守仁在中国再次引起越来越多的关注，并受到了更加广泛的尊重。1988年，杨国荣完成博士论文《王学通论——从王阳明到熊十力》，两年后在上海正式出版[⑤]，并于2018年在中国台湾地区出版。

继承王守仁全部精神遗产的经典著作是《王文成公全书》，此书由他的追随者、直隶监察御史谢廷杰在1572年主持刊刻。1919年，孙毓修主持影印《四部丛刊》，收入谢氏刻本。1914年，孙毓修曾出版《王阳明》一书。2015年，贵阳大学王晓昕和赵平略教授点校本《王文成公全书》即以《四部丛刊》影印之谢氏刻本为底本。[⑥]在谢廷杰刊刻《王文成公全书》之后，相关版本有20多种。

1992年，王守仁的浙江同乡们吴光、钱明、董平和姚延福在上海出版发行《王阳明全集》。此本与谢廷杰刻本相比，数量增加3卷（从38卷增至41卷），字数超过110

---

① Кобзев 1983—Кобзев А. И. Учение Ван Янмина и классическая китайская философия. М.: Вост. лит., 1983.С.11-16；Кобзев 2002—Кобзев А. И. Философия китайского неоконфуцианства. М.: Вост. лит., 2002. С.50-64, 74-75, 97-100；Кобзев 2016— Кобзев А. И. Драмы и фарсы российской китаистики. М.: ИВ РАН, 2016. С.391-411.

② Мисима 2002—Мисима Юкио. Голоса духов героев / Пер. А.Г. Фесюна. М., СПб.: Летний сад, 2002.

③ Tu 1976—Tu Wei-ming, *Neo-Confucian Thought in Action; Wang Yang-ming Youth* (*1472-1509*), Berk.; L. Ang.; L.: University of California Press, 1976.

④〔日〕荒木见悟、冈田武彦、山下龙二、山井涌主编：《阳明学大系》，东京：明德出版社，1973年。

⑤ 杨国荣著：《王学通论——从王阳明到熊十力》，三联书店，1990年。

⑥〔明〕王阳明著，王晓昕、赵平略点校：《王文成公全书》，中华书局，2015年。

万字。[①] 2011年，《王阳明全集》3册出版。2018年，《王阳明全集》又扩展为4册，最后一册是“补编”。2010年，吴光等四位学者已在浙江古籍出版社出版《王阳明全集》（新编本），内容增补为6册、54卷。其中《传习录》中增加300多条阳明言行录，附录中增加大量明清时期的传记、序跋等内容，涉及300多种与王阳明相关的文献资料，总字数达200万字，成为迄今为止最完整的版本。[②]

自1992年以来，中国国内已先后出版发行了2册、3册、4册、6册等十几种版本。此外，王守仁的主要著作《传习录》也有不同版本，其中既有注疏本，又有译注本[③]、插图本[④]。对《传习录》展开专题研究的著作数量更多。[⑤]1983年，陈荣捷《王阳明〈传习录〉详注集评》由台湾学生书局出版。[⑥]

1997年，张祥浩教授出版了近600页的《王守仁评传》一书。[⑦] 2017年，浙江大学束景南教授出版了《王阳明年谱长编》（4卷本），该书于2018年获得了中国全国优秀古籍图书一等奖。[⑧]在这部4卷本的著作中，作者展示了王守仁的生活道路和精神世界，考证了其生平和创作，引用500多种文献史料，涉及王守仁200多位门人的介绍，更包括许多重要的发现。例如作者认为，王守仁并不是如钱德洪所说在1521年提出“致良知”的学说[⑨]，而是在两年前即1519年就已提出，也就是说是在平定宁王叛乱之前而非之后。此外，王守仁11岁就开始师从陈献章（1428—1500，号白沙），而陈献章当时已是一位“心学”的追随者。尽管40年前，秦家懿（Julia Ching，1934—2001）就已认为王守仁10岁时就在北京见到这位年高德劭的哲学家，但并未作详细论证。在撰写《王阳明年谱长编》的前几年，束景南就已于2012年出版《阳明佚文辑考

---

① 〔明〕王守仁著，吴光、钱明、董平、姚延福编校：《王阳明全集》，上海古籍出版社，1992年。

② 〔明〕王守仁著，吴光、钱明、董平、姚延福编校：《王阳明全集》（新编本），浙江古籍出版社，2011年。

③ 〔明〕王守仁撰，王晓昕译注：《传习录译注》，中华书局，2018年。

④ 〔明〕王守仁著，夏华等编译：《传习录（图文版）》，万卷出版公司，2013年。

⑤ 吴震著：《〈传习录〉精读》，复旦大学出版社，2011年。

⑥ 陈荣捷著：《王阳明〈传习录〉详注集评》，台北：台湾学生书局，1983年。

⑦ 张祥浩著：《王守仁评传》，南京大学出版社，1997年。

⑧ 束景南著：《王阳明年谱长编》，上海古籍出版社，2017年。

⑨ Ching 1976—Ching J., *To Acquire Wisdom: The Way of Wang Yang-ming*, N. Y.; L.: Columbia University Press, 1976.C. 43, 46, 523-525.

编年》。[①] 2018年，董平出版《王阳明的生活世界：通往圣人之路》一书。[②]

在王守仁的诗歌研究方面，王守仁的余姚同乡华建新于2008年出版了研究阳明诗歌的专著。[③]在当代人创作的有关王守仁的诗赋方面，则有贵阳人李友学于2014年出版的《咏颂王阳明诗词联文选篇》一书。[④] 2018年，诗人杨杰创作大型诗歌集来展示王阳明的哲学。[⑤]

近年来，王守仁的故乡浙江绍兴对阳明文化建设高度重视，如重修阳明故居，并在旧址上设立故居纪念馆，还在位于城郊的王阳明墓园和阳明洞天等地新建各类有关王阳明的小型纪念馆，又由董平教授等牵头创办了"浙江省稽山王阳明研究院"，定期举办各种阳明文化活动和相关论坛，邀请当地民众和海内外学者参与其中。

另一个重要的王守仁研究和传播中心是其当年的谪居地、位于今贵阳市的修文县。王守仁在当地的悟道处"阳明洞"，已成为"全国重点文物保护单位"。1994年底，贵阳市成立了贵阳王阳明研究会。1996年7月20日至25日，在地方政府的支持下，举办了一次规模较大的以王阳明为主题的国际学术会议，来自中国、美国、加拿大、日本、韩国等国家和地区的125名学者参加了会议。会议收到共计90篇论文和讲话稿，于次年以论文集的形式出版。[⑥]1998年12月，正值王守仁"龙场悟道"490周年之际，修文县举办了一次盛大的学术活动，以此纪念王守仁心学思想的创立。[⑦] 2018年，王守仁"龙场悟道"510周年时，修文县又举办了一场规模较大的"龙场论坛"。论坛共收到114篇文章，后遴选出63篇，编成论文集2册，由语言学家顾久教授主编并作序，书名分别为《良知之光》和《共建共享》。[⑧]此外，当地还发行了一套邮票纪念册《王学圣地 良知之光》和一套文具"龙场印象"。

1999年，在王阳明逝世470周年之际，贵阳市出版了两本画册，一本是有关王阳

---

① 束景南撰：《阳明佚文辑考编年》，上海古籍出版社，2012年。

② 董平著：《王阳明的生活世界：通往圣人之路》，商务印书馆，2018年。

③ 华建新著：《王阳明诗歌研究》，安徽人民出版社，2008年。

④ 李友学编著：《咏颂王阳明诗词联文选编》，贵州人民出版社，2014年。

⑤ 杨杰著：《王阳明"道"行贵州》，贵州人民出版社，2018年。

⑥ 《中国贵州王阳明国际学术讨论会论文集》，贵州教育出版社，1997年。

⑦ 《王学之思：纪念王阳明贵阳"龙场悟道"490周年论文集》，贵州民族出版社，1999年。

⑧ 顾久主编：《良知之光 共建共享——2018"龙场论坛"论文集》，贵州人民出版社，2018年。

明生平经历的传记连环画[①]，另一本是有关王守仁在贵州生活过的历史文化遗迹的连环画[②]。其中特别值得一提的是王守仁所建龙冈书院。该书院于1551年改称王文成公祠，后成为举办祭祀、纪念活动的场所。此外，王守仁还是一位著名的书法家，他创作于1520年、现珍藏于北京故宫博物院的卷轴墨宝真迹，作为"馆藏国宝的墨迹"系列珍品于2010年出版了扫描本。[③]

2008年，为纪念王守仁"龙场悟道"500周年，中国台湾地区也出版发行了一本彩色画册，收录了王守仁的肖像以及他和弟子们的书法作品。[④]2009年5月5日至7日，贵阳举行了第四届国际阳明文化研讨会暨王守仁"悟道"500周年纪念活动。2009年，贵州师范大学余怀彦教授出版专著《王阳明的五百年》，首次将俄罗斯的王阳明研究作为独立章节。[⑤]

2016年10月15日至16日，中国文化院和北京三智文化书院在北京共同举办了一场以"人类智慧与共同命运"为主题的阳明心学高峰论坛。[⑥]这是首届中国阳明心学高峰论坛，在学界引起了巨大轰动，吸引了国内外著名学者在内的社会各界1000余人参会。[⑦]除此之外，独具特色的阳明心学还在教育心理学领域颇受推崇，而且对于在中国形成新的社会经济关系具有重要意义。

近年来，阳明学的传播和发展在中国开始被赋予新的内涵。"无论在君主专制时代，还是在任何繁荣与衰落时期，'阳明心学'都具有进步意义。"[⑧] 2013年，面向大众的《王阳明全书》出版发行，其副标题为"近五百年来中国人血脉相传的神奇智慧"。[⑨]而在一些有关王守仁的大众读物的封面上更是引用了一些广受关注的话语，如王阳明

---

① 朱五义文，丁国才画：《阳明先生（连环画）》，修文县文学艺术界联合会、修文县阳明学研究会，1999年。

② 卢永康主编：《王阳明谪黔遗迹》，贵州人民出版社，1999年。

③ 何海林编：《王阳明书铜陵观铁船录寄》，上海辞书出版社，2010年。

④ 杨儒宾、马渊昌也主编：《中日阳明学者墨迹：纪念王阳明龙场之悟五百年暨中江藤树诞生四百年》，台北：台湾大学出版中心，2008年。

⑤ 余怀彦著：《王阳明的五百年》，贵州教育出版社，2009年，第207—212页。

⑥ Семёнов, Цвык 2019—Семёнов А. В., Цвык А. В. К вопросу о понятии и интерпретации концепции «сообщества единой судьбы человечества» // Общество и государство в Китае. Т. XLIX, ч. 1 / Редкол. А. И. Кобзев и др. М.: ИВ РАН, 2019. С. 547-554.

⑦ 《人类智慧与共同命运："首届中国阳明心学高峰论坛"精粹》，中国社会科学出版社，2018年。

⑧ Жунь 2019—Жунь Чжэнь. Сияние Великой Мин / Пер. с кит. Е.Б. Бодотько. М.: Шанс, 2019.С.131-132.

⑨ 杨嵘一编：《王阳明全书：近五百年来中国人血脉相传的神奇智慧》，中国华侨出版社，2013年。

是继孔子之后的第二位中国“圣人”等。当代新儒学大师杜维明则说“二十一世纪将是王阳明的世纪”。作家崔金生（笔名雾满拦江）于2012年发表的另一部描写王阳明的作品亦直接称“神奇圣人王阳明”。[①]

21世纪对王阳明研究的深入，表明了对传统文化的重新认识，而更具体的原因则在于积极探寻中华民族思想的需要。阳明学已超越了国界而传播到了东亚（主要是日本和韩国），并在那里证明了自身的价值，甚至在西方也赢得了国际声誉。

（作者科布杰夫系俄罗斯科学院东方学研究所中国研究室教授，
译者杨春蕾系浙江越秀外国语学院副教授，
孙晓彤系宁波诺丁汉大学博士生）

① 雾满拦江著:《神奇圣人王阳明》，湖南文艺出版社，2012年。

关于《阳明先生小像》

——传神王守仁的蔡世新[①]

〔日〕鹤成久章　著

钱　明　译

内容提要：2020年5月，上海博物馆首次公开展出了收藏品“王阳明肖像图轴”。此肖像由阳明弟子蔡世新所画，后从蔡氏那里辗转到阳明后裔手上。中国国内乃至国际上很少有人专门介绍这幅肖像画，更未详细考论过蔡世新。本文在参考钱明所作的广泛的史料搜集和相关介绍的基础上，对这幅肖像画及蔡世新其人其事作一详细论述。

关键词：王阳明肖像　蔡世新

一、前言

2020年5月26日到8月23日，上海博物馆举办了“春风千里——江南文化艺术展”，当我看了展览图录及上海博物馆编的《春风千里——江南文化艺术展特集》[②]后，为之一惊。因为其中收录了由蔡世新（号少壑、德明，江西南康人）所绘的王守仁（1472—1528，字伯安，号阳明，谥文成，浙江余姚人，弘治十二年进士）的肖像

---

① 本文为（日本文部科学省）科学研究费补助金［基础研究（C）：15K02034］、［基础研究（C）：20K00055］研究成果的一部分。本文译自《福冈教育大学国语科研究论集》第62号，令和三年（2021）三月发行，日文原题为《“阳明先生小像”について——王守仁の“神”を伝えた蔡世新》。

② 上海博物馆编：《春风千里——江南文化艺术展特集》，上海书画出版社，2020年。

画——“明蔡世新，王阳明肖像图轴”。像王守仁这样著名人物的肖像画，并不是首次公开展出。但依笔者之管见，至少在日本这幅肖像画几乎从未被介绍过。不仅如此，据我所知，画家蔡世新也是迄今为止未被详细考论过的人物。[①]拙论将就《阳明先生小像》及其作者蔡世新的相关资料的若干发现展开叙述。

二、《阳明先生小像》

根据《春风千里——江南文化艺术展特集》78“明蔡世新，王阳明肖像图轴”的介绍，原画“纸本设色”，尺幅“纵106.2厘米，横22.7厘米”；以隶书题写“阳明先生小像”六字，钤“蔡世新印”“少壑父”“写以自藏”“长宜子孙”的篆刻朱文印。[②]根据这些情况，则可大致推测，此肖像画是蔡世新绘完后，自己收藏，以世代相传。其他相同的肖像画是否存在不得而知，但可以肯定的是，此肖像画是蔡世新最为看重的先师的画像之一。在此像的左下方写有“后裔王寿祁敬藏”，这说明此肖像画后来又从蔡氏那里辗转到王守仁后裔的手上。在图轴最上部，书有画题“王文成公燕居像”，并附有跋文。曰：

> 蔡少壑氏，虞南画史，能诗，尝与阳明先生游，时相唱和。此帧为王文成公写貌以自珍。古人交谊之深，于此可见。庚戌春二月，予归里扫墓过吾宗，小岩精舍出示此幅属题，因识数语归之。竹西许康衢拜志。

所谓“燕居”，出自《论语·述而篇》：“子之燕居，申申如也，夭夭如也。”指的是摆脱公务，在家轻松自在地生活。

根据钱明的调查，王守仁的燕居像有不少作品存世，但蔡世新的真笔却极为罕见。而作为确实的资料来源，据钱明介绍，吴庆坻（1848—1924，字子修、敬疆，号补松老人，浙江钱塘人，光绪十二年进士）的《蕉廊脞录》卷7收录有“王守仁燕居授书小像”条：

---

① 关于王守仁的肖像画，钱明曾在《王阳明及其学派论考》上篇第9章《阳明之遗像——形象考》（人民出版社，2009年）中作过详细研究和论考，但并未言及上海博物馆所藏蔡世新《阳明先生小像》。

② 《春风千里——江南文化艺术展特集》，第132—133页。

> 王文成公燕居授书小像，幕客蔡少壑画，文成弟子张子苳藏，王龙溪为之赞，亦文成弟子也。有高鹤望梅；朱南雍子肃，山阴人；朱赓少钦，谥文懿；赵锦元朴，谥端肃，余姚人；葛晓云岳诸跋。云岳言：先生像，为蔡世新所传者极多。惟以多，故随手辙肖。然至小者亦径尺。今如此小者，不爽毫发，今观者肃然畏敬云云。①

在吴庆坻的此条记录之后段录有"光绪十有七年正月"之李慈铭（1830—1894，字式侯，室名越缦堂，晚年自署"越缦老人"，浙江会稽人，光绪六年进士）的跋文。其文曰：

> 此像峨冠深衣，秀眉疏髭，目光炯炯，虽容色怊怅，而神采穆然。道范德辉，千古犹可想见。

"峨冠"亦作峩冠、高冠，以名词作动词用。从"峨冠"可以看出，《王文成公燕居授书小像》中的王守仁应该戴着高高的帽子，这似乎又描绘了与《阳明先生小像》不一样的场景。遗憾的是，《王文成公燕居授书小像》现藏于何处，至今不详。

根据钱明所述，蔡世新描绘的王守仁燕居像，可能还在明末时被临摹为《王阳明画像》（中国历史博物馆现藏有一幅）而广为流传②，然详细情况不明。

三、《画史会要》所记蔡世新与王守仁之关系

关于蔡世新与王守仁的关系，钱明已广泛搜集相关史料并做了介绍。我在参考的同时，选择其中的几则主要史料作一说明。

首先，作为画家的蔡世新，我们从明朝宗室宁王府（江西南昌）的支藩之末裔朱谋垔（1584—1628，字隐之，号八桂、厌原山人），于崇祯十年（1631）刊行的《画史会要》卷4中，能看到以下记述：

---

① 〔清〕吴庆坻著：《蕉廊脞录》卷7，中华书局，1990年，第200—202页。

② 参见钱明《王阳明及其学派论考》（第167页）、计文渊《王阳明法书集》（西泠印社出版社，1996年）。

蔡世新，号少壑，虔南人。王文成镇虔日，以写貌进者，阅数十人，咸不称意。盖文成骨法棱峭，画者皆正而写之，颧鼻之间最难肖似。世新幼年随其师进，乃从傍作一侧相，立得其真。文成大喜，延之幕府，名以是起。久之，吾宗人聘至南昌，写面俱请世新，而衣折丹彩则用罗素。故各极精妙，至今展之，犹如生对。世新亦善勾勒竹，大幅则佳，亦画美人。

清康熙四十七年（1708）刊行的《御定佩文斋书画谱》卷56《画家传十二·明二》所引用的蔡世新的传记部分，以及明末清初徐沁（字野公，号委羽山人，浙江会稽人）的《明画录》卷1《人物》中所收的蔡世新传，也都与《画史会要》的内容基本相同。因此我认为，这些史料的基本来源是一致的。

而《画史会要》所说的“王文成镇虔日”，应是指作为左佥都御史巡抚南赣的王守仁到赣州上任的正德十二年（1517）正月以后的数年时间。正德十四年（1519）四月前后，江右王门的代表人物邹守益（1491—1562，字谦之，号东廓，江西安福人，正德六年会元、探花）入王守仁弟子列。邹守益后来编纂了《王阳明先生图谱》，其中就有正德十五年（1520）八月王守仁与门人一起游于赣州府城北郊通天岩的记录。[①]可知他们当时是在通天岩的忘归岩、忘言岩等赋诗唱和，并将所作诗篇书于玉虚宫的岩壁上。而据“命蔡世新绘为图”这条又可推知，蔡世新当时也是王守仁的随行者，并受命将游学场景描绘了下来。

此后，记录蔡世新与王守仁之关系的还有钱明所说的《王心斋先生年谱》嘉靖三年（1524）条。[②]在这条记录中，可以看到在王艮（1483—1541，字汝止，号心斋，南直隶泰州人）之父守庵公颂寿时，有“命蔡世新绘吕仙图”这条记录。此时，王守仁

① “通天岩，濂溪公所游。至是夏良胜、邹守益、陈九川宿岩中肄所闻，刘寅亦至。先生乘霁入，尽历忘归、忘言各岩，和诗立就，题玉虚宫壁，命蔡世新绘为图。”（〔明〕邹守益编：《王阳明先生图谱》，于浩辑：《宋明理学家年谱》，北京图书馆出版社，2005年，第10册，第656页）

② “在会稽……会守庵公寿日，先生告归上寿，阳明公不听，命蔡世新绘吕仙图，王琥撰文具上，因金克厚持往寿守庵公，并作歌以招之。”（〔明〕董燧等编：《王心斋先生年谱》，《宋明理学家年谱》，第11册，第371页）按：虽然在《王阳明先生图谱》中并无准确的月日之记载，但赣州通天岩至今仍残留着王守仁诗《通天岩》（《王阳明全集》卷20）石刻之自跋，记有：“正德庚辰八月八日，访邹、陈诸子于玉岩，题壁，阳明山人王守仁书。”（据笔者2012年2月9日、2017年9月10日的现场调查）对此，还可参照张卫红《邹东廓年谱》一书（第40—41页）。

已从江西回到浙江绍兴，故而可知蔡世新当时也与他同行抵绍兴。依笔者之管见，王守仁生前与蔡世新之间的关系，仅限于以上这些材料。

四、阳明后学对蔡世新的评论

作为描绘王守仁肖像画的第一人，对于蔡世新，曾亲自接受王守仁教诲的薛侃（1486—1546，字尚谦，人称中离先生，广东揭阳人，正德十二年进士）曾有如下叙述：

> 天下传吾夫子之神者，有传其有形者，有传其无形者。传其有形者，南康蔡世新是也；传其无形者，凡在门墙皆是也。①

此外，尝私淑王守仁的林大春（1523—1588，字邦阳、井丹，号石洲，广东潮阳人，嘉靖二十九年进士）也有以下记叙：

> 始先生倡道东南，一时从游之士多所辨析。世新独从容静处，每侍坐于虔台、庾岭之间，竟日凝睇而不能去。其精专如此。及先生没，乃退而心惟其貌而札记之。以故其中多写出有道者之气象。至于或臞、或腴、或坐、或偻，举无一不酷似先生者，盖画而至此，可谓能得其神，而非徒形之似者矣。②

对于曾亲炙王守仁的薛侃来说，老师的容貌形姿在他心中刻下了深深的印记，而林大春由于未得亲见王守仁，所以其阳明形象永远是以传闻为基础的。这些对于了解蔡世新的事迹和声望是相当必要的。

此外，前面提到过的邹守益作有《重宿通天岩写侍游先师像谢少壑山人》七言古诗一首：

---

① 〔明〕薛侃：《祝寿图序》，〔明〕薛侃撰，陈椰编校：《薛侃集》卷5，上海古籍出版社，2014年，第182页。

② 〔明〕林大春：《题阳明像》，〔明〕林大春撰：《井丹林先生文集》卷17，香港潮州会馆，1980年影印本，第341页。

通天岩头披云游，亹亹英俊同冥搜。
阳明仙翁提心印，挥霍八极与神谋。
笑呼蔡子写生绡，元精淋漓烟雾浮。
二十八年建瓴水，鹤驭高驼不可留。
尚余丹方悬真境，金鼎石室风飕飕。
恍然置我仙翁侧，老笔不减顾虎头。
古来千圣皆过影，聚散生死溟海沤。
灵光一脉亘宇宙，陟降上帝君不信？
写真何如识真真，脱屣缁尘娱丹丘。①

张卫红《邹东廓年谱》将此诗的写作时间系于嘉靖二十六年（1547）。②这首诗的内容，大致上是邹守益在入门成为王守仁弟子28年后，重访了能回忆起先师的地方——赣州通天岩，同时还邀请了在隶属南安府的南康附近居住的旧交蔡世新，让其描绘出随王守仁在通天岩游学时的先师形姿，并歌咏了对当时游学经历的感激之情。诗中使用了许多和道教相关的术语，描写了王守仁成神并共游仙界的情景。嘉靖二十六年是王守仁逝世19年，因此可以想象，此时此刻王守仁好像显现在蔡世新面前，使他可以自如自在地描绘出先师的形姿。

五、家乡南康的蔡世新足迹

翻看蔡世新的出生地江西南安府南康县的嘉靖《南康县志》，在卷9《祥异》中有如下记载：

（嘉靖）三十三年甲寅夏五月，刘氏南庄池生莲一本，双花同蒂并实，蔡世新题其池亭曰“瑞莲”。

---

① 〔明〕邹守益：《重宿通天岩写侍游先师像谢少壑山人》，董平编校整理：《邹守益集》卷26，凤凰出版社，2007年，第1233页。

② 张卫红著：《邹东廓年谱》，北京大学出版社，2013年，第291—292页。

在同治《南康县志》卷13《祥异》中也记有相同的内容。另外，同治《南康县志》卷9收录有南康县的赖资逊（万历二十年岁贡生，曾任临江府教授）《乡贤嘉会叙》一文。其中有“蔡君少壑特善丹青，为一时名手”这样的记载，足见作为画师的蔡世新是人所共知的。

再有，《南康县志》中所说的“刘氏”，虽不详其实，但一般认为指的是刘节（1476—1555，字介夫，号梅国、雪台，江西大庾人，弘治十八年进士）。刘节与蔡世新一样出生于南安府，他与蔡氏的交往应是从世新的父亲（生平不详，号雪壑）开始的。刘节《梅国前集》卷5《谢蔡德明写白描》、卷12《长相思咏蔡德明》、卷19《高州蔡氏族谱序》、卷20《云壑序》、卷27《少壑山人述》等，都是与蔡氏有关的诗文。而作为蔡世新评传，一般来说《少壑山人述》是最为重要的。在这篇文章中有如下记载：

> 少壑山人何？南野蔡德明也。德明，名世新，少壑其别称云。……蔡子志在遁世，乐于旷远，不为琐琐者拘也。通古今，知书史，好吟五七言诗，善与人交。与之合，则王公不知其贵，轩冕不知其荣，金玉不知其富，樵翁钓叟不知其贫，耕夫牧竖不知其贱，椓置说剑之徒不知其勇武狂荡也。不然，张目一顾，掉臂长往矣。兴意豪宕，耽癖绘事，有士韵而无俗姿。上窥顾、陆，远法阎、吴，旁采关、李、范、赵之长，陈图著像，命色赋形，各臻其妙，视彼浅隘规谫，溺意于车马士女之华，怡神于花鸟虫鱼之丽，游情于山林木石之幽者，不侔也矣。一时帝都藩国、贤贵公卿、湖海林丘、名流逸客，无众寡，无大小，还往接踵，可谓不凡之士矣。①

如果根据黄佐撰写的《通议大夫刑部右侍郎雪台刘公节神道碑》（焦竑《国朝献征录》卷46《刑部三·侍郎一》），刘节于嘉靖十二年（1533）从刑部右侍郎致仕后，在

---

① 这篇文章的后半段是关于绘画技巧的，也是宋濂（1310—1381，字景濂，号潜溪、龙门子等，浙江浦江人）的《銮坡前集》卷10《画原》的一部分：“世道日降，人心浸不古，若往往溺志于车马士女之华，怡神于花鸟虫鱼之丽，游情于山林水石之幽，而古之意益衰矣。是故顾、陆以来，是一变也；阎、吴之后，又一变也。至于关、李、范三家者出，又一变也。……南徐徐君景旸攻书史，善吟古今诗，信为才丈夫也。旁通绘事，有士韵而无俗姿，一时贤公卿皆与之游，名称籍甚。……予尤爱景旸者，于其别去，故作《画原》以赠焉。”（罗月霞主编：《宋濂全集》，浙江古籍出版社，1999年，第1册，第542—543页）

自己家乡度过余生，后卒于嘉靖三十四年（1555）。因此，其所撰的有关蔡世新的文章，最大可能是在此期间写的。

从收入《梅国前集》的诗文中可以推测，刘节与蔡世新应该有非常亲密的关系。例如卷26《寒翠图颂》中有如下记载：

画史蔡世新，善龙眠技，敬作《寒翠图》，迂史拜瞻颂之。

这里讲的是，嘉靖二十四年（1545）因祝贺陈锭（字用赏，号小山，福建长乐人）就任安南同知，蔡世新特地画了幅《寒翠图》，而刘节则为之写颂词祝贺。

此外，卷32《书游通天岩联句诗后》乃是刘节与林大辂（1487—1560，字以乘，号二山，福建莆田人，正德九年进士）游学通天岩时所作的联句，而撰写的时间则大概是在嘉靖十三年（1534）林大辂辞官居家时。其中有这样的话："南野蔡生世新持卷侍，貌为图。"由此可见，当时蔡世新也是同行者，于是为他们画像。①

六、壮年时期的蔡世新逸话

前已言及的《佩文斋书画谱》蔡世新传中，除了与《画史会要》重复的记录外，还能见到像"世新画像，点次若飞"这样的简单引述。而此句出典在《佩文斋书画谱》中被明确记为《鹿门集》。《鹿门集》是指茅坤（1512—1601，字顺甫，号鹿门，浙江归安人，嘉靖十七年进士）的别集《茅鹿门先生文集》。卷11《赠画像者蔡少壑序》一文生动描写了壮年时期蔡世新的形姿。序文的主要内容如下：

阳明先生没，而四海之门生故吏，及尝提兵所过州县蛮夷之庐，争像而事之。当是时，阳明先生之像遍天下，而豫章间所传特类甚。予还金陵，一日，考功何君吉阳刺其所为像者过予，且曰："即豫章间所善像阳明先生而名

① 如果广泛搜集以南安府周边为中心的蔡世新与活跃于同时代的士人的资料，也许还能发现其他资料，但在笔者所见范围内，只能找到上述这些资料。邻接南安府的岭南人欧大任（1516—1595，字桢伯，号仑山，广东顺德人）的《思玄堂集》卷7《访蔡世新》、《旅燕集》卷2《过南康寄蔡山人》等，都极有可能是唱和蔡世新的诗作。

者也。”[①]予奇而饮之，因强所为阳明先生像。酒半酣起，据席索缣，左手持觥，右手汁墨，嬉笑淋漓摹画之。点次若飞，不为经意，然顷且就。予间携之，出示所尝共先生游者，或覆其半，露其半，即能按识而呼曰：“此某先生也。”噫！亦工矣。予尝慕先生与其门弟子诵说其道，往往以不及从之游、睹其所为冠裳容貌为恨。今乃得依先生之像类甚者，存而礼谒之，幸矣哉！

同时，茅坤还有如下一段论述：

阳明先生之没，不知其几十年矣。抑何以肆焉而手次之若是也？[②]

茅坤与蔡世新在何时相识？现已无法作出准确判断，但序文中在叙述何迁时称之为“考功何君吉阳”，基于此，则何迁此时应在南京吏部考功郎中任上。因为何迁是在嘉靖三十二年（1553）二月由南京吏部考功郎中升任南京光禄寺少卿[③]，所以两人相识可能是在此之前。另外，从“予还金陵”的叙述中也能推知，此时的茅坤大概是在嘉靖二十七年（1548）从流谪地北直隶的广平府返回南京之际，当然也可能是在此外的某一时期。尽管我们很难准确地知道具体时间，但仍大致可以推测茅坤是在嘉靖三十年（1551）前后与蔡世新会面。[④]如果这一推测成立，那么此时的王守仁逝世已经20多年。再如果蔡世新师事王守仁是在其十多岁的时候，那么此时的蔡世新应该只有35岁到40岁。

王守仁去世20多年后还能立即画出其遗像，这大概是因为，在蔡世新的脑海里，王守仁的形象还非常深刻，直接挥笔显形，当不在话下。如前所述，薛侃亦发出过“而世新乃能无俟观审，而直出诸其手者，何哉”[⑤]这样的感叹，因此此时的蔡世新肯定已体会到了王守仁的“神”。

---

① 何迁有诗作《南安蔡世新曾侍阳明翁因以善为翁像游缙绅间赋诗二首赠之》（日本内阁文库本《吉阳先生诗录》卷6《南都》）。

② 〔明〕茅坤：《赠画像者蔡少壑序》，《茅鹿门先生文集》卷11，〔明〕茅坤著，张梦新、张大芝点校：《茅坤集》，浙江古籍出版社，2012年，第2册，第410—411页。

③ 参照《弇州续稿》卷129《通议大夫南京刑部右侍郎何公神道碑》、《大明世宗肃皇帝实录》卷392“嘉靖三十二年二月己酉”条。

④ 张梦新著：《茅坤研究》，第8章《茅坤年谱》，中华书局，2001年，第104—105页。

⑤ 《祝寿图序》，《薛侃集》卷5，第182页。

七、结语

据说曾画过多幅王守仁肖像的蔡世新，其姓名至少在《王文成公全书》中出现过一次。在卷35《年谱附录》的嘉靖十六年（1537）十月条中，有阳明门人周汝员（1493—？，字文规，号冷塘，江西吉水人，嘉靖八年进士）在绍兴筑新建伯祠的记录，但该记录非常简略，只有“取南康蔡世新肖师像”几个字。

有不少资料显示，王守仁逝世后，其门人纷纷在各地建书院、立祠庙，以祭祀先师，其中多安放王守仁的肖像或塑像。对此，我曾以杭州天真精舍的事例为中心作过论述[①]，在此不再赘述。但与《阳明先生小像》相关联的事例，则有必要提及若干。

嘉靖九年（1530）竣工的天真精舍，三十四年得到扩建，在天真山的上院新筑了仰止祠。由此，天真山祭祀王守仁的祠庙有两处，于是也就有了新制王守仁像的必要性。当时，在江西提学副使任上的王宗沐（1523—1592，字新甫，号敬所，浙江临海人，嘉靖二十三年进士）拜谒南康的阳明先生祠，并为之制作了王守仁塑像，同时派遣生员徐应隆（字时举）带到天真山，将其安放在仰止祠，以供有司公祭。与此同时，又在原来的天真精舍祠堂中安放王守仁的燕居塑像，以供当地门人私祭。

此后，因张居正（1525—1582，字叔大，号太岳，湖北江陵人，嘉靖二十六年进士）的书院禁毁令，天真精舍成为废墟，直至万历十二年（1584），才建成新的勋贤祠。祠庙按照嘉靖年间的礼制改革，撤去了塑像而代之以木主。东边为燕居堂，室内安放着原本放在天真精舍的王守仁的燕居塑像，其旁边是从祀之门人，以便恢复以往的祭祀活动。各地书院和祠庙中是其门人在讲学活动和私家祭祀时使用的燕居像，而官方主导的公家祭祀则使用穿戴新建伯衣冠的正装像。这些肖像、塑像应该是以王守仁最信赖的画家蔡世新所描绘的肖像为范本。

需要指出的是，笔者没有现场看到《阳明先生小像》的原画。另外，本人对中国绘画史乃至艺术，都完全是个外行，所以对肖像画的技法和艺术价值不能作任何评论。依笔者之见，如果此《阳明先生小像》为蔡世新的真笔，那么这幅画具有非常重要的

---

① 参照〔日〕鹤成久章：《天真书院と阳明门下》，《哲学资源としての中国思想——吉田公平教授退休纪念集》，东京：研文出版，2013年。

价值。而对于笔者来说，更感兴趣的还有蔡世新把钤着“写以自藏”“长宜子孙”之印的王守仁肖像带在身边的重要意义，以及不戴冠的王守仁的形象。

最后需要说明的是，这是一篇不十分准确的草论，意在介绍迄今为止未被言及的有关蔡世新事迹的资料，不备之处肯定很多。

（作者鹤成久章系日本福冈教育大学教授，
译者钱明系浙江省社会科学院研究员）

欧美的王阳明研究（1900—1950）

〔美〕伊莱瑞　著
王　英　译

内容提要： 20世纪10年代以前，王阳明在西方并非文章或书籍中的特别主题，其生平、学说及著述大多出现在诸如历史、词典、百科全书性质的文献中。到20世纪20年代，这一局面发生变化。由于在日本思想史上的重要地位，以及在中国国内再次受到关注，王阳明日益受到生活在中国和日本的欧美传教士和学者们的关注，并且通过这些人的著作，受到了生活在欧美的学者的关注，于是在20世纪上半叶出现了一批王阳明研究的重要成果。但是，至今为止很少有人关注西方早期的王阳明研究史。本文的目的即在于弥补此一缺憾。

关键词： 欧美　王阳明　研究史

一、前言

20世纪10年代以前，王阳明在西方并非文章或书籍中的特别主题，其生平、学说及著述大多出现在诸如历史、词典、百科全书性质的文献中。[①]到20世纪20年代，这一局面发生变化。由于在日本思想史上的重要地位，以及在中国国内再次受到关注，王阳明日益受到生活在中国和日本的欧美传教士和学者们的关注，并且通过这些人的

---

① 参看伊莱瑞（George L. Israel）:《1916年前西方文献中的王阳明》,《第十八届明史国际学术研讨会暨首届阳明文化国际论坛论文汇编》，2017年，第36—43页。

著作，受到了生活在欧美的学者的关注。

1972年，陈荣捷在《王阳明研究目录》中提到："弗雷德里克·亨克是西方研究新儒家心学之领导人的先锋。"同时他指出："第二次世界大战以前，西方学术界对王阳明思想方面的研究几乎是空白。"[①]据他推测，1940年以前，这方面的出版物仅有4种，其他都是1955年以后出版。但陈荣捷遗漏了一些著作，并趋于淡化20世纪上半叶王阳明研究的成果。形成这种局面的部分原因是20世纪六七十年代，随着中国学者移居美国，王阳明研究进入了全新阶段。显而易见，这些学者，如陈荣捷、张君劢、杜维明、秦家懿等，主要依靠第一手中文文献，几乎不需要查阅西方文献。因此，西方的早期研究基本被忽略，无人问津。

20世纪初期，欧美的王阳明研究进入了新阶段，出现了《王阳明文集》的译著，以及关于他生平和思想的论文、专著。本文旨在重现20世纪上半叶西方的王阳明研究史。

二、王阳明研究的起源与特点

20世纪上半叶有关王阳明的论文和著作如下：

1. Frederick G. Henke（亨克），"A Study in the Life and Philosophy of Wang Yang-ming," *Journal of the North China Branch of the Royal Asiatic Society* 44, 1913, pp. 46-63.

2. Frederick G. Henke, "Wang Yang-ming: A Chinese Idealist," *The Monist* 24, no. 1, January, 1914, pp. 17-34.

3. Frederick G. Henke, *The Philosophy of Wang Yang-ming*, La Salle: Open Court, 1916.

4. J.J.L. Duyvendak（戴闻达）, "Een Herleefd Wijsgeer," in *China Tegen de Westerkim*, Haarlem, 1927.

5. Lyman V. Cady（卡迪）, "Wang Yang-ming's Doctrine of Intuitive Knowledge,"

① Wing Tsit-Chan, "Wang Yang-ming: Western Studies and an Annotated Bibliography," *Philosophy East and West* 22, no. 1, January, 1972, p. 75.

The Monist 38, no. 2, 1928, pp.263-291.

6. Wang Tch'ang-Tche（王昌祉）, *La Philosophie Morale de Wang Yang-ming*, Shanghai: Imprimerie de-T'ou-se-we, 1936.

7. Chang Yü-Chüan（张煜全）, "Wang Shou-jen as a Statesman," *The Chinese Social and Political Science Review* 23, no. 1-4, 1939-1940, pp.30-99, pp.155-252, pp.319-374, pp.473-517.①

在中国哲学史的研究中，涉及王阳明的文章如下：

1. Leon Wieger（戴遂量）, "Leçon 72: Seiziéme siécle," in *Histoire des Croyances Religieuses et des Opinions Philosophiques en Chine*, Imprimiere de Hien-Hien, 1917, pp.663-670.

2. René Grousset（勒内·格鲁塞）, "Wang Yang Ming," in *Histoire de la Philosophie Orientale*, Tome II: *L'Inde et la China*, Paris: Nouvelle Librairie Nationale, 1923, pp. 355-359.

3. Ernst Viktor Zenker（恩斯特·维克多·森克）, "Les Écoles Hétérodoxies：Wang Yang-ming," in *Histoire de la Philosophie Chinoise*, vol. II: *De la Dynastie des Han a L'époque Actuelle*, traduit de l'allemand par G. Lepage, Paris: Editions Payot, 1932, pp. 477-498.

4. Heinrich Hackmann（海因里希·哈克曼）, "Wang Yangming und die Neuzeit," in *Chinesische Philosophie*, Munich: Ernst Reinhardt, 1927, pp. 356-373.

5. Henri Bernard（裴化行）, "Leçon X：L'Intuitionisme de Wang Yang-ming," in *Sagesse Chinoise et Philosophie Chrétienne: Essai sur Leurs Relations Historiques*, Tianjin: Henricus Lécroart, 1935, pp. 82-88.

6. Alfred Forke（阿尔弗雷德·佛尔克）, "Wang Schou-jen," in *Geschichte der Neueren Chinesischen Philosophie*, Hamburg: Cram, De Gruyter & Co., 1964, pp. 380-399.

---

① Chang Yü-chüan, *Wang Shou-jen as a Statesmen*, Peking: The Chinese and Political Science Association, 1946.

在介绍上述论著之前，我想首先概述一下它们的主要特点：

第一，这些学者不遗余力地从事王阳明思想研究，并将其与历史背景联系起来，从而使王阳明成为西方学术研究的主要对象。

第二，由于这些学者了解王阳明的重要性，因而都尽力研究第一手资料。王昌祉和戴遂量的研究主要依据《王文成公全书》(38卷)；亨克则依据施邦曜的《阳明先生集要》，同时他还接受了“一个老派中国学者”和南京大学三名教师同事的帮助。[①]佛尔克是在明清著作的基础上进行研究，主要依据《王文成公全书》和《阳明先生集要》。张煜全则主要依据《王文成公全书》、明代历史文献、亨克《王阳明的哲学》中的相关文献。其他学者如格鲁塞、森克、裴化行、哈克曼、卡迪等，主要根据上述文献的英文和法文译本进行研究。

第三，这些学者都敏锐地抓住了王阳明及其思想学派自德川幕府时代以来对日本的影响和对当代中国的影响。亨克说：王阳明的哲学“在当今的日本受到极高的推崇”，而在中国“其哲学的知名度也开始渐渐提升，从不为人知到备受推崇”。[②]戴闻达也说：王阳明的思想在清朝之后陷入默默无闻的状态，但是其思想流派在日本得到了进一步发展，并产生了深远的影响。[③]

当年，戴闻达在北京的书店寻找中国现代文学书籍时，一个他不认识的中国学生向他推荐了一本关于王阳明的书。这个学生告诉他：“现在每个人都读他的书。”又说这是中国近二十年来的真实情况。[④]因此，戴闻达认为，是时候发表一篇关于王阳明的文章了。戴遂良在日本写《中国宗教信仰及哲学观点通史》时，提到过另一段轶事：

> 当前无论对于哲学家还是教育家来说，日本儒家都偏向于王阳明的学说。他的学说还被作为武士阶级继任者的日本军官所信奉。我亲自见证了上述事实。在东京，一些最精英的日本学者团体向我询问王阳明在中国目前所受到推崇的程度。……可是我立即听到这样的答复：对于我们来说，他的作品是所有

---

① Frederick G. Henke, *The Philosophy of Wang Yang-ming*, La Salle: Open Court, 1916, xiv.

② Frederick G. Henke, “Wang Yang-ming: A Chinese Idealist,” *The Monist* 24, no. 1,January, 1914, p.19.

③ J.J.L. Duyvendak, “Een Herleefd Wijsgeer,” in *China Tegen de Westerkim*, Haarlem, 1927, p.64.

④ J.J.L. Duyvendak, “Een Herleefd Wijsgeer,” in *China Tegen de Westerkim*, p.65.

军官的枕边书。[①]

格鲁塞在中国也见证了王阳明思想发展的类似情况。他认为，是朱熹和王阳明的学说将中国和日本的世界划分了开来。当中国在推崇朱熹哲学的包罗万象的客观性和符合中国发展趋势的科学性时，王阳明的哲学思想却因为其个人主义和道德完善而受到日本人的欣赏：

> 用戴遂良提到王阳明时的话来说，王阳明和他的著作有一种崇高的精神，这种精神可以满足具有武士精神的人的思想渴求。事实上，日本的精英阶层对王阳明的热爱正如他们对禅师的热爱。因为在王阳明的思想中，他们找到了一剂良方，可以让他们成为一个完美的人，同时他们还发现了个人的道德完善，正如从禅家所受到的启示一样。朱熹创造了博学者和持唯物主义思想的官员，王阳明却塑造了武士。[②]

事实上，王阳明对幕府时代和明治时期的日本思想文化史具有重要意义，同时清末民初王阳明在中国国内再次受到关注，这两个因素是上述学者撰写关于王阳明学术论文与著作的原因。例如，在《王阳明：一个中国的观念论者》中，亨克专门引用芮恩施的《远东的知识和政治潮流》作为论据，论证了王阳明的学说对中国和日本的后学们产生的深远影响。[③]

芮恩施（1869—1923）是美国学者、外交官，1913—1919年出任美国驻华公使。他的著作出版于1911年，其中谈到了王阳明，并强调其对当代思想发展趋势的影响。他将当时中国的变化与王阳明思想的复兴联系在一起：

> 中国人已经开始满怀希望地关注王阳明这位在明朝兴盛的大作家的著作。

---

① Léon Wieger, *A History of the Religious Beliefs and Philosophical Opinions in China from the Beginning to the Present Time*, trans. Edward Chalmers Werner ,New York: Paragon Book, 1969, p.703.

② René Grousset, “Wang Yang Ming,” in *Histoire de la Philosophie Orientale*, Tome II: *L'Inde et la China*, Paris: Nouvelle Librairie Nationale, 1923, pp. 358-359.

③ Frederick G. Henke, “Wang Yang-ming: A Chinese Idealist,” *The Monist* 24, no. 1, January, 1914, p.30.

他是一名哲学家，他将自己的理论体现在个性中，并付诸行动进行实践……大约一个世纪前，这位行动派的哲学家已经渐渐被中国遗忘，但日本人却发现了他，同时也从他的作品中得到启示，让他们走上了探索新的国民生活和国家力量的道路。从那时起一直到现在，日本人几乎都在读他的作品，甚至超过了孔子的作品……他在中国的复兴是最近十年的事，但是中国人在他的著作中发现了他们最需要的东西，即让他们追求积极生活的灵感，这种灵感使他们与之前被动的态度相比变得更加有坚定的进取心。他的作品不再只是被博学的人作为研究对象，而是被成千上万地出版后在全国传阅，以至于每个学童都很熟知这位明朝老将军和哲学家。对他思想的深刻理解，对了解中国人民十分关键。于是，王阳明突然就成了中国的现代作家。①

芮恩施解释了王阳明的心、良知及知行合一的理念。他十分钦佩王阳明，指出："当时代呼唤实践哲学，当远东地区厌倦了权威压迫时，王阳明的实用哲学中有着对于当代来说具有重要意义的秘诀。"②他进一步强调，王阳明代表了"理性的个人主义""真实的生活和自我""人与人之间平等的信仰"以及用行动的生活来取代沉思冥想的生活。③

其他学者则对日本学者有关王阳明的研究很熟悉。比如格鲁塞和佛尔克引用了高濑武次郎（1869—1950）的著作。森克查阅了井上哲次郎（1855—1944）的一篇德语文章④，同时引用了井上哲次郎在《日本亚洲协会纪要》上发表的《日本阳明学派之哲学》的书评。⑤这个协会于1872年在横滨由一群生活在日本的英国和美国的外交官、商人和传教士发起成立，旨在促进日本的研究和信息交流，同时也出版年刊。对王阳明及其学派的简要论述最早出现于1893年的年刊，之后也偶尔出现过有关王阳明的论

① Paul S. Reinsch, *Intellectual and Political Currents of the Far East*, Boston: Houghton Mifflin, 1911, pp.132-133.

② Paul S. Reinsch, *Intellectual and Political Currents of the Far East*, p.134.

③ Paul S. Reinsch, *Intellectual and Political Currents of the Far East*, pp.138-139.

④ Tetsujiro Inouye, "Die Japanische Philosophie," in *Allgemeine Geschichte der Philosophie*, ed. Wilhelm Wundt et al. ,Berlin: B.G. Teubner, 1909, pp.104-106.

⑤ Walter Dening, "The Philosophy of the School of Wang Yang-ming," in "Confucian Philosophy in Japan: Reviews of Dr. Inoue Tetsujiro's Three Volumes on this Philosophy," *Transactions of the Asiatic Society in Japan*, vol. 36, no. 2 ,1908, pp.111-118.

述。其中，井上哲次郎的研究对于王阳明的讨论起到了推动作用。例如在1893年发表的《一位日本的哲学家》一文中，乔治·诺克斯（George Knox）研究了日本哲学的中国起源，对王阳明的生平和思想及其在日本的追随者做了简要介绍。[①]在脚注中，诺克斯说明他引用了井上哲次郎于1892年在东京帝国大学所做的关于王阳明的演讲中提及的文献。[②]

事实上，由生活在日本的美国人编著的有关日本阳明学的出版物要比研究中国阳明学方面的文章和书籍出现得更早。罗伯特·阿姆斯特朗（Robert Armstrong）的《来自东方的光：日本儒学的研究》就是一个很好的例证。1903年，他作为卫理公会传教士来到日本。1912—1919年，在关西学院大学任哲学教授，之后任院长。他写了大量有关日本宗教和哲学的论著。在《来自东方的光：日本儒学的研究》的序言中，他希望"让人了解日本文明的构成要素"，而这里指的就是日本儒学的历史。[③]

《来自东方的光：日本儒学的研究》涉及日本早期儒学、日本儒学中的朱子学派、日本儒学中的阳明学派、日本儒学中的古典学派和所谓的"折中学派"。其中第三部分"儒学王阳明学派的研究"，可以看作是对王阳明及其在日本幕府和明治时期追随者的首次有重要价值的英文介绍。[④]阿姆斯特朗主要参考了井上哲次郎和山路爱山（1864—1917）的著作。事实上，时任东京帝国大学哲学教授的井上哲次郎还为阿姆斯特朗的书写过序言。第三部分的第一个章节就是对王阳明的介绍，之后10个章节介绍王阳明的日本追随者。

阿姆斯特朗首次从孟子和陆九渊的哲学理念阐释王阳明思想，强调"心（heart）""天理（Heavenly ri）""良知（intuitive knowledge）"的重要地位及其普遍性。[⑤]然后他描述了王阳明哲学的基本特征：人的本性是善的和具有美德的。这种美德的根本在于他们的内心，也就是他们从天所接受的天理。当一个人按照自己内心做出自发的举动时，他就已完成了自己的职责，即实现了天理。这种按照本心做出的举动即为

---

① George Knox, "A Japanese Philosopher," *Transactions of the Asiatic Society of Japan* 20, 1893, pp. 10-15.

② George Knox, "A Japanese Philosopher," *Transactions of the Asiatic Society of Japan* 20, 1893, p. 10.

③ Robert Cornell Armstrong, *Light from the East: Studies in Japanese Confucianism*, New York: Gordon Press, 1974, vii.

④ Robert Cornell Armstrong, *Light from the East: Studies in Japanese Confucianism*, pp.119-195.

⑤ Robert Cornell Armstrong, *Light from the East: Studies in Japanese Confucianism*, p.120.

良知（“对善与恶的直觉认知”）。一个人的职责就是要实现自己的良知，只有这样才能消除人欲，才能将良知体现为实际行动。为了实现良知，人们必须静坐并反省内心、净化良心，进而完善道德。

阿姆斯特朗受到日本阳明学思想的影响，将王阳明的哲学视为泛神论和唯心主义的宇宙一元论。他认为，王阳明思想中的天、道、理、心等都是包罗万象的。因此，通过良知就可以入道，也就可以实现良知的万物一体的精神境界。但是，阿姆斯特朗对于王阳明的泛神论是持批判态度的，他认为："阳明系统和其他泛神论系统一样，从逻辑上来看，无法解释恶的存在。"[①]如果所有的事物都具有良知的公共性，那该怎样解释恶的起源呢？他同样认为，这种泛神论哲学最终会使个人主义成为幻想。他还认为，这种哲学必须通过西方的一神论来进行平衡，并通过对日本王阳明追随者的观察而归纳总结道："他们中的大多数都很坚强、很勇敢，为自己国家的发展做出了很大的贡献。他们中的一些人即使从全世界范围看，也可以称作优秀的人。"[②]由此看来，阿姆斯特朗对王阳明哲学的判断是模糊的：一方面认为他的哲学是对个人主义有害的泛神论，另一方面又对这种勇敢的性格表现出由衷的敬佩。

三、关于王阳明的译著、专题论文和文章

（一）亨克《王阳明生平和哲学研究》《王阳明的哲学》

1.《王阳明生平和哲学研究》

在阿姆斯特朗的书出版两年后，亨克出版了《王阳明的哲学》。1876年，亨克出生于美国艾奥瓦州。1900年，他以美国美以美会传教士的身份来到中国江西九江，在九江的传教站担任各种职务。1904—1907年，他在九江同文书院（1906年改名南伟烈大学）担任教授。1907 年，亨克回到美国，1910年在芝加哥大学获得博士学位。同年，他受邀担任南京大学哲学与心理学教授。1911年，他应上海的英国皇家学会华北分会的邀请，对王阳明进行了广泛研究。1857年英国人和美国人在上海成立皇家学会华北

① Robert Cornell Armstrong, *Light from the East: Studies in Japanese Confucianism*, p.126.

② Robert Cornell Armstrong, *Light from the East: Studies in Japanese Confucianism*, p.126.

分会，其目的是要推进中国研究，以认识中国。其中一项重要的活动，是提供资助、举办演讲和出版论文。[①]虽然无法详细证明，但可以说，学会成员有关王阳明对东亚历史重要性的认识是邀请亨克的重要原因。1912年秋，亨克在英国皇家学会华北分会宣读了他的初步研究成果《王阳明生平和哲学研究》，此文后以《王阳明：一个中国的观念论者》为题发表于1913年出版的该会会刊上。[②]这是第一篇发表在西方学术期刊上的关于王阳明的学术论文。

亨克对王阳明的哲学思想进行了初步研究。为了让英语世界的读者对王阳明的历史地位有一个感性认识，亨克试图在欧洲文明史的坐标上来定位王阳明。亨克指出：王阳明所生活的时代，地理大发现已经如火如荼，宗教改革运动正在欧洲大陆酝酿萌芽之中，而王阳明提出良知学这一具有革命意义的历史事件，可以与勇于探索宇宙真理、提出地心说的布鲁诺相媲美。

亨克认为，王阳明对当时的道德、宗教和政治问题深感忧虑，想要为其学说找到一个坚实的基础，即“找到宇宙的源头和生命”。[③]尽管他曾满怀热情地在佛教、道教和朱熹哲学中探索，但并未找到满意的解决途径。直到他在远离京城的贵州上任时，才在“大彻大悟的状态”下找到了答案，提出了“圣人之道，吾性自足”。亨克还说：王阳明正是“在这个基础上”，“才形成了他的本体论、宇宙论、哲学和伦理观的义理结构”。[④]

后来，亨克又引用《传习录》来解释王阳明所说的“性”，并且总结道：“这种他所说的性，是一种微妙的东西。它是如此深刻、丰富和包罗万象的一个整体。弗朗西斯·赫伯特·布拉德雷、布鲁克·泰勒、乔赛亚·罗伊斯可能都会将它视为自己的老朋友——绝对性，即使它是被中国人发现的。”[⑤]

---

① 王毅：《皇家亚洲文会北中国支会研究》，复旦大学2004年博士学位论文。

② Frederick G. Henke, *The Philosophy of Wang Yang-ming*, La Salle: Open Court, 1916, xi.

③ Frederick G. Henke, “A Study in the Life and Philosophy of Wang Yang-ming,” *Journal of the North China Branch of the Royal Asiatic Society* 44, 1913, p. 55.

④ Frederick G. Henke, “A Study in the Life and Philosophy of Wang Yang-ming,” *Journal of the North China Branch of the Royal Asiatic Society* 44, 1913, p. 55.

⑤ 弗朗西斯·赫伯特·布拉德雷（Francis Hebert Braldey），1846—1924年，英国天文学家。布鲁克·泰勒（Brook Taylor），1685—1731年，英国数学家。乔赛亚·罗伊斯（Josiah Royce），1855—1916年，美国哲学家。Frederick G. Henke, “A Study in the Life and Philosophy of Wang Yang-ming,” *Journal of the North China Branch of the Royal Asiatic Society* 44, 1913, p. 56.

王阳明的主要兴趣在于“心”，对此亨克的解释是：“心”为“自然法则的体现”和“天理”。意志活动是一种创造性的活动，从而产生了世界上的所有事物。事物之所以成为事物，是因为在“心”的目的范围内产生。亨克认为，王阳明年轻时的大多数时间都对自己不能解决知识方面的问题而感到沮丧，也正是因此而找到了穷理、格物和致知的意义。他身在贵州时才得到了解脱。那时他意识到，答案即是对“性”的完全投入以及理解和开发“心”，而“不是在于外在事物，唯有心才可以找到答案”。[①]

最后，亨克解释道，对于王阳明来说，内心认知的来源即良知。认知的问题只有通过依赖良知和开发良知才能得以解决。我们的良知自然而然地会判断是非善恶，从而找出一条履行职责的道路。[②]通过最大限度的开发，一个人可以实现绝对的道德完善，从而成为一个圣人。亨克说，这个圣人“完全由天理主宰，完全不受个人情感的影响，他的正直与道德如至纯的金子般宝贵”。[③]

2.《王阳明的哲学》

1913年，亨克回到了美国，1914年任职于阿勒格尼学院直至退休。1913年，亨克与敞院出版社（Open Court Press）的主编保罗·卡罗斯（Paul Carus）就其著作出版进行了通信，并在《一元论者》（*The Monist*）上发表了另外一篇关于王阳明的文章。这是他的明智之举。敞院出版社于1887年在伊利诺伊州拉萨尔勒，由德裔美国工程师爱德华·卡尔·黑格勒（Edward Carl Hegeler）创建。黑格勒对神学和科学问题颇感兴趣，并致力于促进宗教和伦理研究。为实现这一目标，他先后创办了敞院出版社和《一元论者》期刊（1890年），出版和发表了有关宗教、哲学和科学方面的大量学术著作和论文。[④]

1888年，卡罗斯加入敞院出版社，担任编辑一职。他于1852年出生于普鲁士，并于1876年获得图宾根大学的哲学和神学博士学位。卡罗斯和黑格勒思想开明，他们在期刊上刊登包括东方宗教在内的比较宗教研究以及科学方面的文章，并且主动吸收一

① Frederick G. Henke, “A Study in the Life and Philosophy of Wang Yang-ming,” *Journal of the North China Branch of the Royal Asiatic Society* 44, 1913, pp. 56-57.

② Frederick G. Henke, “A Study in the Life and Philosophy of Wang Yang-ming,” *Journal of the North China Branch of the Royal Asiatic Society* 44, 1913, p. 60.

③ Frederick G. Henke, “A Study in the Life and Philosophy of Wang Yang-ming,” *Journal of the North China Branch of the Royal Asiatic Society* 44, 1913, p. 61.

④ Constance Myers, “Paul Carus and the Open Court: The History of a Journal,” *Midcontinent American Studies Journal* 5, no. 2, Fall 1964, p. 59.

些具有突破性、存在争议的哲学思想。[①]他们认为，宗教与科学可以调和，一元论哲学是实现这一目标的最好方式。根据康斯坦斯·梅尔斯（Constance Myers）的描述，卡罗斯是康德学派但却总是想要超越康德："卡罗斯哲学的中心思想，是试图解决康德的二元论问题，即物体自身的不可认知性。他尝试弥补主客体之间的鸿沟，从而达成了他的一元论。"[②]

卡罗斯对东方思想特别感兴趣。1893年，在芝加哥的世界宗教大会上，他结识了圆觉寺的释宗演，从而进一步激发了他对佛教的兴趣。在随后的两年间，他出版了一本专为西方国家读者而撰写的入门书《佛教福音》。当他向释宗演递交该书校样时，因释宗演不懂英语，遂交给学生铃本大拙，请其协助。1897年，卡罗斯翻译《道德经》时，特将铃本大拙带到拉萨尔勒，铃木大拙在那里住了12年，专门从事写作和翻译。[③]正如我们看到的，在这12年中，他们进行了许多有关中国哲学史的研究。

因此，在卡罗斯的指导下，敞院出版社开始出版东方思想方面的作品，编辑了大量"被视为东方宗教的权威以及将其中蕴含的思想和精神传播给英语阅读者"的专著。[④]这可能就是亨克于1913年8月寄信给他的原因，信中告知他，自己已离开中国并对王阳明进行了批判性研究，并撰写了一篇"非常希望出版"的约11.5万字的译文。亨克在信中写道："王阳明是自宗教改革运动以及地理大发现后最重要和有影响力的中国哲学家。"他认为，自己的作品将"代表对东方哲学所做出的重大贡献"。[⑤]同时，亨克还提交了曾发表在皇家学会华北分会会刊《一元论者》上的文章的修订本。

此时的卡罗斯可能仍然没有完全意识到王阳明对于中国哲学史的重要性，毕竟，他和铃木大拙都未在其研究中提到王阳明。在他的回信中，只提到了担心译稿过于冗

① Constance Myers, "Paul Carus and the Open Court: The History of a Journal," *Midcontinent American Studies Journal* 5, no. 2, Fall 1964, p. 61.

② Constance Myers, "Paul Carus and the Open Court: The History of a Journal," *Midcontinent American Studies Journal* 5, no. 2, Fall 1964, p. 62.

③ Constance Myers, "Paul Carus and the Open Court: The History of a Journal," *Midcontinent American Studies Journal* 5, no. 2, Fall 1964, p. 61.

④ Constance Myers, "Paul Carus and the Open Court: The History of a Journal," *Midcontinent American Studies Journal* 5, no. 2, Fall 1964, p. 62.

⑤ Frederick G. Henke letter to Dr. Carus, August 20, 1913, Open Court Company Publishing Records, Correspondence, Box 15, Southern Illinois University Special Collections Research Center.

长，特别是已有很多中文译本等待出版。他建议，以小开本图书或者系列文章的形式精简出版。[①]但到了9月中旬，无论是文章还是书籍，都被卡罗斯接受出版了。卡罗斯建议将文章的标题《一名中国哲学家王阳明》改为《中国的理想主义者王阳明》或《康德之前的康德》。[②]鉴于卡罗斯自身的哲学倾向和敞院出版社的历史，以这种方式理解王阳明，确实能让王阳明的相关研究成为适合在西方出版的读物。

1914年，亨克又在《一元论者》上发表了论文《王阳明：一个中国的观念论者》。1916年，他出版了王阳明研究的最终成果《王阳明的哲学》。该书内容主要依据施邦曜（1585—1644）编辑的《阳明先生集要》。据倪德卫称，亨克错误地认为他依据的是由商务印书馆出版的《王文成公全书》。实际上，他依据的是施邦曜缩减和重排的王阳明著作。倪德卫说："施邦曜的著作由三部分组成：哲学资料四卷、管理与政治类论文七卷、文学部分四卷。亨克翻译了第一部分的全部内容以及施邦曜所著的阳明年谱。"[③]这就解释了亨克的翻译内容与通行版的王阳明著作不符的原因，同时也解释了亨克的译著中不时插入的一些数字所指的内容。遗憾的是，倪德卫未能找到亨克所依据的施邦曜著作的原始版本。[④]

亨克的这本书包括王阳明传和著作选译两个部分。其中王阳明传主要是根据钱德洪的《年谱》。著作选译又分为四编：第一和第二编主要内容为今本《传习录》《大学问》；第三编收入王阳明书信12篇；第四编收入王阳明其他作品50篇，其中12篇是序跋，其余38篇为书信。

亨克的著作出版后不久，就收到了一些评论。鉴于王阳明令人瞩目的生平事迹及其鲜为人知的哲学思想，评论家们均对亨克作品的重要性予以了肯定。但一些评论家对亨克未能对王阳明的观点进行系统概述进行了批评。评论家姉崎正治（1873—1949）严厉批评了他的译文部分，认为该书没有引文及注释，导致王阳明的哲学观点

① Paul Carus reply to Mr. F.C. Henke, August 23, 1913, Open Court Company Publishing Records, Correspondence, Box 15, Southern Illinois University Special Collections Research Center.

② Paul Carus letter to Mr. Frederick G. Henke, September 11, 1913, Open Court Company Publishing Records, Correspondence, Box 15, Southern Illinois University Special Collections Research Center.

③ David S. Nivison, "Review of *The Philosophy of Wang Yang-ming* by Frederick Goodrich Henke," *Journal of the American Oriental Society* 84, no. 4, 1964, pp. 436-442.

④ 在私人邮件中，王宇博士说，原始版本是上海明明学社在1907—1911年出版的铅字本《学部校正阳明先生集要三种》。他对亨克及其译著的相关研究将在《中国哲学史》杂志上发表。

依旧晦涩难懂。[①]姉崎正治还认为，关于专业名词的翻译过于朴实和现代，或者更符合朱熹的思想。因为亨克从概念出发表达了二元论思想或实证主义。例如，将良知译为“intuitive knowledge”“intuitive faculty of the good”，可能将使“整个王阳明哲学和伦理学的重要观点”成为一些过于“严格的心理”的概念。[②]再比如，把“致良知”翻译为“to extend knowledge to the utmost”和“to extend the use of the intuitive knowledge to the utmost”，是极具误导性的，其译法应该是“to realize the liangzhi”或者“to bring the liangzhi to full light and efficiency”。

尽管在很多方面仍然不完善，但姉崎正治的评论是非常有用的。因为他指出了亨克转换概念的范围和程度，而如今依赖英文译本的读者对于王阳明的理解只能依靠这些概念。无论是当时还是现在，语言障碍都十分可怕。亨克运用西方哲学的概念框架来阐释王阳明的思想，这一点也引出了类似的问题。例如，亨克认为，王阳明的哲学中具有机会平等和自由的思想，这符合近代西方启蒙思想的特征。他还认为，王阳明是观念论（或唯心一元论）者，而与王阳明对立的朱熹则是实在论者。[③]尽管这些观点仍存在很多问题，但对欧洲以及北美对王阳明的理解具有很大影响，直到20世纪50年代新的学术研究出现为止。

（二）王昌祉《王阳明的道德哲学》

尽管亨克是西方出版王阳明节选译本的第一人，但是第一位撰写王阳明哲学思想研究专著的是王昌祉。根据相关介绍，这位江苏松江人，1918年入徐家汇修道院，1921年进耶稣会，……1928年赴欧……在法国里昂神学院学习。1932年晋升神父。翌年再到巴黎攻读博士学位，1935年获巴黎天主教大学神学博士，为中国神父得此学位第一人……次年获巴黎大学文学院哲学博士。民国二十六年初回到上海。[④]其用法文撰写的博士论文的标题为《王阳明的道德哲学》，阐述的主题是：第1章描述了王

---

① Anesaki, M., “Review of *The Philosophy of Wang Yang-ming* by Frederick Goodrich Henke,” *The American Journal of Theology* 22, no. 4, 1918, p. 595.

② Anesaki, M., “Review of *The Philosophy of Wang Yang-ming* by Frederick Goodrich Henke,” *The American Journal of Theology* 22, no. 4, 1918, p. 596.

③ 王宇:《亨克与王阳明的西传》,《浙江日报》，2017年1月9日。

④ 《王昌祉（1899—1959年）》，上海地方志办公室，http://www.shtong.gov.cn/node2/node2245/node75195/node75207/node75222/node75230/userobject1ai90248.html.

阳明生平；第2章《我们内心的准则》，解释了王阳明的“心即理”说和人类自身的道德完善能力，以及该理论与朱熹思想的不同之处和当时士人的异常行为对于他提出该理论的作用。[①]随后的五个章节（第3章至第7章）解释“良知”的定义，如何实践以及实现良知。最后，附录王阳明的生平年表、哲学术语。1936年，该博士论文出版。

在“引言”部分，王昌祉认为，中国文化在把追求道德完善作为原则目标方面是独一无二的。中国哲学家也主张道德实践是道德认知的最高表现形式，并且坚信真正的哲学就是实践哲学。因此，选择一位伟大的中国道德哲学家作为广为宣传的对象，是理所当然的。而之所以选择王阳明，则是因为他堪称中国思想方面的典范。王昌祉又强调，自己的目标是以王阳明的哲学概念来展现其思想而回避比较哲学。因为比较哲学将使中国思想落入欧洲的框架，以王阳明为例，则将套入博格森的直觉主义或者康德主义。[②]

王昌祉认为，“良知”是王阳明的“晚年教义”“道德哲学的核心概念”，所以他几乎用全书的篇幅来详述“良知”的概念。[③]从本质上讲，人人都具有良知，并可通过道德的直觉行动来实现良知。良知并不是客观的或外在的，而是内在的、个人的，是由心中内在的道德原则所组成的。实现这一天生的善，需要付诸具体的实践，并且要相信良知的存在和绝对可靠。人们必须坚定良知，遵循道德本能的指引，并在生活中实践它。[④]这就意味着，要依靠良知的指引，谦虚并坚决地行善除恶。王昌祉强调的是实践而并非良知的形而上学意义。他从生活经验中获得灵感，认为只要每个人都关注道德意识，其所相信的道理就会变得不言自明。因此，“它（良知）完全取决于我们良心的直接范围。”[⑤]在这方面，王昌祉实际上已指出了近期的研究趋势和方向，即比较王阳明哲学与德国现象学。

（三）张煜全

张煜全（1879—1953，字昶云）于20世纪40年代出版了另一本有关王阳明思想的

---

① Wang Tch'ang-Tche, *La Philosophie Morale de Wang Yang-ming*, Shanghai: Imprimerie de-T'ou-se-we, 1936.

② Wang Tch'ang-Tche, *La Philosophie Morale de Wang Yang-ming*, pp.5-7.

③ Wang Tch'ang-Tche, *La Philosophie Morale de Wang Yang-ming*, p. 187.

④ Wang Tch'ang-Tche, *La Philosophie Morale de Wang Yang-ming*, p. 187.

⑤ Wang Tch'ang-Tche, *La Philosophie Morale de Wang Yang-ming*, p. 190.

学术专著。不同于王昌祉，他的侧重点不是王阳明哲学，而是王阳明的政治生涯。他的书是西方第一本详细叙述和分析王阳明政治、军事生涯与成就的学术专著。①

最开始，张煜全于1939—1940年在《中国社会政治学评论》(*Chinese Social and Political Science Review*)上以系列文章的形式发表自己的研究成果。该杂志是由中国社会政治学协会出版的季刊。1915年该协会成立于北京，目的是促进法律、政治学、社会学、经济学的研究与交流。《中国社会政治学评论》发表了大量相关主题的英语文章。②张煜全不仅是该协会执行委员会的创始人之一，并且是第一届编辑委员会成员之一。1939年之前，他多次撰写文章和评论。该协会的其他成员也具有很大的社会影响力，如协会的第一任主席是陆征祥总理，第一任副主席是美国驻华公使芮恩施。③

张煜全一生致力于东西方文化交流。根据金富军的研究，张煜全生于广东南海，曾就读于福州英华书院、香港皇仁书院、北洋大学堂。后赴日留学，在日本东京帝国大学学习政治学并肄业。在日期间，他倾向革命，与孙中山、梁启超等有交往。1901年8月，进入美国加利福尼亚大学，1903年获得法学学士学位，1904年在耶鲁大学获得法学硕士学位。1904—1906年，张煜全在耶鲁大学攻读博士学位。1906年10月，清政府举行第二次留学欧美毕业生考试，他是9名最优等之一，于是赐进士（法政科）出身。1917年9月，任清华学校董事会第一届董事。1918年4月15日，北洋政府任命他为清华学校校长。1920年1月，张煜全辞职，任校长一年又七个月。④

张煜全认可亨克翻译工作的重要价值，但亨克翻译的只是王阳明部分作品，并未涉及其奏疏和其他作品。因此，张煜全建议记录“王阳明作为朝廷官员的（政治）思想和功绩”。⑤他从详细记述王阳明的生平着手，然后按照以下标题浅析了王阳明的政治活动与思想：“王阳明的政治理论”“作为教育家的王阳明”“作为文官的王阳明”“作为武官的王阳明”。张煜全得出的结论是，作为一名“知行合一”的倡导者，

---

① Chang Yü-chüan, *Wang Shou-jen as a Statesman*, Peking: The Chinese and Political Science Association, 1946.

② James Brown Scott, “The Chinese Social and Political Science Association,” *American Journal of International Law* 10 , Apr., 1916, pp. 375-376.

③ “Editorial Notes,” *The Chinese Social and Political Science Review* 1, no. 1,April, 1916, pp.1-2.

④ 金富军：《张煜全在清华学校的教育实践考察》，《教育史研究》，2014年第3期。

⑤ Chang Yü-chüan, *Wang Shou-jen as a Statesman*, Arlington VA: University Publications of America, 1975, p.2.

王阳明“不同于其他一般的士人，因为他以所谓的良知作指导，以实践他所得出的认知”。“作为一位教育家、文官和武官，王阳明成功的秘诀”，是“即使在生命或自由面临危险的情况下，仍坚持做自己认为正确的事情”。张煜全推断，王阳明“除了为百姓利益外，没有任何不可告人的目的”。“我们没有发现任何他不以国家和百姓利益为目的的行为。”①基于上述原因，张煜全呼吁要“忠实地效仿他，以他为榜样，以他的观点看待事物，以他的道德标准行事”。②

（四）戴闻达

当张煜全担任清华大学校长时，戴闻达正好在荷兰驻北京大使馆担任最后一年的翻译工作。他于1927年发表了一篇关于王阳明的文章，因为当时王阳明在中国国内再次受到关注。戴闻达认为，现代化促使中国人远离他们的儒家传统而站在批判的角度看待它。但在与西方接触的过程中，中国人意识到他们传统思想的多样性。为了在变革中维系传承中国传统文化，并在自身传统中寻找权威指导，他们重新发现了如墨子和王阳明等思想家的著作。③戴闻达赞扬这种进步，因为他认为王阳明的独立思想、批判性思维将对青少年产生积极的作用。④

戴闻达应当对当时中国知识分子的处境有所洞察。他曾于1912年至1918年在荷兰驻华大使馆任职。此前，他曾在莱顿、柏林和巴黎师从著名汉学家高延（De Groot J.J.M.，1854—1921）、高第（Henri Cordier，1849—1925）等从事学术研究。1919年返回莱顿后，他在莱顿大学担任汉语讲师。这使得他置身于后来欧洲最重要的汉语言研究中心之一。众所周知，伴随着荷兰殖民者对东南亚地区的需求与日俱增，荷兰汉学于19世纪发展起来。荷兰政府需要汉语翻译和中国侨务专家来应对相关的华侨华人事务。作为其中的一项举措，莱顿大学设立了汉语言文学教授一职。戴闻达就是第一位研究汉语言的学者。

除此之外，当时还有一些西方人的著作涉及王阳明，例如《西方视野中的中国》

---

① Chang Yü-chüan, Wang Shou-jen as a Statesman, p.267.

② Chang Yü-chüan, Wang Shou-jen as a Statesman, p.268.

③ J. J. L. Duyvendak, “Een Herleefd Wijsgeer,” in *China Tegen de Westerkim*, p.63.

④ J. J. L. Duyvendak, “Een Herleefd Wijsgeer,” in *China Tegen de Westerkim*, pp.97-98.

一书就有对王阳明的研究，以及对当时中国的一些研究。[①]《复活的圣人》则介绍了朱熹哲学对王阳明的影响，以及作为文官和武官的王阳明的生平和哲学观念，特别是“良知”“知行合一”说和自我修养的方法。

四、1950年前中国哲学史研究中的王阳明

现在再来看看欧美早期的中国哲学和宗教史研究，其中有三部作品的原出版地在法国，三部在德国。

（一）法国

1.戴遂量《中国宗教信仰及哲学观点通史》

戴遂量的《中国宗教信仰及哲学观点通史》是法国最早的中国宗教和哲学研究著作。戴遂量（1856—1933）出生于法国的斯特拉斯堡，并于1881年加入耶稣会。1887年，他前往中国直隶南部传教并在那里行医。他精通汉语，创作了多部关于中国历史、语言、文化、宗教和哲学等方面的著作。谈起创作这本书的原因，戴遂量说是应巴黎天主教研究所之邀而作，“呈现出他在中国进行调查研究30年间的情况”。[②]

虽然该书中有关王阳明的章节，大部分都是研究日本的阳明学，但是戴遂量介绍了王阳明重要的思想观点，并且收录了王阳明的诗文。就王阳明在贵州驿站时著名的悟道经历，戴遂量称王阳明“的确启示人心”。[③]戴遂量还提到，王阳明认为一个人一旦完成学业，就很难再从书本中找到答案，而必须求其本心。[④]关于这种“活道（living word）”，戴遂量解释道：

---

① Wilt L. Edema, “Dutch Sinology: Past, Present, and Future”, in *Europe Studies China: Papers from an International Conference on the History of European Sinology*, ed. Wilson Ming and John Cayley ,London; Han-Shan Tang Books, 1995, pp.88-93.

② Léon Wieger, *A History of the Religious Beliefs and Philosophical Opinions in China from the Beginning to the Present Time*, trans. Edward Chalmers Werner ,Hsien-Hsien Press, 1927, preface.

③ Léon Wieger, *A History of the Religious Beliefs and Philosophical Opinions in China from the Beginning to the Present Time*, trans. Edward Chalmers Werner, p.698.

④ Léon Wieger, *A History of the Religious Beliefs and Philosophical Opinions in China from the Beginning to the Present Time*, trans. Edward Chalmers Werner, p.698.

> That word, he said, is pronounced（良知）liang-chih, the innate knowledge, which he defines as "what one knows, without having ever learned it, without having ever thought on it." Only the dictate of innate knowledge, heard and followed by man, gives him the supreme blessings, truth and peace. Once this inner word is heard in the secrecy of the heart, one must believe in it firmly, immovably. For that word is infallible, seeing that it is pronounced by that heart, which is the celestial norm（天理）.①

戴遂量又进一步指出：王阳明坚信，正是因为这个绝对可靠的良知是"天理"，意志必须服从其判断，并以坚决的信念予以执行。依其而行方乃明智之举。一个人必须严格守己，以防止人性弱点影响良知直觉，避免使心与道德法则相悖。他认为"无视本心，至愚；违心而行，至错"。②

作为一个耶稣会信徒，戴遂量极有可能已经受到当时法国天主教的影响。天主教认为，信念根植于本心，因而心是人与上帝的连接之所在。戴遂量极有可能还受到了自然法则的影响。这种天主教的自然法则根植于斯多葛学派和《圣经》，尤其是《罗马书》，使徒保罗列出了道德法则，即人人都凭借直觉认知。这种解释与戴遂量对王阳明的批判相契合。戴遂量认为，"良知"与"良心"相似，"奇怪的是，王阳明这样一个拥有高尚的良知且竭力宣扬遵守良知的人，却不能超越良知而赋予良知以祂（基督教中代指上帝、耶稣或神）的地位"。③戴遂量还认为，王阳明把良知看作是一种生命机能，从而表现出类似于朱熹的唯物主义思想。显然，戴遂量在此所持的观点，与当时耶稣会对宋代哲学的（错误的）认识有关联。

2. 裴化行《中国智慧与基督教哲学之间历史关系的研究》

鉴于裴化行、格鲁塞大量借鉴引用戴遂量和亨克的作品中所翻译的王阳明的语录

---

① Léon Wieger, *A History of the Religious Beliefs and Philosophical Opinions in China from the Beginning to the Present Time*, trans. Edward Chalmers Werner, p.698.

② Léon Wieger, *A History of the Religious Beliefs and Philosophical Opinions in China from the Beginning to the Present Time*, trans. Edward Chalmers Werner, p.700.

③ Léon Wieger, *A History of the Religious Beliefs and Philosophical Opinions in China from the Beginning to the Present Time*, trans. Edward Chalmers Werner, p.700.

和文章，所以在此对他们的研究不加具体陈述。早在1940年前，裴化行和格鲁塞这两位在中国历史和哲学研究方面颇负盛名的学者，就已经将王阳明这位伟大的明代哲学家纳入他们的研究中。

裴化行是一名法国传教士和汉学家，于1924年来到中国，在其1947年离开中国之前，一直从事传教和汉学研究。[①]他撰写了大量有关中国的著作和文章。其中《中国智慧与基督教哲学之间历史关系的研究》一书，涵盖了一系列主题，涉及面甚广，如中国哲学史、耶稣会进入中国的历史等，而更多的则是中西方之间文明与哲学的交流。这本书的撰写初衷，是为了给中国河北献县的耶稣会哲学高校提供指导教材，故而其内容极为系统，包括王阳明哲学、王阳明哲学与朱熹哲学的比较、主观论和直觉论、日本阳明学、王阳明的诗歌书信等。[②]

3. 格鲁塞

格鲁塞也出版了大量东方历史研究方面的论著。他一直在法国巴黎的两所博物馆担任管理员。[③]与本文所讨论的其他作者一样，格鲁塞也对朱熹思想与阳明学说作了明确区分。对此，当今的学者们存有质疑。格鲁塞认为，朱熹重视博学和唯理主义，并且从编纂和注疏儒家经典中获取知识，王阳明则重视主观性和直觉。王阳明认为，反思个体能发现内心深处的真理。因此，真理如同一种启示，带着狂喜状态的性质。[④]

（二）德国

20世纪上半叶，德国汉学家在中国哲学史的研究、出版方面颇为领先。尽管英语世界的研究忽视了明代哲学，但德语世界的研究至少涵盖了一些有关王阳明及其思想学派的讨论。森克的《中国哲学史》和哈克曼的《中国哲学》均于1927年首次出版，佛尔克的《近现代中国哲学史》则是在1938年首次出版。

---

① John W. Witek, "Henri Bernard-Maitre, 1889-1975," in *Biographical Dictionary of Chinese Christianity*, accessed May 22, 2017, http://www.bdcconline.net/en/stories/b/bernardmaitre-henri.php.

② Henri Bernard, *Sagesse Chinoise et Philosophie Chrétienne: Essai sur Leurs Relations Historiques*,Tianjin: Henricus Lécroart, 1935, pp. 82-88.

③ "René Grousset," *Académie Française*, accessed May 22, 2017, http://www.academie-francaise.fr/les-immortels/rene-grousset.

④ René Grousset, *Histoire de la Philosophie Orientale*, Tome II: *L'Inde et la China*, Paris: Nouvelle Librairie Nationale, 1923, pp. 356-357.

哈克曼和佛尔克都曾深入地融入中国。哈克曼原本在莱比锡和哥廷根研究新教神学，1984至1901年曾在上海担任牧师，后又继续在中国和东南亚地区进行游历。1913年，他被任命为阿姆斯特丹大学的宗教史教授。而作为二战前德国最伟大的汉学家之一的佛尔克，则于1867年出生于布伦瑞克公国（1871年归属德意志帝国）的首都布伦瑞克。在柏林大学学习法律期间，佛尔克参加了东方语言研讨班，并在那时学会了汉语。1890—1903年，他在中国担任德国外交服务工作。1903年，他担任柏林大学东方语言系讲师，并于1923年接替奥托·弗兰克（Otto Franke）成为汉堡大学教授。佛尔克发表了许多有关中国文学和哲学方面的论著。

1.森克《中国哲学史》

与此同时，森克作为一名汉学家也撰写了关于中国的作品。他出生于波希米亚，在维也纳获得法学学位，其后成为著名的记者、作家和政治家，其中以其关于无政府主义的作品最负盛名。虽然森克不是一名学术型的汉学家，而且在作品中没有直接参考中文文献，但他作品中所涉及的中国哲学的一些基本观点，就已经证明了中国哲学在国外研究的成熟性和翻译资料的可靠性。

森克在《中国哲学史》一书的部分章节中曾探讨过王阳明，比如《非正统学派：王阳明》一章。该章在朱熹及其弟子的章节之后。其中“非正统学派”指的是始自陆九渊的心学，而非佛教和道教。该章简要介绍了王阳明的生平和思想，还探讨了一些引起森克极大兴趣的问题，比如心灵与肉体的关系、王阳明与德国唯心主义者的相似性等。哈克曼和佛尔克也同样对此问题感兴趣。他们的作品中都引用了《传习录》的两条语录：

> 先生游南镇，一友指岩中花树问曰：“天下无心外之物；如此花树，在深山中自开自落，于我心亦何相关？”先生曰：“你未看此花时，此花与汝心同归于寂；你来看此花时，则此花颜色一时明白起来；便知此花不在你的心外。”（Hackmann, pp.364-365；Zenker, p.625）
>
> 九川疑曰：“物在外，如何与身心意知是一件？”先生曰：“耳目口鼻四肢，身也，非心安能视听言动？心欲视听言动，无耳目口鼻四肢亦不能，故无心则无身，无身则无心。但指其充塞处言之谓之身，指其主宰处言之谓之心，指心之发动处谓之意，指意之灵明处谓之知，指意之涉着处谓之物：只是一件。意

未有悬空的，必着事物，故欲诚意则随意所在某事而格之，去其人欲而归于天理，则良知之在此事者无蔽而得致矣。此便是诚意的工夫。”（Forke, p.385；Hackmann, pp.364-365；Zenker, p.623）

然而，森克怀疑王阳明并非一个真正的唯心主义者，因为他从未说过精神世界比现象世界更加真实。森克认为，王阳明关于花的陈述并不能表明那些花只是虚幻的存在。王阳明只是在表明心能创造现象世界中的物体，而不是否定心的作用之外仍有现象世界的存在。此处，森克对王阳明的解读受到了欧洲学者关于康德哲学之辩论的重要影响。森克认为，康德和王阳明都没有否认现象世界的存在，他们只是提出了心影响现象世界的表现形式，即所谓“感知经由心（的认知），而世界全体的表面现象事实上是由心所呈现的”。[①]因此，康德和王阳明的哲学更应该被称作先验实在论。

森克还对王阳明在儒学历史发展中的地位及贡献进行了评价。他认为，王阳明与朱熹存在很大的不同。朱熹是唯理主义者，而王阳明则是唯意志论者和直觉论者；朱熹是儒家传统中的托马斯·阿奎纳，而王阳明则像基督教改革者，致力于将信念重归于建立在古老经文之上的原始纯洁。对王阳明而言，也就是重归于儒学古籍的本义。森克又指出，相较于纯粹的外在世界的实践知识，儒学更加重视自知之明和道德的完善。然而，朱熹却把儒学的中心从完善自我道德转移到对外在世界的理性探讨和社会改良，从而导致朱熹哲学滋生出一种乏味务实的唯理主义，而这种唯理主义不仅限制思考，而且缺少实质。

另一方面，王阳明则试图将其目标归于道德完善。他坚信人生来具有善的良知，认为通过发展这种良知，人就能够回归本性，自发地与天理（道德法则）相符合，达到和谐一致的境界。既然这种非凡的至善是以天理存在于人的本性之中为前提，那么遵从良知就能获得真正的自由。[②]然而，欲望和情感却能阻止人回归本性。这种情感能使一个人在事物中迷失自我。只有净化自我，远离物质，才能使其回归自由之本性。森克正是从这种净化与天主教的精神炼净之中看到了相似之处。森克又进一步论证说，

---

① Ernst Viktor Zenker, *Histoire de la Philosophie Chinoise*, vol. II: *De la Dynastie des Han a L'époque Actuelle*, traduit de l'allemand par G. Lepage, p. 627.

② Ernst Viktor Zenker, *Histoire de la Philosophie Chinoise, vol. II: De la Dynastie des Han a L'époque Actuelle*, pp. 631-632.

在人类本性的概念和净化自我欲望这点上，王阳明受到道家神秘主义的影响。然而，森克却注意到王阳明并未接受甚至反对道家的被动性和无为而治。对于王阳明而言，一个人的精神状态与他是否积极主动或是否静坐修养没有关系，而取决于他是由道德法则还是由欲望来支配。如果人跟随良知并依循道德法则而行事，那么无论是积极主动还是消极被动，都能获得平静。①

虽然森克有关王阳明的论说极为简单，而且受到了欧洲哲学体系的严重禁锢，但他还是提出了一些非常有趣的见解。

2.哈克曼《中国哲学》

通过哈克曼和佛尔克，我们能发现，有关王阳明的文献资料足够他们在哲学史研究中呈现王阳明的生活和思想的基本轮廓。哈克曼从钱德洪所作的阳明《年谱》中了解到王阳明的生平，发现王阳明的哲学与其生平经历联系紧密，这给他留下了极为深刻的印象。哈克曼认为，王阳明是一个向往本真和真理、反对虚无形式的人。而朱熹哲学作为一种正统哲学，正是以这样一种虚无的形式存在的。因为朱熹哲学不能让学者产生热情去探索存在，因此是一种“无生命的哲学体系”。王阳明则宁愿探索精神上的洞察力和智慧，发展一种真正从内心滋生的、从个人亲身经历中总结出来的哲学理念。②

哈克曼在王阳明的本性观中看到了一种“包罗万象的统一性”：一切事物——一切存在和发生的事物——从根本上说都具有同样的本质，万象都是一性的表现。这就是为什么只有在人们回归最本源的时候，才能真正理解并接近这个世界。发现良知之路，必须从内心去寻找。宇宙的设计和规律，正存在于心中。换言之，心对表象世界呈现给我们的事物赋予形态并加以影响。③哈克曼认为，从王阳明关于花的陈述中可以看出，他似乎是唯心主义者。然而，哈克曼和森克一样，也认为王阳明并没有说明心灵与肉体何者更加具有真实性的问题。④

因此，哈克曼的大多数研究都专注于解释良知的含义。他虽然认为“良知”在英语中可译为“intuition”，但却极富智慧地强调良知不能与精神的特殊机能一概而论，

---

① Ernst Viktor Zenker, *Histoire de la Philosophie Chinoise, vol. II: De la Dynastie des Han a L'époque Actuelle*, pp. 634-635.

② Heinrich Hackmann, *Chinesische Philosophie*, pp. 361-363.

③ Heinrich Hackmann, *Chinesische Philosophie*, p. 364.

④ Heinrich Hackmann, *Chinesische Philosophie*, p. 365.

比如知识、感觉和意愿等。相反，在王阳明看来，良知比特殊的精神机能先有，它是一种存在于天理之中的纯净的认知，而这种天理事实上正是通过这些机能来表达自己的。对于道德而言，这种内心之光是分辨是非的基础。然而，良知貌似形而上学的特性和其宏伟性，使其超越了简单的分辨是非。通过它，我们能完善自己的精神世界。因为人性中的所有伟大和美好都根植于这种认识之中，没有什么比发展这种内心的指引更为重要。只不过这种内心之光，是隐藏在使其黑暗的遮挡物之下的。这种遮挡物正是人的自私天性所产生的冲动和激情。通过开发这种内心之光，不管一个人喜欢或讨厌，他都能够自然而然地跟随内心自然法则的指引，而与自私利己的冲动形成相反的力量。如此，方可达到知与行的统一。[①]

3.佛尔克《近现代中国哲学史》

在20世纪50年代以前的王阳明研究中，佛尔克的《近现代中国哲学史》大量使用原始文献，并且提供了最为全面的研究。他直接引用了《王文成公全书》《阳明先生集要》，并参考了亨克、谢无量和高濑武次郎的著作。对于佛尔克而言，王阳明是"继朱熹之后最伟大的哲学家和明代第一人"。[②]他对王阳明生平的简要概述均引自于《明史》以及亨克翻译的阳明《年谱》，其中就包括王阳明在贵州的开悟（"erleuchtung"），以及嘉靖、隆庆和万历三位皇帝对他的态度。接下来的部分，他又介绍了王阳明的一些理论，包括心即理、格物、良知以及善恶的起源等。[③]

佛尔克还总结了直到其所处时代的学者们是如何对王阳明的哲学思想进行分类的。因为王阳明似乎表明，心之所在乃是万物之本，因而心外无物，即思想创造物质世界，亨克称这样的哲学思想为绝对唯心主义，而哈克曼则称之为认识论唯心主义。佛尔克同意两者的分析，但是也赞成其他人的看法，如森克认为王阳明哲学是关于主客根源的同一性哲学（Identitatsphilosophie）。在这里，佛尔克很可能想到了谢林，因为谢林的同一性哲学"是基于他的绝对者概念的哲学，在这种概念中，理想和现实、主观和

① Heinrich Hackmann, *Chinesische Philosophie*, pp. 366-368.

② Alfred Forke, *Geschichte der Neueren Chinesischen Philosophie*, Hamburg: Cram, De Gruyter & Co., 1964, p. 380.

③ Alfred Forke, *Geschichte der Neueren Chinesischen Philosophie*, pp.380-399.

客观本质上是相同的”。[①]总之，正是德国的唯心主义为王阳明在欧洲受到欢迎而铺平了道路。

五、结语

总之，在欧美，20世纪上半叶出现了王阳明研究的重要成果。由于王阳明思想对德川幕府和明治时期的日本所产生的影响，以及从19世纪后期开始在中国国内再次受到关注，都使得王阳明成为东亚传教士、东亚研究学者的关注焦点。亨克最先对王阳明的主要作品进行了翻译，一些学者也撰写了专著和论文，而且王阳明也被纳入德国和法国学者的中国哲学史研究。如今，虽然这些著作在很大程度上已被忽视，但是它们确实呈现了王阳明的生平和思想，并为我们在解读方面提供了一些问题意识和比较视角。

（作者伊莱瑞系美国中乔治亚州立大学历史系副教授，
译者王英系佐治亚理工学院博士）

① Raymond Williamson, *An Introduction to Hegel's Philosophy of Religion*, Albany: State University of New York Press, 1984, p.70.

区域学派研究

“婺学”场所的叙事①

〔日〕早坂俊广　著
申绪璐　译

内容提要：南宋后期至明代初年，婺州（今浙江省金华地区）人才辈出，有“小邹鲁”之称。“婺学”由朱子生前批判的异学转而以朱子学正统自居，这其中“北山四先生”何基、王柏、金履祥、许谦起着关键的作用，他们甚至被称作“紫阳之嫡子”。但是另一方面，“婺学”还可以有文章、著史和标抹的学术叙事，这些都是金华学者特有的问题意识和学问传统。明初宋濂、方孝孺的遭遇标志着“婺学”落下帷幕，在之后的各种思想史脉络中有着不同的叙述。尤其值得注意的是，民国学者何炳松在《浙东学派溯源》中又将婺学看作是科学的、实证的思想加以论述。可见思想史的研究起于后世学者自身的问题意识，相应地展现出不同的历史叙事。“婺学”思想史叙事的变迁，突显了这样的学术现象。

关键词：婺学　朱子学　吕祖谦　金华四先生　何炳松

一、作为“问题”的“婺学”

为什么选择“婺学”呢？因为“婺学”是一个问题。本文将讨论这一“问题”是如何被不断“叙述”的。

---

① 原文《“婺学”・場所の物語》收录于《宋代人の認識——相互性と日常空間——》(《宋代史研究会研究报告》第7集，东京：汲古书院，2001年)，发表已有20余年时间，此次中译本未能有大的修改，特此致歉。译者注：原文中的“物語”，译文依上下文语境译为“故事”“叙述”或“叙事”等。

南宋中期是出现数位“大思想家”、值得大书特书的时代。在此之后，直至王守仁（1472—1529）的出现是一个停滞的时期，在思想史研究尤其是儒学史研究中，几乎没有值得关注的事情。如果仅从“朱子学”“阳明学”视角来看思想史的话，这确实是一个非常枯燥的时代。在这个一般意义上而言毫无趣味的时代，婺州（今浙江省金华地区）却人才辈出，有“小邹鲁”之称。某种意义上，在儒学发展停滞的时代，婺州却迎来了儒学的黄金时期。发挥传承作用的（也是有争议的说法）婺州学术，即“婺学”值得关注。目前，与政治史、社会史的研究相比，思想史的研究方面较为薄弱。[①]作为少数的研究之一，马渊昌也指出：“这个时代是否有其独立的意义呢？到目前为止，一般的印象这是一个消沉的时代，没有特别值得关注的问题。”他指出，安徽省徽州、金华这两个地区“从南宋至元出现大量非常优秀的学者，有着相当密切的学术交流和传承，可以说是当时的学术中心。”[②]马渊昌也以“性理学的理论问题”为中心描绘了这两个地区的情况，而笔者则希望从不同的视角予以把握。[③]

基于其他视角，中国学者也有很多研究。[④]例如，朱仲玉认为：

> 所谓婺学，其实是指丽泽书院为核心的学统，俗称金华学派，是以地望为纽带联结的学派，与陈亮稍有瓜葛，与唐仲友的关系不大。……在金华学派诞生前，中国以地望为纽带联结的学者名儒集团不能说绝对没有，但是都没有像金华学派这样盛极一时，并传承达400年之久的。[⑤]

步近智认为：

① 政治史、社会史的相关研究有檀上宽《明朝専制支配の史的構造》（东京：汲古书院，1995年）、Bossler, *Powerful Relations—Kinship, Status, and the State in Sung China (960-1279)*（Harvard University Press，1998）。

② 〔日〕马渊昌也：《元・明性理学の一側面——朱子学の瀰漫と孫作の思想》，《中国哲学研究》第4号，1992年。

③ 荒木见悟《思想家としての宋濂》一文意在“正确讨论评价宋濂的思想”，但在有关金华地区的思想研究方面也提供了许多线索，指出：“金华之地体现了朱子好友吕东莱的学风，延续中原文献之传，探讨物理，编撰历史，皆作为必需的教养而予以保存。”（〔日〕荒木见悟著：《明代思想研究》，东京：创文社，1972年，第8页）

④ 参见〔日〕早坂俊广：《浙江省の中国哲学界および浙東学術史研究の現況》，《東洋古典学研究》第5号，1998年。

⑤ 朱仲玉：《试论金华学派的形成、学术特色及历史贡献》，《浙江师范大学学报》，1989年第4期。

全祖望在《宋元学案》中有时把“吕学”称为“婺学”。“婺学”只是一个地理上的笼统提法，并不说明其学派的特征。当郑伯熊、薛季宣在浙东兴起“永嘉学派”时，婺州地区则有吕祖谦、唐仲友、陈亮。他们都被称为“婺学”，但学术观点各不同。……由于他们之间的观点各异，不能笼统地称为“婺学”。因此，后人把永康的陈亮称为“永嘉学派”，而把金华的吕祖谦称为“婺学”，又称“金华学派”。[①]

我对步近智对概念予以严格界定的态度，没有异论。但是，“婺学”并非只有步近智总结的观点。所谓“笼统”，事实上不限于全祖望，还有很多类似的看法，就其本身而言也是有其意义的。根据讲话者的视点以及谈论场域的不同性质，场所（地域）的范围设定很容易发生变化。大体而言，婺州位于浙东地区，下辖金华、永康、浦江、东阳、义乌、武义、兰溪数县。虽然也有比婺州更广或更小的范围被称作“婺学”，但是也不能将此都称作概念混乱。严格的概念界定当然有其必要，不过本文的重点在于阐明“被述说的图像”，“笼统”的观点反而更加方便。[②]

当代谈及“婺学”之时，经常参照引用的就是《宋元学案》。下面便引用数条《宋元学案》的资料，以展现“婺学”思想史的展开。“婺学”在中国传统儒学思想史中是具有何种意义的“问题”呢？这是要首先澄清的。

①祖望谨案：乾淳之际，婺学最盛。东莱兄弟以性命之学起，同甫以事功之学起，而说斋则为经制之学。[③]

②梓材案：东莱学派，二支最盛。一自徐文清再传而至黄文献、王忠文。一自王文宪再传而至柳文肃、宋文宪。皆兼朱学，为有明开一代学绪之盛。故

① 步近智：《吕祖谦的“婺学”特征》，《中国哲学史研究》，1983年第2期。

② 比如“我住在九州”“在爱知出生长大”“在广岛学习”的说法，对我而言都是真实的，只不过根据不同场合分别使用罢了。因此，我虽然没有“九州学派”“爱知学派”“广岛学派”的想法，但也可以被看作是其中的任何一派。整体性的思考，或者受情绪、欲望即场域之力的支配，我可以被看作是其中的任何一派。无论如何，在处理学派的史料时，多是根据当时人“讲述”的“印象”，这一点值得注意。

③〔清〕黄宗羲：《提刑唐说斋先生仲友》，《说斋学案》，〔清〕黄宗羲著，〔清〕全祖望补修，陈金生、梁运华点校：《宋元学案》卷60，中华书局，1986年，第1954页。

谢山云“四百年文献之所寄”云。[①]

③百家谨案：北山一派，鲁斋、仁山、白云既纯然得朱子之学髓，而柳道传、吴正传以逮戴叔能、宋潜溪一辈，又得朱子之文澜，蔚乎盛哉！是数紫阳之嫡子，端在金华也。[②]

④予尝谓：婺中之学，至白云而所求于道者，疑若稍浅，渐流于章句训诂，未有深造自得之语，视仁山远逊之。婺中学统之一变也。义乌诸公师之，遂成文章之士[③]，则再变也。至公而渐流于佞佛者流，则三变也。犹幸方文正公为公高弟，一振而有光于西河，几几乎可以复振徽公之绪。惜其以凶终，未见其止，而并不得其传。[④]

叙述者不同，观点自然会有差异。例如资料②王梓材以吕祖谦为中心的叙述与资料③黄百家以朱熹为中心的叙述，在梳理视角上就有很大不同（资料③的梳理方式具有一般性）。另外，资料①中吕祖谦、陈亮、唐仲友三人能否并举？资料②中吕祖谦学统的连续性可以界定到何处？资料③“紫阳之嫡子”的表述是否合适？对于资料④，相反地从文学和佛教的立场难道不能重新评价“婺学”的后人吗？这些都是自然出现的问题。

无论如何，《宋元学案》的“婺学”画像具有一定的说服力，这也是事实。《宋元学案》充分继承了至其时代为止的“婺学”画像和“婺学”叙事。可以说，它融合了多种叙事。[⑤]以下，我将依照《宋元学案》的叙事顺序，探讨其（不是“严谨的事实记述”而是在“各种各样的思想交织而成的叙事表现”意义上的）叙事以及其他叙事的可能性。

---

① 《丽泽诸儒学案序录》，《丽泽诸儒学案》，《宋元学案》卷73，第2434页。

② 《文定何北山先生基》，《北山四先生学案》，《宋元学案》卷82，第2727页。

③ 接前注而言，婺学中也有这种随着历史的推移而纠缠的地域差别。研究者预先以“义乌学派”等加以总括，反而难以展现其多样性。本文不可能深入讨论这种地域差别，不过这一点也为“笼统的看法”提供了方便。

④ 《文宪宋潜溪先生濂》，《北山四先生学案》，《宋元学案》卷82，第2801页。

⑤ 本文使用的“物语”概念源于野家启一《物語の哲学》的说法：“历史中的事情（作者按：不是从‘神的视点’俯视的历史）在‘人的文本’中生成、扩充、改变甚至遗忘，是‘过去的改变’。如果对立的话语变弱，过去的事情会以‘物语行为’而被修正并且再编撰。”（〔日〕野家启一：《物語の哲学——柳田國男と歴史の発見》，东京：岩波书店，1996年，第11页）“历史的事情以物语行为被讲述出来以后，便确立起历史事实的身份。物语行为就是以时间为线索来排列被回忆起的各种事情，进而在一定的‘物语’背景中进行再分配，以此构成历史的事实。”（《物語の哲学——柳田國男と歴史の発見》，第115页）另外，小岛毅《中国近世における礼の言説》（东京：东京大学出版会，1996年）第9章《明代福建朱子学の物語》，亦受此启示。

二、最初的批判：朱熹的"婺学"批判

淳熙八年（1181）七月二十九日，吕祖谦（1137—1181）去世。由于吕祖谦的去世，南宋思想史产生急剧变化，生前的学友朱熹（1130—1200）开始批判其思想。更确切地说，吕祖谦周围作为其后继的婺州人士，尤其是朱熹认为占据中心的陈亮（1143—1194）开始受到激烈的批判，甚至波及已经去世的吕祖谦。

朱熹为什么要批评其学友的后继者呢？因为无论从何种角度来说，发挥折中综合作用的吕祖谦，其权威必须去除。朱熹感受到这一地区流行的"事功""功利"思想，而此时鼓吹这一思想并将成为地方思想领袖的就是陈亮。这种认知是否妥当，我们暂且不论。朱熹看到的思想状况，大概就是如下束景南的翔实描述：

> 在吕祖谦死以前，各个学派的对立和分化其实在朱张吕三家讲学论道的笼罩下还不明朗，浙东各派学者都聚集在吕祖谦这面旗帜下，缺少各自的面目，江西陆氏兄弟也把吕祖谦视为学术上的同道，朱熹更把张栻、吕祖谦看成是"吾道"中人；一到吕祖谦去世，这种学派局面打破了，以吕祖谦为精神纽带的各学派之间表面的团聚力一下子消除，出现了朱熹惊叹的"诸贤（张、吕）死后，议论蜂起"的情势。……他们都借着悼念吕祖谦把吕祖谦拉作为自己学派的旗帜，抓住吕祖谦学术思想中的一个方面为自己学派张目。
>
> 在张栻和吕祖谦死后，金华学转同永嘉学与永康学打成一片，湖湘学倒戈投入永嘉学怀抱，永嘉学渗入江西同陆学一脉合流，逐渐成为学派对立分化中三大引人注目的趋势，形成一种功利凌驾道德的文化走向，给闽中的朱学以直接冲击。朱熹转而全力批判浙学也就势所必然了。[①]

无论如何，朱熹对此状况感到极大的焦虑，于是最终对多年学友吕祖谦的思想态度发生转变，并找到了造成这种危险状况的根源。朱熹对"婺学"的批判，事实上成为"婺学"叙事的历史起点。之前的婺州仅仅是"中原文献之传"的吕氏家族所代表

---

① 束景南著：《朱子大传》，商务印书馆，2003年，第492—494页。

的“家学”，朱熹开始将婺州学者及其学问称作“婺学”对其进行批判，“婺学”被设定为思想史的“场域”而成为“问题”，之后也是延续朱熹的批判，只不过以不同的形式被讲述罢了。

与此文化思潮相关，至今还有一点尚未明晰，即同一时期另外一位在婺州而被朱熹严厉批判的人物是唐仲友。唐仲友（1136—1188），字与政，号说斋。有论者认为他“深受浙东事功风气的熏染生就了一副赤裸裸的地主缙绅的功利嘴脸，是这个风气孕育出来的一个才子加流氓、狎客兼贪官的怪胎”。[①]然而其他观点却认为，他是与朱熹、吕祖谦等人齐名，但受门户之弊以及台州事件牵累，其学说未能流传而令人叹惜的人物，是经史造诣深厚、学以致用的一代大儒。[②]

唐仲友与其他婺州士人的关系，由于相关史料散佚，无法得以确证。但据周学武说，唐仲友在乾道淳熙之际，不仅是婺学的重要人物、永嘉诸子在学术上的同志，而且与永康的陈亮有着姻亲关系（唐仲友的二哥唐仲义与陈亮都为何恢之婿），其弟子叶秀发（字茂叔）、朱质（字仲文）都投身吕祖谦之门。[③]另外，与朱熹对立并发起“庆元党禁”的南宋宰相王淮（金华人），与唐仲友亦有着姻亲关系（王淮之父王师心的女儿嫁与唐仲友的弟弟）。[④]但是，仍不能据此认为唐仲友与同乡士人有着积极的学术交流。被朱熹弹劾之后，除了与他相关的各种传闻以外，其真实的情况已不得而知。对唐仲友的再评价，正是婺州后人在后世做出的。[⑤]对于本文而言，相比于他当时的实际情况，更重要的是之后作为“婺学”叙事中南宋时期的主要人物，他是如何被婺州的后人所讲述的。可以说，他是因为受到朱熹的批判而在思想史中被抹杀，却又因与对朱熹的批判而形成的“婺学”相关联而受到关注。

从作为思想家的朱熹对“婺学”的批评可以发现：一是婺州的学问只是局限于见闻层面，而缺乏对自己身心的全面修养[⑥]；二是基本上，婺学是被“枉尺直寻”的思想

---

① 《朱子大传》，第511页。

② 周学武著：《唐说斋研究》，台北：台湾大学文学院，1973年，第10、118页。

③ 《唐说斋研究》，第2页。

④ 《唐说斋研究》，第28页。

⑤ 宋濂《唐仲友补传》、苏伯衡《说斋先生文粹序》（《苏平仲文集》卷5）等即此之代表。

⑥ 〔宋〕朱熹：《答陈肤仲（一）》，《朱子文集》卷49，〔宋〕朱熹撰，郭齐、尹波点校：《朱熹集》，四川教育出版社，1996年，第2386页。

所支配的[①]；三是支撑其学问的是"史学"[②]。所谓"近年道学外面被俗人攻击，里面被吾党作坏。婺州自伯恭死后，百怪都出"[③]这种强烈针对婺学的警戒心，是思想家朱熹毫不退让的界线。

然而，就后世之人的所见而言，朱熹并不需要如此警惕。为什么呢？因为正是朱熹所顾忌的婺州，反倒汲取了其女婿黄榦的学统而作为正统学问的发源地被讲述的。这就是"金华四先生"的时代。

三、外来的正统性：金华四先生的时代及其之后

"金华四先生"亦称"北山四先生"，指何基、王柏、金履祥、许谦四人。何基（1188—1268），婺州金华人，字子恭，谥文定，世称北山先生。何基受教于朱熹的高足、女婿黄榦，在地方培养优秀子弟，故被誉为金华地区传承朱子学正统的人物。王柏（1197—1274），婺州金华人，字会之，又字仲会、仲晦，因仰慕诸葛亮而号长啸，后又因立志于朱子之道而改号鲁斋，谥文宪，何基弟子。在其所著的《书疑》《诗疑》以及有关《大学》《中庸》的见解中，因批判性和独断性而毁誉参半。金履祥（1232—1303），婺州兰溪人，字吉父，号次农，谥文安，世称仁山先生，从学于王柏、何基。他虽被归作"元代之人"，但其本人却是作为宋之遗民而生活在元代。金履祥相当博识，天文、地理、礼乐、兵谋等无所不通，并具备扎实的实证学风，留传有《大学章句疏义》《尚书表注》《通鉴前编》《濂洛风雅》等著述。许谦（1269—1337），婺州金华人，字益之，谥文懿，自号白云山人，金履祥门人，与许衡并称"南北二许"。与其师金履祥一样，他不仕元朝而专心讲学，名望甚高，一生中有来自全国的学生千余人。[④]

黄百家有"鲁斋、仁山、白云既纯然得朱子之学髓……是数紫阳之嫡子，端在金

---

① 《答吕子约（二六）》，《朱子文集》卷47，《朱熹集》，第2302页；《答路德章》，《朱子文集》卷54，《朱熹集》，第2719页。

② 以下材料充分反映了朱熹的"史学"观："先生说：'看史只如看人相打。相打有甚好看处。陈同甫一生被史坏了。'直卿言：'东莱教学者看史，亦被史坏。'"（〔宋〕朱熹：《陈君举》，〔宋〕黎靖德编，王星贤点校：《朱子语类》卷123，中华书局，1986年，第2965页）

③ 《与刘子澄（十一）》，《朱子文集》卷35，《朱熹集》，第1552页。

④ 侯外庐主编的《宋明理学史》第23章《金华朱学的主要特点和历史影响》（黄宣民撰写）中对"金华四先生"的思想有详细论述。

华也”的评价。上文提到的马渊昌也的论文亦指出：“金华的士人领袖间，有关朱熹及其功绩、思想的赞誉几乎是一直可见的。”“可以看出，金华的性理学就是继承朱熹。”在讨论“金华四先生”及其之后的思想家时，“紫阳之嫡子”的画像无疑具有重要影响。[①]

“金华四先生”最初并非这样的“四先生”，有关他们的叙述也不仅仅是“朱子之学髓”。据王柏《何北山先生行状》记载，何基于临川见黄榦“始知伊洛之渊源”，临别时被授以“但读熟四书，使胸次浃洽，道理自见”之教，遂对此终生不忘。[②]对于“隐居求志，不愿人之知”的何基，也有人批评他是“有体而无用者”，而且还提到“涤之以祖父读书之泽，培之以师友道义之传”，认为他理所当然地受到家学之影响。[③]最后《何北山先生行状》以“谱入于儒行，谱入于隐民，或谱入于考亭弟子后，惟太史氏采择焉”作为结束语，可见当时对何基的叙述和评价尚未有定论。

叶由庚在《圹志》中，明确提出何基、王柏是得“考亭之传”。[④]柳贯则在《故宋迪功郎史馆编校仁山先生金公行状》中，提出“文宪王公之学，得之文定何公。何公则得之文肃黄公。黄公则文公子，朱子之高第弟子也。其授受之渊源，粹然一出于正”。[⑤]黄溍亦在《白云许先生（谦）墓志铭》中认为，何、王、金“三先生皆婺人，学者推原统绪，必以三先生为朱子之世”；“朱子之道至先生而益尊”。[⑥]可见，伴随着思想的延续，其叙述被不断整理，意识也越发明确。

---

① 荒木见悟也强调：“必须承认金华地区何、王、金、许传承朱子学的功绩，但是其中到底有哪些新颖关键的真髓被传授，这一点亦应存疑。”（《明代思想研究》，第12页）但是以下论述中将不考虑“真髓”的问题，而是寻找他们的特点，至于有何价值则是另外的问题。

② 〔宋〕王柏：《何北山先生行状》，〔宋〕何基撰：《何北山先生遗集》卷4《附录》，民国补修《金华丛书》本。

③ 伊原弘《宋代婺州における官戸の婚姻関係》（《中央大学大学院論究》第5卷第1号，1974年）一文中讨论的义乌何氏是否为同族还不清楚，但金华何氏也与前文提到的唐氏、王氏有密切关系。何基的祖父何松（隆兴元年进士）与唐士耻的母亲为兄妹。《四库全书总目提要》卷164“《灵岩集》十卷”条下唐士耻为“唐仲友的犹子”，《宋人传记资料索引》中为“唐仲友的次子”。唐仲友之子唐士俊、唐士特、唐士济皆与何氏有姻亲关系。另外，何基与王师心的孙辈亦有联姻。

④ 〔宋〕叶由庚：《圹志》，〔宋〕王柏撰：《鲁斋集》附录，《金华丛书》本。

⑤ 〔宋〕柳贯：《故宋迪功郎史馆编校仁山先生金公行状》，〔宋〕金履祥撰：《仁山集》附录，商务印书馆，1935年，第100页。

⑥ 〔元〕黄溍：《白云许先生（谦）墓志铭》，〔元〕黄溍撰：《金华黄先生文集》卷32，《四部丛刊》本。

而越是被整理，其他的可能性就越是会被遗忘和遮蔽。例如，王柏也是著名的婺州王氏[①]一员，其本人对此也有很强的自觉意识。[②]如前所述，王柏是王淮的同族，与其相近的族人中，亦有人受教于朱熹。[③]就此而言，仅用“紫阳之嫡子”的说法形容他有所不当。另外，对王柏而言，婺州还是吕祖谦曾经讲学的地方。有关《古易》，他曾说：“顾婺为子吕子讲道之邦，反缺是书，某窃病焉。”[④]又说：“昔东莱先生吕成公讲道于金华，四方学子云合而影从。虽儒宗文师磊落相望，亦莫不折官位、抑辈行，愿就弟子列。”[⑤]此处不难窥见其对婺州的看法。在王柏看来，自己的家族与吕祖谦所代表的婺州传统是不同的，而朱熹的学统又是另一方面。这样的想法对王柏来说是很自然的。

婺州的北山阵营“事实上”也是杰出的一派。何基曾向朱熹的女婿黄榦求教这一点经常被追溯和强调。“金华四先生”的“故事”之所以能成立，不是继承吕祖谦、陈亮等人的地方传统，而是何基向黄榦求教（地点在江西）这一点。被朱熹视作威胁的婺州，由于何基在其父任临川县丞时有幸求教于朱熹的女婿，使过往的伤痕得到抚平，成为本地转变为“紫阳之嫡子”居住的“小邹鲁”的重要依据。

然而，把这样的自我认识（或者说当时人们的认识）看作本来如此的“客观事实”反复宣扬，反而会出现丢失其独立性、多样性的危险。王柏有文字学著作《大尔雅》（5卷）、《六义字原》（2卷）、《墨林类考》（20卷），文章学著作《文章复古》（70卷）、《文章指南》（10卷）。如果从“紫阳之嫡子”来看，这些方面就都会被隐去。金履祥、

---

① 有关婺州王氏的论述，可参考程元敏著：《王柏之生平与学术》（台北：学海出版社，1975年）、伊原弘《宋代婺州における官戸の婚姻関係》、Bossler, *Powerful Relations—Kinship, Status, and the State in Sung China (960-1279)*。如前注所言，唐氏与何氏有着密切的关系，从王氏、何氏、唐氏的宗族来考察“婺学”亦有必要。婺州地区，还有吕氏、义门郑氏以及元末明初苏辙一脉中诞生文学家苏伯衡的苏氏、元代黄庭坚一脉中诞生文学家黄溍的黄氏。有关吕氏家族，可参考衣川强《宋代の名族——河南吕氏の場合》（《人文论集》第9卷第1、2号，1973年），义门郑氏可参考檀上宽《明朝専制支配の史的構造》，婺州苏氏可参考舒大刚《三苏后代研究》（巴蜀书社，1995年）。另外，井上徹《中国の宗族と国家の礼制——宗法主義の視点からの分析》（东京：研文出版，2000年）中有关浙东地区的宗族文化，亦结合实况绘有关系图。

② “吾宗亦金华之望”（《上宗长书》，《鲁斋王文宪公文集》卷8）。

③ 王柏的父亲王瀚师事朱熹、吕祖谦，王瀚之弟王洽、王汉师事朱熹，祖父王师愈从学杨时。另外《西汉年纪》的作者王益之、《舆地纪胜》的作者王象之、参与《元史》编撰的王袆等皆为其同族。

④ 《古易跋》，《鲁斋王文宪公文集》卷11。

⑤ 《跋丽泽诸友帖》，《鲁斋王文宪公文集》卷12。

许谦曾研读四书，同时也研读《诗》《书》《春秋》。与王柏一样，研读经书同样是他们的专长。《诗》暂且不论，朱熹对于《书》和《春秋》没有专门的注释，然“四先生”在继承“正统”之后，对此加以注释也就自然无妨了，而他们解释和思考的起点在于朱熹，也是毫无疑问的。若如此，我们还有必要反复提出“紫阳之嫡子”这样的叙述吗？[①]有关金履祥对古代史研究的偏好和志向等，我们将在下一节讨论。[②]

我想有两点应当注意，一是“故事”还有其他的可能性；二是即使如此仍然有可能被单一的“故事”所主导。换言之，在各种可能的叙事中，继承黄榦正统之教的“金华四先生”这一点被选择了，之后作为思想史叙述的概括手段又被不断使用。相比历史的事实而言，难道就没有将“金华四先生”作为本地当时学术繁盛的一个象征或标志而加以综合把握的必要性吗？[③]

---

① 金谷治在《疑古の歴史——南宋》(《金谷治中国思想論集（下）》，东京：平河出版社，1997年）一文中指出：“王柏的疑古是由朱子学‘格物穷理’而产生的，这可以上溯到欧阳修的影响。……这一点以往不受重视，但是作为朱子学的一个脉络，我认为是重要的。王柏确立了这一自信，才勇敢地以独立的观点批判众多经传。”但我认为，本文讨论的内容与这种观点并不冲突。过于拘束“紫阳之嫡传”，有可能陷入重要一面“不受重视”的情况。另外，孙奇逢（1584—1675）《理学宗传》卷18《宋儒考》称王柏“古博之士，在辞艺上做工夫者”。

② 孙克宽指出：“金履祥的史学与经世之志互为表里，这一点不是继承了‘东莱文献’与‘龙川事功’的传统吗？”“金华之学，金履祥以后重视史学，留心于经世济民，统合吕、朱、陈之学。”（孙克宽著：《元代金华学术》，台中：东海大学出版，1976年）感谢马渊昌也提供该文的复印件。

③ 此处最重要的就是“相互性”，这一观点受到以下两项研究的启发。（1）杨念群《儒学地域化的近代形态——三大知识群体互动的比较研究》中关于近代思想史的研究对象与本文完全不同，但是该书第5章《权力凝聚的象征：湖湘书院与区域文化霸权》的观点值得重视。岳麓书院具有崇祀地方先贤的千年传统，但是“朱熹与张栻会讲”的事实却被“符号资本”化，即“区域崇祀对象”（张栻）与“官学偶像”（朱熹）之间呼应整合，产生了超越地域性的凝集力量，建立起“区域文化霸权”。有关岳麓书院的看法是否恰当，暂且不论，我想指出的是，婺州“紫阳之嫡传”的样式也可参照此权力构造来讨论（杨念群：《儒学地域化的近代形态——三大知识群体互动的比较研究》，三联书店，1997年）。（2）市来津由彦从“包括官僚、科举体系等的中央政治统治系统的结合”与“地域社会结合”两个方面考察朱熹与吕祖谦的讲学方式，提出“吕祖谦的人脉偏重前者，朱熹的人脉结合较偏重后者”的结论（〔日〕市来津由彦：《朱熹・呂祖謙講学試論》，《宋代社会のネットワーク》，东京：汲古书院，1998年，第373页）。何、王、金、许等人基本上都是远离官场，终身在地方讲学。由此而言，“金华四先生”确实是“紫阳之嫡传”。许谦以后，这一学脉与中央政权联结紧密（参见下一注释），此时吕祖谦的传统更能够发挥作用。接近中央的“地方传统”与紧密扎根地方的“外来传统”交织在一起，并在这一巧妙的平衡当中，给婺州学术带来了活力。以上两种见解虽然相反，但是从婺州的“地域性”与朱子学的“外来正统性”相互结合、相互作用来看，则是相同的。

四、其他的叙事：金华四先生的时代及其之后

“从其他方面讲述的故事”，事实上前文已经提出。在何、王、金、许四人被合称为“金华四先生”的元代中期至明代早期，以其为中心的“婺学”就已充满了自信的声音。下文将从“文”“史”“标抹”的角度进行叙述，虽然也可以说这是时代变迁所引起的思想变化。[①]

在《宋元学案》以“遂成为文章之士”而加以批判的义乌人中，王祎（1322—1374）是其中的代表。好像预见到自己后世要遭受这样的批评一样，王祎反而提出了如下的“婺学”观：

> 尚论吾婺学术之懿，宋南渡以还，东莱吕成公、龙川陈文毅公、说斋大著唐公同时并兴。吕公以圣贤之学自任，上继道统之重。唐公之学盖深究帝王经世之大谊，而陈公复明乎皇帝王霸之略，而有志于事功者也。即其所自立者，观之虽不能苟同，然其为道皆著于文也，其文皆所以载道也。文义、道学，曷有异乎哉？[②]

在王祎来，“婺学”的根本精神要从“文”中看出。因为王祎自己就是所谓的“文章之士”，因而我们不能完全采纳其观点，但这也是主张婺学正当性的一种“叙事”方式。（结合中唐以后的“古文复兴运动”把握“宋学”现象，这难道不是非常“妥当”的观点吗？）立足于“文”而描绘“婺学”思想史，还有如下依据。引文虽然较长，但是在思考“婺学”多样性方面，这是非常重要的资料，故不厌其烦

---

① 关于“时代”这一点，檀上宽说：“吴直方正是金华浦江出身。当时的金华是继承朱子学正统的思想中心，形成了所谓的‘金华学派’。……这一时代的中央政界中，金华出身的士人非常突出。就金华学派的系统而言……吴直方以外还有黄溍、柳贯。”（《明朝専制支配の史的構造》，第202页）“方孝孺正是当时浙东学派的领袖，背后具有浙东思潮的传统……难道建文政权内部不是存在着代表方孝孺、以翰林院为中心实现其理想的‘浙东群体’吗？”（《明朝専制支配の史的構造》，第416页）另外，从更广阔的视野来看“江南史”，中砂明德的研究中所谈及的元代的金华地区，亦可供参考（〔日〕中砂明德：《江南史の水脈——南宋・元・明の展望》，《中央ユーラシアの統合》，东京：岩波书店，1997年）。

② 〔元〕王祎：《送胡先生序》，《王忠文集》卷5，《四库全书》本。

而录于下。

> 自吾婺而论之，宋南渡后东莱吕氏……说斋唐氏……龙川陈氏……为其学术不同，其见于文章亦各自成其家。而香溪范氏、所性时氏，先后又间出，皆博极乎经史，为文温润缜练，复自成一家之言。入国朝以来，则浦阳柳公、乌伤黄公并时而作。柳公之学博而有要，其为文也闳肆而渊厚。黄公之学精而能畅，其于文也典实而周密，遂皆羽翼乎圣学，黼黻乎帝猷。踵二公而作者为吴正传氏、张子长氏、吴立夫氏。吴氏深于经，张氏长于史，而立夫之学尤超卓其文，皆可谓善于驰骋者焉。然当吕氏、唐氏、陈氏之并起也，新安朱子方集圣贤之大成，为道学之宗师，于三氏之学极有异同。其门人曰勉斋黄氏……自何氏而下皆婺人。论者以为，朱氏之世适，故近时言理学者婺为最盛。然为其学者上而性命之微，下而训诂之细，讲说甚悉，其颇见于文章者亦可以验其学术之所在矣。呜呼！尚论吾邦之文章所谓无是言则是理阙焉者，固班班而是，而有之无补，无之无阙焉者，尚足谓之文乎？[①]

《宋元学案》在后世发出的非难，好像王祎当时已经有所感受。对于身边这样的声音，他当然要主张自己的“文章之学”与圣贤之学并非相背而驰，而是对婺州学问传统的忠实继承。这一主张并非仅止于辩解，王祎还大力强调“天地之间，物之至著而至久者，其文乎”，与“妙而不可见”之“道”相即不离的是“形而可见”之“文”。[②]立足于这样对“文”的理解而赞赏“婺学”，这才是王祎真正的用意。如此由“文”出发的视点，作为同样有意义的叙事方式，是值得关注的。

与王祎同时代的婺州浦江人宋濂（1310—1381）[③]，亦有强烈的对“文”的偏好与志

---

① 《宋景濂文集序》,《王忠文集》卷5。

② 《文原》,《王忠文集》卷20。

③ 关于宋濂的研究，除荒木见悟《明代思想研究》的相关部分外，三浦秀一的《宋濂『龍門子凝道記』と元末明初の諸「子」》(《集刊東洋学》第79号，1998年）与《元末の宋濂と儒仏道三教思想》(《東洋古典学研究》六，1998年）也有详细论述。不仅限于宋濂，三浦的论文是研究元末明初思想的必读资料，尤其值得注意的是《元末の宋濂と儒仏道三教思想》一文围绕“文”“心”而对王祎与宋濂所展开的深入探讨。包括王祎、宋濂等人在内的当时的文坛状况，可参见龚显宗《明初越派文学批评研究》(台北：文史哲出版社，1988年）。

向。上文所引王祎的资料中，即有对宋濂“文章”的称赞。不过我这里想特别考察一下宋濂自身偏好的“史”。

> 曰：“金华之学何如？”曰：“中原文献之传赖此不绝耳。盖粹然一出于正，稽经以该物理，订史以参事情，古之学者亦如是尔。”①

在此之前，还有“‘永康之学如何？’曰：‘气豪亦学之偏者也’”这样的问答。这里的“金华之学”，并不等同于“婺学”，而是专指吕祖谦的学问。这充分反映了浦江人宋濂对于“金华之学”的印象。

> 或问龙门子曰：“金华之学惟史最优，其于经则不密察矣，何居？”龙门子曰：“何为经？”曰：“《易》《诗》《书》《春秋》是也。”曰：“何为史也？”曰：“迁、固以来所著是也。”曰：“子但知后世之史而不知圣人之史也。《易》《诗》固经矣。若《书》、若《春秋》，庸非虞、夏、商、周之史乎？古之人曷尝有经史之异哉？凡理足以牖民，事足以弼化，皆取之以为训耳。未可以歧而二之，谓优于史而不密察于经。曲学之士固亦有之，而非所以议金华也。”②

虽然这里的“金华”并非直接等同于“婺”，但是宋濂有关“地方”的形象（自我认识）以及“婺”的意识，通过浦江人所谓的“金华”而被感受到并展现了出来。将“经”与“史”视为一体的宋濂的回答，以及“金华之学”的特长在于“史”的提问，都是对“婺学”的一种叙事。它作为思想史理解中另外一条具有辅助作用的线索，我们有必要将之纳入我们的视野。考虑到南宋朱熹认为“婺学”的特长要在“史”中发现的主张，也就更加证明了这是完全可以成立的叙事方式。

另外想讨论的一点是婺州流传的“标抹”传统。在王柏的《何北山先生行状》中，可以见到“无一书一集不加标注……无一书一集不施朱抹”的记述。与王、金、许三

---

① 〔元〕宋濂撰：《段干微》，《龙门子凝道记》卷下，商务印书馆，1937年。

② 《大学微》，《龙门子凝道记》卷下。

人有关的史料中，也能够见到许多类似的记述。高津孝认为，"评点"是"给文本标上附加要素"的行为。现在可以确认，最早的评点本为吕祖谦所作。而作为"批评文章的一种形态"的"评点本"与"为了帮助理解内容"的"标点本"，正是"实学的永嘉之学"与"思辨的程朱之学"的区别之所在。①

高津孝提到，进行评点的婺州人有吕祖谦、唐仲友、何基、王柏、吴渭等。②从逻辑上来看，确如高津孝所言③，然而当时之人如何考虑又是另外的问题。关于朱熹用"抹"、吕祖谦用"标注"，程元敏曾说："何基、王柏、金履祥统一朱、吕所用的方法，补充修订，发展为专门学问。"④龚道运则引用吴师道（1283—1344）所谓"自东莱吕成公用工诸书，点正句读，加以标抹"的说法，指出何、王、金、许等人继承了这一传统。⑤确实，王柏曾批点标注四书、《资治通鉴纲目》《敬斋箴》，金履祥曾批点标注《中庸》《易传》等。许谦曾批点标注四书，据说还曾点校《书集传》《仪礼》（皆已不存）。理论的问题暂且不论，至少婺州后学吴师道要在吕祖谦处寻求"标抹点书"的传统渊源（直接的证明就是《礼部集》卷20《请传习许益之先生点书公文》），这是不得不予以重视的。它虽然显得微不足道，但是"婺学"的叙事就在这里。

综上所述，本节试图以其他的图式对"婺学"进行考察，并举出了"文""史"和"标抹"三个方面，而所引用的原始资料全部是许谦以后的婺州人士，这些大概全都来自于元末明初固有的问题意识。但是谁又可以说，他们对"婺学"的理解是错误的呢？他们只是从知识传统中抽取出某些要素并用作自己的思想依据，进而如此这般

---

① 〔日〕高津孝：《宋元評点考》，《鹿児島大学法文学部紀要・人文学科論集》第31号，1990年。

② 吴渭，字清翁，号潜斋，浦江人，元初在浦江仙华山开设月泉吟社。月泉吟社以宋朝遗民方凤、谢翱、吴思齐为中心，是当时本地重要的诗社。此时以月泉吟社为中心的诗社活动，可参见欧阳光《宋元诗社研究丛稿》（广东高等教育出版社，1996年）。

③ 但是对于以"永嘉之学"为支柱，而且将之与"程朱之学"完全对立的观点，我们难以认同。有名可考的婺州人很多，而且"实用的""思辨的"标签具有多大的有效性，这还有疑问。有关"功利""事功"的标签，早坂俊广《陳亮の道学ー「西銘説」を中心にしてー》（《日本中国学会報》第45号，1993年）一文亦有质疑。

④ 程元敏：《宋元之际的学者金履祥及其遗著》，《宋史研究集》第4辑，1969年。

⑤ 龚道运：《朱学论丛》，台北：文史哲出版社，1985年，第97页。

地去看、去说。另外，以上三点皆与吕祖谦相关[①]，这可以说是朱子学的婺学化渗透，以及向婺学本来面目的复归。婺学将“外来的正统性”也全部纳入自家框架，从而迎来了婺学的全盛期。

五、再编的记忆：“思想史”中的“婺学”

然而，即使学术上达到了如此高度，宋濂等明初“浙东地主”被明太祖朱元璋舍弃，宋濂的弟子方孝孺被明成祖朱棣杀害之时，“婺学”也就到达了终点，“婺学”的帷幕亦就此落下。[②]之后，“婺学”只是作为文字的“思想史”而存在。[③]各种各样的思想史对各种“婺学”叙事（或许除本文所述之外还有无数种），进行整理和改编。例如嘉庆二年（1797）浦江人戴殿江所撰的《金华理学粹编》，即高度称赞陆陇其[④]，并以其对朱子学的理解而再构了金华地区的思想史。该书卷1虽然将吕祖谦作为“理学大宗”而详加介绍，但同时也收录了朱熹对他的大量批评，是褒是贬，难以辨别。另外，《明史》《明儒学案》《明人传记资料索引》都没有提及的孙扬（号石台），在卷9《理学正传》中被作为“朱子私淑门人”以一卷篇幅作了介绍。而他之所以受到如此规格的对待，乃是以陆陇其的朱子学标准来看，他具有绝对的正统性。《金华理学粹编》一书在

---

① 关于“标抹”以外的“文”和“史”，从刘昭仁《吕东莱之文学与史学》（台北：文史哲出版社，1986年）的书名中即能看出。有关“史”，可参考前文第169页脚注②所引用的朱熹观点。有关“文”，可参考前文所引用的市来津由彦论文中指出吕祖谦肯定科举的文章之学（《朱熹・呂祖謙講学試論》，《宋代社会のネットワーク》，第371页）。

② 檀上宽认为：“方孝孺的思想与行动亦是浙东思想的结晶，所以建文政权的崩溃也导致了浙东学派的衰落。”（《明朝專制支配の史的構造》，第416页）廖可斌认为：“浙东派文人后来的命运也很悲惨。……浙东派衰落后，其文学思想却继续被奉为正统，为紧接着兴起的江西派所继承。”（廖可斌：《论浙东派》，《浙江学刊》1992年第2期）考虑到解缙、胡广、杨士奇等人主导了明成祖时期的学术，所以又可以说是从浙东时代变成江西时代。

③ 当然，何、王、金、许的后继者中，还有可称为“金华五先生”的章懋（1437—1522），以及因写作《诗薮》而著名的文学家胡应麟（1551—1602）等人物（都是兰溪人），但整体而言，或者作为“值得讨论的问题”，却不得不说已经结束了。

④ 陆陇其（1630—1692），字稼书，浙江平湖人，清雍正二年（1724）从祀孔庙，乾隆元年（1736）追谥清献。著作有《松阳讲义》《问学录》《三鱼堂文集》等。“稼书的学问是醇正的朱子学。作为正学，陆继承并拥护朱子学，作为近于禅学的歧学，陆批判陆王学的体系，并为之倾尽全力。”［〔日〕山井湧：《陸稼書》，《朱子学大系》第11卷《朱子の後継（下）》，东京：明德出版社，1978年］

当时到底有何种广度、深度以及持久的影响力，现已不得而知，不过这也确实表现出清代思想史的一个方面[①]。

随着清末科举制度的废除以及中华民国的建立，在之后的“思想史”上，必然将婺学定位于“科学的”“实证的”，然而问题亦并非如此简单。

《浙东学派溯源》一书是当代讨论浙东思想学术的重要著作。1989年中华书局版的出版说明中提到，该书的初版是1930年《东方杂志》第27卷以《程朱辨异》为题发表的论文，再加修订后，于1933年由商务印书馆出版。作者何炳松（1890—1946）是中国近代著名的史学家、教育家和出版家。

该书基于“要研究中国史学史必须研究中国学术思想史，要研究中国学术思想史必须研究浙东学术史，要研究浙东学术史必须追溯浙东学说的渊源”[②]的观点，将浙东学术的渊源一直上溯至北宋程颐。“程氏学说本以无妄与怀疑为主，此与史学之根本原理最为相近。加以程氏教人多读古书，多识前言往行，并实行所知，此实由经入史之枢纽。传其学者多为浙东人。”[③]何氏认为，保持着这种渊源关系的、延续不断的“浙东史学”学派，是与朱子学、陆王学并肩的、南宋以后中国学术史的第三大学派。该书的大部分内容是将“程氏”与朱熹的学说相比较，认为只有“科学的”“客观的”“唯物的”程氏思想才是“儒学正宗”，并且与“儒化的道士”的朱熹思想在根本上是互不

---

① 当然，清代的情况并非全部如此。例如本文提到的《宋元学案》的编纂人员黄百家（1643—1709）、全祖望（1705—1755）、王梓材（1792—1851），皆为浙东人（黄为余姚人，全、王为鄞县人）。小岛毅在《中国近世における礼の言説》中指出：《明儒学案》的地域偏向性和自尊主义，也是阅读《宋元学案》时需要注意的。但是，根据山口久和的分析，浙东人章学诚（1738—1801）却从自己的“浙东学术”的构想中移除了“婺学”思想家，反而是在河北容城人孙奇逢的《理学宗传》中，收录了吕祖谦、何基、王柏、金履祥、胡长孺、章懋等人。考虑到与两部学案相比，《理学宗传》收录的人较少，因而更突显出它的重要性。这不仅从孙奇逢继承余姚人王守仁之学的角度来看，有必要予以保留，而且从其他地域出身的角度来看，这些都是重要的思想家。（但孙奇逢以“婺学”“金华”的框架来加以区分，却值得商榷。）另外，清代至民国时期，值得注意的是所谓“郡邑类”丛书的陆续刊行。从1924年傅增湘（四川人，民国时期曾任教育总长）所作的《续金华丛书》序文来看，由于咸丰、同治年间的军事原因，典籍散佚，于是各省开始重视出版印刷事业。“士大夫贤且有力者”也开始印刷善本，嘉惠学术。其中，永康胡月樵先生（凤丹）于同治年间印刷刊行了金华一郡的《金华丛书》，受此影响，杭州、嘉兴、温州、常州、畿辅等郡邑丛书也陆续刊行。月樵先生之子胡季樵（宗楙）增补前集之缺，后又刊行了《续金华丛书》。在这一时代，地域色彩浓厚的丛书被相继出版，我们亦是在此基础上并在其框架中（反过来也可以说受其限制）进行研究的，这一点切不可忽略。

② 何炳松著：《浙东学派溯源》，中华书局，1989年，自序，第5页。

③《浙东学派溯源》，自序，第3页。

相容的。

何氏类似的论述还非常多，在此不再一一列举。在有关师承关系的部分，该书在明确标记"程颐"的同时，在思想分析中只记作"程氏"，这大概是因为何氏自己也意识到其理论有欠妥之处，而不得不稍微做些回避。该书中存在某些断章取义、牵强论证的方法，山口久和曾说："我想指出何炳松的《浙东学派溯源》所说的程颐学脉说是不成立的。"①

> 何君炳松，字柏丞，世居浙属金华县北乡之后溪何，其先世南宋何文定公基实开北山学派之宗，即世称北山先生者也。……父寿铨，入学后不乐仕进，笃守朱学，为一时老师……母宗为南宋名臣义乌宗忠简公②之遗裔。……改旧丽正书院为金华府中学堂，君即以是年入学肄业。年十七，以优异由校保送入浙江高等学堂预备科；年二十，升入正科。年二十三，毕业。以在校无试不冠军，浙省府乃以公费资送君赴美国留学，时民国元年冬也。君抵美后，先入西美之加利福尼亚大学补习，次年夏，考入中美之威斯康辛大学，习史学及政治学。民国三年秋，威斯康辛大学约君兼助教，……明年夏卒所业，得荣誉奖及学士学位。秋转入普林斯敦大学研究院，专攻现代史及国际政治，期年即得硕士学位而归，时民国五年，即公元一九一六年也。……民国六年，受北京大学校长蔡元培聘，授预科西洋史。……民国十一年，君改应浙省聘，归长浙江第一师范学校。……民国十三年去浙而膺上海商务印书馆之聘，主持百科全书之编译。……是年冬，君复以宿望膺选为中华学艺社理事长，时民国二十三年君年四十五矣。明年夏，国民政府简君为暨南大学校长，……不三年而校风丕变。……民国三十四年……明年春，君遂先归上海，筹备复校，……是年七月，病转剧，卒于月之二十五日上午三时七分殁于上海绍兴路之中华学艺社大厦中，享年五十有七。③

① 〔日〕山口久和：《章学誠の知識論——考証学批判を中心として》，东京：创文社，1998年，第41页。

② 宗泽（1060—1128），字汝霖，谥忠简，北宋哲宗元祐六年（1091）进士，其南宋初期的事迹可参见寺地遵《南宋初期政治史研究》（广岛：溪水社，1988年）。义乌出身的宗泽也是婺州传统的一部分。

③ 金兆梓：《何炳松传》，刘寅生等编：《何炳松纪念文集》，华东师范大学出版社，1990年，第224—227页。

何炳松的著作有《中古欧洲史》（商务印书馆，1924年）、《历史研究法》（商务印书馆，1927年）、《外国史》（商务印书馆，1934年），译著有《新史学》（鲁滨逊著，商务印书馆，1924年）等，可见其专长在于史学理论与西方史的研究。

以下内容仅为推测：由《何炳松传》可知，他最初宗法程朱之学，但在北京大学任教时，将章学城的《文史通义》与鲁滨逊的《新史学》进行比较，思想发生变化，最终舍弃朱子学而转向浙东学派。那么，为何他会将程颐看作"浙东学派"的始祖却又如此严厉地批评朱熹呢？我只能说，他在程颐那里见到了"科学的""客观的""唯物的"内容。其有志于史学，也可看作是向自己先祖所属的"浙东学术"传统的回归，但"故事"还没有结束。山口久和即依据金毓黻"浙东学派非史学"的观点论述，认为不能做武断的肯定或否定。关于章学诚《文史通义》中的"浙东学术"篇，山口久和提出"包含学术上的某种主张意图而呈现的一种思想"的观点[①]，我想也适用于《浙东学派溯源》。

在我看来，《浙东学派溯源》一书是中国近代杰出的史学家何炳松在"浙东史学"的脉络上所尝试建构的自我认知。从"思想史事实"的立场来看，我不认为该书由于缺少实证性而失去了意义。相反，其强烈的叙事性以及作为延续下来的"婺学"叙事的一种变相，我想从这样的角度进行把握是有价值的。

六、结语

"婺学"的"实体"是如何变迁的？或者说"婺学"的"故事"是如何被不断讲述的？这是本文讨论的焦点。因涉及范围很广，想穷尽所有的资料和问题是不可能的。必须承认，我们目前所讨论的不过是个大概的轮廓。如果仅仅将本文看作是"评价史"或"研究史"的整理，或者是所谓"历史研究"的失败之作，我会感到非常遗憾。最后，我想再阐述一下自己的观点。

思想史的研究始于将思想家的"问题"变成研究者自身的"问题"。在此情况下，提出"问题"的我们出现"偏向""选择"是不可避免的。难道我们没有权利将"选择的范围"设定得非常狭窄吗？本文开头已经提到，"婺学"是一个"问题"。我们往

① 《章学誠の知識論——考証学批判を中心として》，第54页。

往倾向于排除非“哲学”（称作“理学”“心学”亦可）的主题，而仅仅抽取其中的“哲学”部分进行讨论。即使这些的确是“问题”，那也首先是我们自己将其作为“问题”而接受的。对于这些“故事”的叙述，我们也应当认真倾听，这难道不是必要的吗？由此看来，我们不应仅着眼于变迁，还应注重累积。思想史不是流变，而是层层的积累。

基于这样的观点，婺州这一“场所”的“故事”如何作为“问题”而被叙述，如何累积变化，这是本文所要讨论的核心。“婺学”是植根于婺州这一地理空间的学派，但是思想家话语、行为的累积也是它在思想史上得以成立的原因，阐明这一点是本文的主旨。本文的讨论在何种程度是恰当的，还需要再进行讨论。另外，婺学与发生叙述转换的明清“乡祀”等问题是如何关联的，也需要进一步加以说明；研究浙东其他地区“故事”的关联性，也需要做出比较性的分析，这些都是有待今后持续研究的课题。

（作者早坂俊广系日本信州大学教授，
译者申绪璐系杭州师范大学公共管理学院哲学系副教授）

从泰州学派看江南儒学的世俗性转化[①]

吴　震

内容提要：从历史上看，儒学作为中国传统文化的主流，自汉代以降就逐渐形成了全域性特征，同时又因扎根于地方社会而呈现出内在多元性特色，即儒学在不同的历史时期或区域社会，有着多元发展的可能性。近年来，"江南儒学"的提出，旨在表明儒学理论并不是色调单一、观念固化的形态，它作为一整套"文化—思想"系统具有丰富的历史性和地方性之特征。在中晚明时代，以泰州学派为代表的阳明心学，其思想主要在民间兴起而构成了中晚明江南儒学的一道亮丽风景。从阳明学的"四民异业而同道"到王艮的"道即事""百姓日用即道"等注重日常伦理观念的提出，助推了精英儒学向社会基层、乡村社区的迅速渗透，由此加速了儒学世俗化的转向，值得我们加以适当的理论关切。

关键词：江南儒学　民间儒学　泰州学派　儒学世俗化

何谓"江南"，在史学意义上对此的定义性描述历来并不十分清晰和确定。本文从当代的视角来反观江南，采用一个宽泛性的"定义"：江南主要是指以江浙沪为中心的接近于"长江三角洲"这一区域性概念。[②]从历史上看，至少在南北朝、唐代中叶以及

---

① 本文为国家社科基金重大项目"多卷本《宋明理学史新编》"（17ZDA023）、浙江省稽山王阳明研究院重点课题"阳明学与民间社会建设研究"（2020ZW0201）的阶段性成果。

② 近年，葛剑雄指出"江南"概念有一番长时段的历史沿革，最终形成了广狭两方面的含义，其狭义是指江苏、浙江（含上海地区）；其广义是指江苏、浙江以外，还包括安徽长江以南以及江西长江南面的部分县区。（葛剑雄：《上海一直是江南的上海》，《解放日报》，2019年6月12日）当然，此前学界对"江南"概念已有丰富考察，此仅举两例：周振鹤：《释江南》，钱伯成主编：《中华文史论丛》第49辑，上海古籍出版社，1992年（又见周振鹤著：《随无涯之旅》，三联书店，1996年）；王家范主编：《明清江南史研究三十年（1978—2008）》，上海古籍出版社，2010年。

南宋的历史时期，相继发生了经济中心和政治中心的南移现象，带动了江南地域政治、经济及文化等多样化的深层发展。由于明代一直存在以北京（时称京师）为主、以南京（时称留都）为次的两大政治中心这一特殊现象，于是，以南京次中心为辐射圈，江南地域的经济文化发展出现了前所未有的繁荣景象。这一现象大致始于16世纪明代中叶，直至整个清代。即便在乾嘉考据学风盛行的时期，以苏州、常州、扬州以及安徽等地为中心的吴派、皖派以及后起的常州学派等学术圈几乎都集中在江南地域，形成了独特而又色彩斑斓的江南文化现象。

近代以来直至当代，江南地域的经济文化发展在某些特定的历史时段，起到了助推甚至引领中国“现代化”转型的作用。故近年来，学术界开始提出“江南儒学”这一概念，并将之引入儒学研究领域，为儒学的整体性研究注入地方性色彩，同时也由区域性儒学研究以充实中国传统文化研究的内在多元性格局。①所以，当今江南儒学研究领域已渐成雏形这一学术现象，很值得关注。②

本文聚焦于明代江南儒学，特指以江南地域为核心所形成的儒家文化现象。我们将考察的历史时间段限定在明代中晚期，即16世纪初至17世纪中叶明代灭亡为止。在这一历史时期，江南儒学主要出现了一股以阳明学为主的心学思潮，构成了整个中晚明时期的思想现象，这是大家耳熟能详的史实。当我们将阳明学思想运动置于中晚明江南地域的背景中来考察的时候，会发现历来由上层社会的儒家精英所主导的思想活动出现了往基层社会下沉的现象，加速了儒学的世俗性转化。这一现象的形成或有一个较为漫长的过程，其中也有一些特殊而又丰富的表现。特别是作为民间儒学的阳明后学之一支的泰州学派在其思想推演过程中儒学世俗化的表现尤为突出，因而具有一定的典型意义。

一、儒学传统历来就有“世俗性”特质

从儒学发生的历史渊源看，在上古中国“轴心突破”的时代，孔子开创的儒学

① 内在多元性相对于外在多元性而言。在宋明时代，以朱子学和阳明学为代表的新儒学的文献和知识已向周边东亚地域扩散，形成了朝鲜儒学或江户儒学等区域性儒学，相应地，也就形成了东亚地域儒家文化的外在多元性格局，成为当今跨文化东亚儒学的一个研究领域，这里不论。参见吴震著:《东亚儒学问题新探》，北京大学出版社，2018年。

② 参见何俊:《江南儒学的提出、指义与分段》,《复旦学报》，2019年第4期。

就已实现了人文主义转向，由夏商时代的“尊神”“尚鬼”的宗教意识转向以“仁义”“道德”（荀子语）为主要关怀的人文意识得以觉醒和张扬，经汉唐经学时代，及至11世纪宋代新儒学运动的推展，一直到16世纪阳明心学的出现，儒学人文主义精神得到了全方位多层次的开拓，不仅经典知识的版图得以改写，而且哲学思辨的义理建构得到了强化；与此同时，在中晚明的心学时代也出现了一些微妙而重大的变化：以经典知识为象征的儒学精神性传统由精英社会向世俗社会发生转移，注重良知实践的心学思想在强调成圣成贤的理想境界之同时，将这一思想精神往下层社会渗透，与当时中晚明社会的商业文化、通俗文化（包括各种稗官小说、宗教劝善书、家庭日用类书等）的发展相融合，表现出儒学的精神性与世俗性的汇通。[①]这一通道的打开，或可从社会经济史的角度来进行考察，但若从思想文化史的角度以观，则可说与阳明学高调宣扬的良知既是个体性存在，又是社会性存在这一思想特质有重要关联，也与阳明学及其后学所大力提倡的“四民异业而同道”[②]“四民异业而同学”[③]的思想开放性不无关系。正是这一思想表述，预示着明代中期以降特别是明清之际，不同社会阶层之间的转移、互动开始变得十分频繁，由此带来的一个现象是：“菁英文化和通俗文化之间的界限也不断游移且变得相当模糊。”[④]

历史表明，阳明心学在晚明社会已成为一场思想运动，继阳明之后的泰州学派对于这场运动的发展起到了推波助澜的作用。泰州学派开创者王艮提出“道即事”这一观点，认为“天道”就存在于人伦日常的世界当中，这就与宋代道学历来强调的“天即理也”（二程语）的抽象规定略显不同，更强调天道就在社会伦理乃至家庭伦理的层面得以展现其自身的价值。这一思想诉求显然更容易在民间社会得到推广，由此迎来

---

① 参见吴震著：《明末清初劝善运动思想研究》，上海人民出版社，2016年；王正华：《生活、知识与文化商品：晚明福建版“日用类书”与其书画门》，《“中央研究院”近代史研究所集刊》第41期，2003年。

② 〔明〕王守仁：《节庵方公墓表》，〔明〕王守仁著，吴光、钱明、董平、姚延福编校：《王阳明全集》卷25，上海古籍出版社，1992年，第941页。余英时认为阳明的这个思想肯定了“商人的社会价值”，可谓是“新儒学伦理史上的一件大事”（余英时著：《士与中国文化》，上海人民出版社，1987年，第527页）。这个论断值得重视。

③ 阳明弟子邹守益在回应“商可学乎”的提问时，引用了阳明“异业而同道”的观点，并提出四民“异业而同学”的主张，见〔明〕邹守益：《示诸生九条》，董平编校整理：《邹守益集》卷15，凤凰出版社，2007年，第728页。

④ 白谦慎著：《傅山的世界：十七世纪中国书法的嬗变》，三联书店，2006年，第11页。

了近世中国第二次儒家文化发展的高潮。其最鲜明的特质在于，儒学加速了世俗化的深刻转变。这就涉及何谓儒学世俗性等问题。

概言之，西方文化史上的所谓“世俗”，原本是相对于“神圣”而言的一个概念，在18世纪欧洲启蒙运动以及宗教改革运动出现了宗教“祛魅化”之后，宗教信仰变得越来越私人化，随之引发了人文主义世俗化的转向，由此带来的后果是西方“现代性”问题的出现，其影响所及至今仍在全球蔓延。[①]然而就中国传统文化的语境看，“世俗”一词早在先秦时代已大量出现[②]，相当于今天所说的“社会”，而并不是与“精神”或“神圣”相对而言的概念，毋宁说，儒家的“世俗”性概念可以容纳精神人文主义[③]。其实，儒学自诞生之初起，世俗性便与之相伴而生，因为儒学在根本上就不是制度性宗教的精神体系，而是强调成己成物的人文教化的精神体系，因而具有贴近日常人伦生活的基本特质。儒学的修身养性学说在强调转化自我的同时，更强调这种转化必须紧扣人生日常的伦理实践，从个人、家庭进而扩展至社会乃至天下国家，从家庭人伦的“亲亲”之爱经由社会治理的“仁民”实践最后实现以天下为关怀的“爱物”——以物世界为对象的博爱精神。同样，个体性的“存心”“养性”最终达至“事天”（孟子语）的实践过程，预设了儒家人文主义精神的归趣在于：在实现“个体转化”的同时，向“他者”推广扩充，最终以实现“社会转化”为理想目标。儒学的这一思想归趣表明，个体精神性必须落实在世俗社会，始能得以全面实现其自身的价值。

从狭义的儒家心性论的角度看，从孟子向王阳明的思想过渡或可说有其思想逻辑发展的必然性。因为在孟子提出“不学不虑”的良知学说以及“人人皆可为尧舜”作为精神性的思想主导之后，到了阳明心学那里有了更深一层的理论推进。从“人人胸中有仲尼”到“不离日用常行内”（阳明语）等观点作为一种思想口号，表明良知作为人的精神性本体本应是一种社会性的普遍存在，既存在于个体性的心灵当中，又存在于社会性的行为当中，故与人的社会生活方式密不可分。根据心学这一基本思想，儒

---

① 参见〔美〕詹姆斯·施密特编，徐向东、卢华萍译：《启蒙运动与现代性：18世纪与20世纪的对话》，上海人民出版社，2005年。

② 如《孟子》出现过2次，《荀子》至少出现过16次。

③ 近年来，杜维明关注西方现代性的世俗人文主义问题，汲取儒家传统文化的资源，提出了“精神人文主义”的理论建构问题，很值得关注（参见陈来主编：《儒学第三期的人文精神：杜维明先生八十寿庆文集》，人民出版社，2019年）。

学作为一种成己之学，在本质上就必然落实为一种不离人伦日用的生活方式。当然，这并不意味着宋明理学（亦含心学）缺乏有关宇宙本体、人性本质等问题的哲学性思维趣向，而是说儒学的精神传统更关注的是人伦世界以及生活世界。同时这也表明儒家哲学从来不是高悬于社会伦常日用之外的抽象言说而已，它是一种注重人之德性以及社会教化的文化形态，其本身便具有贴近人伦生活之基本特征，讲求在伦常日用中践行仁义、彰显德性乃至化民成俗。

二、作为民间儒学的泰州学派更关注“化民成俗”

儒学的世俗性并不意味着儒学的非精神性，因为精神性与世俗性的二元对立并不适合对儒家文化以及阳明心学的客观认知。从学术史的角度看，不必讳言，汉唐儒学的经学化和知识化所带来的后果是儒学精英化或小众化，儒学被奉为一种专深的经典知识而在文字训诂领域受到极大的关注，对于中国传统的知识体系起到了形塑的作用；另一方面，隋唐之后以及崇尚汉学的清代儒学，经典知识被视作应对科举考试的进阶之梯的现象也非常突出，随之带来的一个后果便是，儒学被当作一种客观知识，而渐渐与身心实践发生了脱节的现象。比较而言，宋明时代的新儒学则展现出不同的样态，面对魏晋玄学、隋唐佛学的理论冲击，儒学如何对此作出回应和调适，才是宋代新儒学兴起之初不得不面临的一场思想突破。

作为宋代新儒学运动的结晶，形成了史称“宋明理学”这一特殊理论形态，这一思想运动自发轫开始，儒学便与玄学和佛学形成了某种意义上的“理论竞争”。特别是表现为儒佛两教之争的思想现象，关于这场思想之争，直到16世纪仍然没有偃旗息鼓的迹象，在阳明门下就有学者以为佛老擅长“上一截”（指形上学）而儒家却甘愿“下一截”的学问。对于这个说法，王阳明断然指出：“若论圣人大中至正之道，彻上彻下，只是一贯，更有甚上一截、下一截？”[①]他的意思很明显，“形上学”是一种具有普遍性的哲学理论形态，儒学自有儒学的“形上学”，佛老也有佛老的“形上学”，但绝非佛老所能独揽。这说明，注重儒学社会教化功能的心学家仍然重视儒学的理论性、精神性这一面。从广义宋明理学的角度看，所谓形上学，主要指贯通“性与天道”、实

① 〔明〕吴震解读:《传习录》，第49条，国家图书馆出版社，2018年，第107页。

现“道德性命”的根本学问。而这一理论趣向正表明宋明理学并不缺乏哲学性的问题思考，由此构成了精神儒学或学术儒学的基本旨趣，而作为地方性知识的江南儒学无疑也共享着这一儒学精神性的思想资源。

然而在心学理论强调良知本体为人心本有而现成的同时，更关注个体良知如何外化为社会实践的问题，即如何充分发挥儒学的社会教化功能以推动“致良知”的思想运动，这应当是阳明心学面临的时代课题。在阳明后学当中，王艮开创的泰州学派呈现出儒学世俗性的浓厚色彩。这个学派的人员构成和讲学风格显得与精英儒家很不一样，在中晚明时代有突出的异样表现。按清代考据学家焦循的说法，明代讲学的主要对象是“盐丁、樵夫、窑匠、卖油佣、网巾匠、戍卒、农夫、商贾、胥吏”等，这批人全部是“一介细民，不读书者”；但就是这样一群社会底层的人，掀起了一股讲学风潮，而且竟然“以师道自居”，难以想象的是，“当时贵官大吏，均俯首事之”，结果是“天下汹汹，举国若狂”。[①]当焦循这样说的时候，在他的观念中，“贵官大吏”等儒家精英与本来与读书无缘的“一介细民”存在一道不可逾越的藩篱，而在他头脑里浮现的大概是泰州学派成员在民间社会大力推动讲学的形象。因为很显然，这里列举的第一条“盐丁”正是王艮的身份，而“樵夫”“窑匠”等出身的人物更是泰州学派群体中所常见的。[②]不管怎么说，焦循的上述颇有针对性的批判性说法充分反映了明代讲学活动的社会现象是儒学史上从来未曾有的，从一个侧面反映了以王艮为首的泰州学派思想具有贴近底层社会的平民化色彩；与此同时，将目光专注于基层社会的讲学教化，对于志在社会治理的士大夫官员来说，也不失为一种有效的手段，有助于将那些“一介细民，不读书者”凝聚起来。当然我们也应看到，尽管晚明已然是一个“多元”的时代[③]，但是在社会上真正有能力鼓动讲学的其实主要仍是一批身居官位的儒家士大夫或有一定社会地位的在乡士绅。

不过，王艮虽是一介布衣而且据说年轻时“目不识丁”，但他通过奋发努力的自学，特别是在机缘巧合得以拜阳明为师之后，便抱有一种成圣成贤的理想。关于儒家

---

① 〔清〕焦循著，刘建臻点校：《易余籥录》卷12，《焦循诗文集》，广陵书社，2009年，第821—822页。

② 这一形象大致与黄宗羲在《明儒学案·泰州学案》中的描述是吻合的（参见〔明〕黄宗羲著，沈芝盈点校：《明儒学案》卷32至卷36，中华书局，1985年）。

③ 白谦慎通过对前沿研究已有成果的考察和归纳，得出“晚明：一个多元的时代”这一结论，是有相当说服力的一个说法（参见《傅山的世界：十七世纪中国书法的嬗变》，第8—13页）。

思想他形成了自己的一套独特想法，在继承阳明心学的良知理论的同时，更关注如何将这套良知学说向乡村社区进行推广。在他看来，儒家经典所揭示的圣人之道就存在于日常人伦生活当中，作为儒家士大夫也理应在自己的政治生活以及日常生活中，将儒学的思想精神贯彻到底。他甚至提出了“出必为帝者师；处必为天下万世师”[①]这一在时人看来十分新奇的观点，但这无疑是宋代以来新儒学历史上首次对儒家“出处”问题的一个大胆主张。这种观点表明“出”就要有一种成为“帝者师”的政治担当，“处”则要有一种成为“万世师”的社会担当。就王艮自身而言，作为一介布衣，所谓“出”未必有望，这只能是对儒家士人的一种期待，所谓“处”则应该是人人有望成就的目标。由此可见，以王艮为首的泰州学派的思想体现出一种强烈的社会担当意识。在他们对儒学的认知中，儒学必须适应社会政治的全面发展，不但要改变自己，也要改善社会，同样，阳明学的良知理论也有必要化作整个社会的行为动力。

如果我们将泰州学派视作阳明后学中的一支，而且其成员大多来自社会底层，其讲学活动也大多在乡村社区，那么可以说，泰州学派在所有阳明后学的各流派当中，应当是最为鲜明地表现出儒学世俗化、日常化、平民化之特色的一个学派。从其思想形态而言，泰州学派无疑属于民间儒学的形态，这与其思想追求更注重“化民成俗”有着密不可分的关联。

三、泰州学派思想中的精神性与世俗性特质

归结而言，如下数端最能体现泰州学派的思想性以及世俗性特征：

第一，良知现成说。在王艮看来，阳明学所说的良知作为人之所以为人的心性本体原是“人人具足”“不假外求”“不须防检”的，而且具有“见见成成，自自在在”[②]的自足圆满性。这一良知为心体本有的“现成说”固然与阳明学的良知“当下”性、“见在”性的理论建构有内在关联。然而，从语义学上讲，由于“现成”一词含有时态上已然完成而不必诉诸工夫实践这一含义，故现成良知说就会被解读成：人人都已充分具备圆满自足的良知本体，只要顺其本心良知的发动便可保证行为的正当性，于是，

---

① 〔明〕王艮：《答问补遗》，《明儒王心斋先生遗集》卷1，《王心斋全集》，江苏教育出版社，2001年，第39页。

② 《答问补遗》，《明儒王心斋先生遗集》卷1，第19页。

格物致知、博学审问等一套工夫实践也就可以抛诸脑后、一切放下。在阳明后学的思想发展过程中之所以演变出种种激烈争辩——例如良知与知识之辩、现成良知是否等同现成圣人之辩等便是典型的案例。

第二，日用即道说。根据阳明心学理论，良知不仅是人心本有的现成存在，具有对是非善恶的道德判断力，而且它本身就像“天理”一般，普遍存在于人的日常行为过程中。王艮受其影响，进一步推演出“百姓日用即道”的观点，突出了良知存在具有不离日用的世俗性特征，发展了阳明的良知“不离日用常行内”的思想。相应地，在伦理实践上，致良知无非就是在“人伦日用之间举而措之”（王艮语）的事情；反之，若将良知视作玄妙高深的抽象理论，津津乐道于对良知本体的概念论证，则反而有悖于阳明良知学的根本旨趣。王艮的再传弟子罗汝芳是一位官员士大夫，他在一次社会讲学上，公然提出“捧茶童子却是道也”[①]的观点，引起了热烈的议论。这也说明阳明学主张的良知当下存在、王艮所说的“百姓日用即道”的这种通俗化的讲法，在晚明时代引发了广泛的思想效应，很容易在庶民社会得以推广普及。儒学的世俗性转化也正由此得以不断蔓延和推展。

第三，满街圣人说。在王艮与王阳明的一场对话中，王艮提出了“满街人都是圣人”的观点，王阳明对此提出了委婉的批评：“你见满街人是圣人，满街人到看你是圣人在。”[②]这显示出阳明对满街圣人说有理论上的担忧：人人皆可为尧舜的这一孟子观点不能与人人都是现成圣人画上等号。然而实际上，从阳明晚年屡次强调“心之良知是谓圣”[③]等心学观点来看，“满街圣人”说应是阳明心学的题中应有之义。只是经王艮及其弟子的渲染和传播，“满街圣人”说成了泰州学派的一个思想标识。也正由此，泰州学派乃至阳明学本身在晚明招致了批判性反弹，有学者以为这一思想意味着将人人本具成圣的可能性被解读成每个人都已充分展现出圣人的现实性，如此，则可能导致“诬圣”（聂豹语）的严重后果。事实上，从孟子的“圣人与我同类”经宋代理学所宣扬的“圣人可学而至”（程颐语），再到阳明学的“心之良知是谓圣”，其中贯穿着儒学所主张的“即凡而圣”的一条内在理路。只是经由阳明学的思想渲染，儒学的这一思

---

① 〔明〕罗汝芳著：《明道录》卷3，京都：中文出版社“和刻近世汉籍丛刊”，第108页。

② 《传习录》，第313条，第480页。

③ 《答季明德》，《王阳明全集》卷6，第213页；《书魏师孟卷》，《王阳明全集》卷8，第280页。

想传统得到了极大的张扬，由“满街圣人”说进而推导出“圣凡一律”“圣凡平等”[①]等观念主张。于是，圣凡之间的知识落差变得不再重要，重要的是“成圣”的信念是否坚定。所以，“满街圣人”与其说是对满街人都是“现成圣人”[②]的直接肯定，还不如是说满街人都有成圣的潜在可能性。成就圣人作为儒家预设的理想人格的境界目标，固然需要一套严密的工夫实践才有可能，但其前提却是能否坚信“圣人”如同“良知”一般，是在任何人的内心中作为本质而存在的这一信念。依照阳明心学的理路，这才是实现圣人之理想境界的本体论预设。

第四，格物安身说。王艮的“淮南格物”说，是以安身立本来诠释“格物”，提出了不尽同于阳明以“正心”为要旨的格物说，成为王艮思想的一大亮点。其核心观点是：根据《大学》“物有本末”的基本观点，结合《大学》的“自天子以至于庶人，一是皆以修身为本”的经典表述，因此，格物工夫必须“以身为本，家国天下为末”，由安身以立本，进而实现家齐、国治、天下平，其中的关键就在于“立本安身”或“尊身立本”，通过安身保身，最终能使人人都成为“天地万物主”（王艮语）。王艮以“修身”为本的格物说在后世竟得到了较积极的回应，儒家精英刘宗周甚至认定唯有“淮南格物”说对格物的解释最为妥切，当代新儒家唐君毅对此也有基本的认同。[③]但在我们看来，以身为本的淮南格物说固然是对儒家修身传统的一种接续和阐扬，然而很显然，这其实就是阳明学主张的“格物之功只在身心上做”的心学观点。[④]

---

① 阳明弟子王畿指出：“善与人同，是圣凡皆是平等。”（引自〔明〕罗洪先：《冬游记》，徐儒宗编校整理：《罗洪先集》卷3，凤凰出版社，2007年，第59页）另参吴震著：《阳明后学研究》，上海人民出版社，2016年，第27页。

② 东林党人顾宪成弟子史孟麟指出：“人心有见成的良知，天下无见成的圣人。”（〔明〕顾宪成著：《当下绎·过去未来》，《顾端文公遗书》，清康熙年间刊本）晚明儒学殿军刘宗周也有类似观点，指出：“自古无现成的圣人。”（〔明〕刘宗周：《人谱》，〔明〕刘宗周著，吴光主编，何俊点校：《语类一》，《刘宗周全集》，浙江古籍出版社，2012年，第3册，第8页）

③ 刘宗周断言：“后儒格物之说，当以淮南为正。”（《学言下》，《语类十二》，《刘宗周全集》，第3册，第403页。）清儒全祖望也指出：王艮“其言格物，则最不可易。蕺山先生亦主之”（〔清〕全祖望：《大学中庸孟子问目答卢镐三十二条》，〔清〕全祖望著，朱铸禹汇校集注：《经史问答》卷7，《全祖望集汇校集注》，上海古籍出版社，2000年，第1962页）。唐君毅谓：王艮的格物说“的然而无疑，同于吾人之说，以异于朱子、阳明之以物为事者也”（唐君毅著：《中国哲学原论·导论篇》，中国社会科学出版社，2005年，第198页）。

④ 《传习录》，第318条，第497页。关于王艮提出“淮南格物”说的时间及其内涵，参见吴震著：《泰州学派研究》，中国人民大学出版社，2009年。

第五，乐学乐道说。孔子有“乐以忘忧”、孟子有“反身而诚，乐莫大焉”之说，主张人生应追求精神上的愉悦，这种精神愉悦也就是世俗幸福，进言之，幸福意味着带有莫大愉悦感的精神境界，反映了儒学入世主义的终极关怀。阳明非常欣赏孔子的“吾与点也”以及颜子“居陋巷而不改其乐”的快乐精神，提出了“乐是心之本体”的命题。他认为一个人追求精神上的最大愉悦就源自人心的良知本体，而基于道德本心的致良知实践才是实现人生“快乐”的要津，反过来说，“乐”需以道德实践为基础。王阳明进而揭示了“为善最乐”[①]这一思想命题，这一思想反映了儒学由行善而“积德”（荀子语）的乐观主义人生态度，表达了人生幸福根源于伦理实践这一重要观念。这是对中国思想史上有关“德福”问题的理论回应，先秦时代出现的“德为福基”（《国语》）的德福观至此获得了心学解答。在接续阳明学这一思想精神的基础上，王艮撰述了一篇著名的文章《乐学歌》，其中提出了“乐即学，学即乐”之说。其子王襞由此发展出“乐即道也，乐即心也”的思想命题，这是将“乐”提升到“学”和“道”的高度作了充分的肯定。而这些观点表述明快简捷、朗朗上口，构成了泰州学派的一种家风传统。

最后需指出，在晚明心学时代出现的这一追求精神快乐的积极人生观甚至对20世纪初的精英知识人梁漱溟产生了深刻影响，成为其由佛归儒的一大思想契机。他甚至认为这是中国传统文化的精神所在，与强调超脱痛苦、烦闷的西方宗教及印度思想的传统恰成鲜明对照，进而对传统中国以伦理为本位的社会历史进行了深入思考，而他之所以投身于乡村社会改造运动，竟然与他从泰州学派的思想行动中获得的灵感有关。[②]这就表明儒学的精神性并不排斥世俗性，而儒学的世俗性同样可以与精神性传统构成积极互动的关系。换言之，精英儒学与民间儒学本不是对立之两极，相反，在某种意义上，民间儒学能为精英儒学注入鲜活的动力。现代新儒家梁漱溟用自己的思想和行动证明了这一点。

---

① 《为善最乐文》，《王阳明全集》卷25，第925页。

② 梁漱溟著：《东西文化及其哲学》，山东人民出版社，1989年，第465页。

四、对民间儒学的文化现象需注入必要的理论关切

明代心学的思想活力在江南地域的发展及其伴随而生的儒学世俗化转向在当代有何启示意义，需要透过理论与历史相结合的纵深考察才能得以彰显。

需指出，明代尤其是16世纪后的中晚明时代以讲学为形式的学术思想活动固然是推动儒学世俗化的动因之一，但“讲学”本身却是儒学的一大传统，只是到了中晚明时代，这一传统在很大程度上得以被重新激活。事实上，中晚明时代的讲学活动得以蓬勃发展的重要思想依据就在于孔子曾表达的“四大忧”中的一条“学之不讲，是吾忧也”。[①]甚至对阳明后学推动的讲学风气不无批评的东林党等一批学者，也注意到“讲学”是历来的儒学传统，对此不得不表示认同，所以他们自己也纷纷在北京建“首善书院”或在无锡建“东林书院”，大力推行讲学活动，甚至出现了一股“居官讲学”的风潮。[②]尽管这股风潮与心学讲学在讲学内容上并不一致，但同样助长了晚明社会的讲学之风。

然而，对阳明学在社会上大力推动讲学活动以及泰州学派的民间讲学究竟应作何种评价，特别是有关泰州学派的思想定位等问题，自晚明时代起，就存在各种不同的说法。大致而言，晚明以来对心学讲学以及泰州学派的负面评价几乎成为主流意见，入清之后以黄宗羲等人的思想史观为代表，泰州学派被视作儒家正统的叛逆，甚至明亡的原因也应当归咎于晚明的社会讲学。[③]近代以来，对泰州学派的历史评价则发生了

---

① 孔子关于“四大忧”的完整表述是：“德之不修，学之不讲，闻义不能徙，不善不能改，是吾忧也。”（《论语·学而》）

② 例如阳明后学周汝登就主张应当在“朝署之间”推行讲学（〔明〕周汝登：《天真讲学图序赠紫亭甘公》，〔明〕周汝登著：《东越证学录》卷7，台北：文海出版社，1970年，第535页）。东林党人冯从吾更是竭力主张：“讲学正所以修职业也。精言之，必讲学提醒其忠君爱国之本心，然后肯修。”（〔明〕冯从吾：《都门稿语录》，〔明〕冯从吾著：《冯少墟续集》卷2，清康熙十四年重刻本）另参吴震著：《明代知识界讲学活动系年：1522—1602》，学林出版社，2003年；〔日〕小野和子著，李庆、张荣湄译：《明季党社考》，上海古籍出版社，2006年。

③ 例如在顾炎武看来，明亡之因正在于晚明讲学，故他反其道而行之，竭力主张“今日只当著书，不当讲学”。对此，康有为有激烈批评：“故国朝读书之博，风俗之坏，亭林为功之首，亦罪之魁也。”康有为认为当今之时，正应“昌言追孔子讲学之旧”，大力鼓动讲学之风（参见〔清〕康有为著，楼宇烈整理：《长兴学记》，中华书局，1988年，第5—6页）。

翻转，首先是吴虞、刘师培、梁漱溟等人对泰州学派积极肯定，稍后，嵇文甫、侯外庐等思想史家对泰州学派则有更高的赞赏，认为泰州学之思想具有近代启蒙的意义。

在我们看来，明清之际的儒学家在痛自反省明亡教训之时，对泰州学派乃至晚明心学思潮的激烈批判其实是源自儒家精英主义的立场，反映了正统士大夫对平民化、世俗化儒学的一种反感情绪。清代之后的学术主流逐渐转向文史考据，上面提到的清代中期考据学家焦循对泰州学以及明代学术的批评则更是表现出一种“知识傲慢”，认为明代学术在整体上打断了古代以来的儒学传统，导致了两大严重后果：学术亡与国家亡。[①]但是，若按阳明学对所谓学术思想的“正统”与“异端”的区分，应当以“与愚夫愚妇同的，是为同德。与愚夫愚妇异的，是为异端”[②]这一观点为判准，则基于草根平民的泰州学派的思想学术活动便不能定位为所谓的“异端”。对思想人物及其学术观点的不同评判不仅涉及观点立场或学术取向的问题，更关涉到对儒家文化的思想实质及其历史发展如何认知的问题。由此以观，乾嘉时期汉学家对明代思想学术的全然否定，其实正表明晚明以来儒学世俗化的历史发展已呈彻底扭转之势，在明代中晚期得以兴盛的民间儒学又一次被重新扭转至以清代考据学为主流形态的所谓精英儒学或学术儒学的轨道，儒学世俗化也被儒学经典化、知识化所取代。

平实而论，从现代的角度出发，可以说泰州王学作为民间儒学的一种形态，对于展现儒学在民间社会的教化精神的确发挥了重要作用。然而若将其与西方近代启蒙思想进行比附，由此断定其思想对儒学传统的价值观产生了颠覆性的作用，这种说法只是基于后设的思想立场所作的评价，并不完全符合思想史实。的确，儒学平民化、世俗化作为儒学深入民间社会的一种特殊表现形态，具有不同于以经典注疏为主要形态的学术儒学或精英儒学的思想特色，然而以泰州学为代表的民间儒学在重建儒学的伦理价值及社会秩序等根本问题上，其实并没有逸出儒家文化以及儒家伦理的传统范围。

---

① 例如焦循断言宋明以来的学术导致了“古学几亡”的结局（《与孙渊如观察论考据著作书》，《雕菰集》卷13，《焦循诗文集》，第246页），同时也是“国遂以亡”（《易余籥录》卷11，《焦循诗文集》，第803页）的主要原因。这反映出传统士大夫有一种固执的观念，以为学术与国家的兴衰处在一种因果链的关系之中，清代乾嘉考据学家对此显然是深信不疑的。不仅如此，甚至在他们的观念中，总以为宋明的义理之学打断了中国历史文化的传统，而唯有汉以前的传统经学才是维系国家命运的真学术，这种观念无疑忽视了两个重要的方面：一方面，学术思想有其自身的独立性而不必依附于任何外在的国家权威；另一方面，学术思想也会随着时代的发展而发生深刻的历史转变。

② 《传习录》，第271条，第434—435页。

无论是阳明心学还是泰州王学，他们力图打破精英知识权威对经典的诠释垄断，更注重根植于人心的良知德性对自己道德行为的规范，反而在社会道德观念上加强了严肃主义的诉求。[①]这就说明泰州学派通过民间讲学所推动的儒学世俗性转化，其根本旨趣并不在于改变乃至颠覆儒家传统价值观，相反，他们的思想诉求正在于用儒家文化来重整基层社会的伦理秩序、乡村社团的民风习俗。

总之，由阳明学演化而出的泰州学派的草根化运动推动了明代思想的多元性、开放性的发展趋向。这一趋向发端于16世纪初的江南地区，但却逐渐呈现出向其他地域蔓延的态势，从而助推了阳明学跨地域的全国性影响。[②]而且随着以民间讲学为特色的心学思潮的掀起，儒学思想发生了化理论为常识、化思想为行动的深刻转化，对于儒学世俗化的推进具有突出的典型意义。在弘扬传统文化的当下，我们在重视知识儒学或学术儒学之研究的同时，也应将目光投向各具地方特色的民间儒学，对历史上泰州学派以及江南儒学的思想文化现象，有必要在学术上加以适当的理论关切。

（作者吴震系复旦大学哲学学院教授）

① 参见王汎森著:《晚明清初的一种道德严格主义》,《晚明清初思想十论》，复旦大学出版社，2004年。这种道德严肃主义的诉求也反映在晚明清初劝善运动的思潮当中（参见吴震著:《颜茂猷思想研究——17世纪晚明劝善运动的一项个案考察》，东方出版社，2015年，第1—48页）。

② 向来被认为是泰州学派传人的李贽就说过“当时阳明先生门徒遍天下”(〔明〕李贽:《为黄安二上人三首·大孝一首》,〔明〕李贽著:《焚书·续焚书》卷2，中华书局，1975年，第80页）。这个说法亦见《明史·儒林传》，只是在“门徒遍天下”的后面，又加了一句“流行逾百年”，用以概括阳明学在晚明时代的盛况。另参吴震:《“名教罪人”抑或“启蒙英雄”？——李贽思想的重新定位》,《现代哲学》，2020年第3期。

阳明学与广东地域文化

陈　椰

内容提要：阳明学的成熟、传播与修正，与广东士人的交往、切磋密切相关。本文论述王阳明生前在广东的行迹与身后学说在广东的传播流变，着重回顾阳明晚年最后寓广期间拜祭先祖、访谒湛若水府邸、举行大会讲的经历，梳理以薛侃为首的“粤闽王门”后学的生平、思想学说及传承谱系。这些粤地弟子通过立书院、行乡约、修宗祠等乡土实践，把阳明学的实践精神贯彻到基层乡治中，对地方社会安定、化民成俗起到积极的作用。阳明学在广东的勃兴离不开白沙—甘泉学派的结盟与竞争，一同引领了岭南的心学新潮，同时也激起了以黄佐、陈建、唐伯元为代表的本土儒者的批评抵制，形成了多元互动的思想文化态势，深刻影响了广东的地域文化。

关键词：阳明学　广州　潮州　地域文化

王阳明与广东渊源颇深，不仅留下军功战绩，也留下过化心迹。在行事上，他总制赣、闽、湖广及两广军政，亲履岭南征伐剿匪，创设了和平县，晚年在平定广西恩思、田州之乱后，回驻广州养疴，抱病召集官师士民讲学，促成增城县为先祖建祠，并亲赴致祭。在学术思想上，广东也有他最看重的学侣、弟子乃至论敌，王学的成熟、传播与修正，离不开与这群粤籍士人的交往、切磋。他与湛甘泉缔结为心学同盟，引领了时代的新思潮，有着既合作又竞争的微妙关系。他的粤籍弟子众多，尤其是在潮州府风靡一时，形成以薛侃为领袖的粤中王门，在与甘泉学派鼓荡互动中促就广东思想文化史上的蔚然大观。而阳明心学也激起岭海士人的批评，如黄佐、陈建、唐伯元，都是反王学阵营里有全国影响的代表性人物。可以说，王阳明的功、德、言深刻影响了广东的地域文化。

一、王阳明与广州

广州历史悠久，自秦始皇平百越开始，一直为华南地区政治、经济、文化中心，是广东地区第一个行政建制南海郡的郡治所在地，南越国、南汉国国都，历代为州、郡、府、路等治所，海上外贸尤其发达。明初，广东设省，作为广东首府的广州府设于洪武元年（1368），府城由番禺、南海两县分管，也为广东承宣布政使司驻地。当时的广州面积广大，北连湖南、广西，南滨南海，现在的珠江三角洲主要地带基本为其辖地，下辖1州13县，分别是连州（辖连山、阳山2县）及番禺县、南海县、香山县、顺德县、新会县、东莞县、新安县、三水县、龙门县、增城县、清远县、从化县、新宁县等13县。

（一）增城情结

王阳明亲临广州，已是他生命的最后两个月。嘉靖七年（1528）秋，57岁的王阳明时为提督广东、广西、江西、湖广军务和巡抚两广的都御史，眼见身体每况愈下，寇乱已平，于是离开广西来到广州，一边养病一边上奏朝廷请求回乡。广州有一个地方对他有着特殊的意义，那就是增城。他的六世祖王纲在增城去世，他的挚友湛甘泉（1466—1560）在增城出生。

王纲，字性常，又字德常。洪武四年（1371），年已70岁的王纲以文学出众被征召至京，朱元璋策问治道，拜兵部郎中。不久，广东潮州民众暴乱，刘伯温推荐他为广东参议，督管军粮。他带长子王彦达同行，劝谕乱民。“潮民感悦，咸扣首服罪，威信大张。”孰知回至增城途中，父子不幸被海寇劫持。海寇头目曹真见他有将帅才，欲招入麾下。面对威逼利诱，王纲誓死不从，遂被杀害。王彦达时年16岁，见父遇害，哭骂求死。曹真说：“父忠而子孝，杀之不祥。”便给予食物，彦达不食。海寇为其诚孝感动，准许他用羊皮包裹父亲尸体，归葬家乡余姚禾山。洪武二十四年（1391），御史郭纯奏请朝廷，在王纲遇害的地方立庙奉祀。①

---

①〔明〕张壹民：《王性常先生传》，〔明〕王阳明著，吴光、钱明、董平、姚延福编校：《王阳明全集》（新编本）卷37，浙江古籍出版社，2010年，第4册，第1396页。

祖孙相隔几代，跨越100多年，同样是因边陲动乱而驻兵广东，让王阳明对这位死于国事的先祖深感敬佩，产生了一种冥冥之中的宿命感与使命感。他批示了新任增城县令朱道澜的提议，把增城城南的天妃宫（位于今荔城横街口，现仅存一殿）改建为忠孝祠，“其神像牌位及祭物等项，俱听从宜酌处”[①]，并置田39亩作为祀田。浙江人萧鸣凤作《忠孝祠记》勒于碑[②]。

在阳明看来，先祖“父子贞忠大孝，合应崇祀”，建祠是“表扬忠孝，树之风声，以兴起民俗，此最为政之先务”。县令复修忠孝祠后，报请阳明巡察。于是阳明抱病前往设祭，表达缅怀之情，并一再申明此祠对边民风化的意义：

> 顾表扬忠孝，树之风声，实良有司修举国典，以宣流王化之盛美，我祖之烈，因以复彰。见人心之不泯，我子孙亦借是获申其怆郁，永有无穷之休焉。及兹庙成，而末孙某适获来蒸，事若有不偶然者。我祖之道，其殆自兹而昌乎！[③]

他还写了一首七律《谒增江祖祠》：

> 海上孤忠岁月深，旧壝荒落杳难寻。
> 风声再树逢贤令，庙貌重新见古心。
> 香火千年伤旅寄，丞尝两地叹商参。
> 邻祠父老皆仁里，从此增城是故林。[④]

这首诗既表彰了县令的善举，也有一份对先人孤忠情怀的共情，更有天下归仁的宏愿。

此番增城之行，王阳明还特意探访了在南京任吏部右侍郎的挚友湛甘泉的旧居，作有两首诗表达对老朋友的殷殷情谊。其中《题甘泉居》一诗表达愿与湛若水在增城

① 〔明〕王守仁：《批增城县改立忠孝祠申》，《王阳明全集》（新编本）卷18，第2册，第675页。

② 〔明〕萧鸣凤：《忠孝祠记》，《增城县志》卷28《艺文》，1921年。

③ 《祭六世祖广东参议性常府君文》，《王阳明全集》（新编本）卷25，第3册，第1013页。

④ 〔明〕王守仁：《谒增江祖祠》，束景南、查明昊辑编：《王阳明全集补编》，上海古籍出版社，2016年，第78页。

比邻而居、把臂同游的心愿。诗云：

> 我闻甘泉居，近连菊坡麓。
> 十年劳梦思，今来快心目。
> 徘徊欲移家，山南尚堪屋。
> 渴饮甘泉泉，饥餐菊坡菊。
> 行看罗浮去，此心聊复足。①

诗中提到的菊坡，是增城籍的南宋名臣崔与之（1158—1240），也是一位文武全才的儒者，官至观文阁大学士。其晚年曾任广东经略安抚使兼知广州，平定广州兵变，故此阳明也一并敬意。

阳明受到湛氏家人殷勤接待，在湛家墙壁留有题诗《书泉翁壁》。在诗里，他感慨人生知音难求，期待甘泉无负当年订交之时的初心。诗云：

> 我祖死国事，肇禋在增城。
> 荒祠幸新复，适来奉初蒸。
> 亦有兄弟好，念言思一寻。
> 苍苍蒹葭色，宛隔环瀛深。
> 入门散图史，想见抱膝吟。
> 贤郎敬父执，童仆意相亲。
> 病躯不遑宿，留诗慰殷勤。
> 落落千百载，人生几知音？
> 道通著形迹，期无负初心！②

早在弘治十八年（1505），青年王阳明与湛甘泉初识于京师，一见订交，共以倡明圣学为事，两人论学契合无间。毕生共计四次会晤，曾一度朝夕共处三年，通信不断，

① 《题甘泉居》，《王阳明全集》（新编本）卷20，第3册，第835页。
② 《书泉翁壁》，《王阳明全集》（新编本）卷20，第3册，第835页。

门人递相出入。同为分主讲坛的宗师，阳明主张“致良知”，而甘泉提倡“随处体认天理”，两人保持着一种声求气应又有所竞争的微妙关系，双方的明争暗竞也一直延续到门人后学中。

甘泉早年丧父，曾请阳明为父亲湛瑛撰写了《赠翰林院编修湛公墓表》，表彰父亲义行。湛母逝后，阳明又撰写了《湛贤母陈太孺人墓碑》，赞颂湛母教子有方。而阳明身后，甘泉又撰写了《奠王阳明先生文》《阳明先生墓志铭》，可见二人交谊之深。

甘泉是在阳明的启发下怀疑朱子的《大学章句》，接受了古本《大学》，从中找到自己学说宗旨的经典依据，但围绕对《大学》八条目“格物”的理解，双方曾在书信里展开过激烈讨论。[①]阳明批评甘泉用“随处体认天理”来解释“格物”，与朱子用“即物穷理”来解释“格物”并没有太大差别，难免走回那种向外逐求而支离破碎的老路，不具普适性，只是“为世之所谓事事物物皆有定理而求之于外者言之耳”。而甘泉批评阳明释格物为“正念头”，与《大学》八条目中的“正心”重复，又完全忽略了儒家“学问思辨”的下学工夫，同时申明自己所谓的随处体认不是求之于外：“吾之所谓随处云者，随心、随意、随身、随家、随国、随天下，……而皆不离于吾心中正之本体。”[②]就是说，无论应对何种事物、何种情景，始终都不会离开我们内心那一个中正的道德本心做主宰。总之，他认为自己的主张与阳明的宗旨“不相远，大同小异”。可以说，甘泉的思想是在与阳明对话中不断扩充成熟的，他也是阳明的可贵诤友，不断警策、修正阳明学的流弊。两个门派相得益彰，扩大了心学思潮的流布。

以上《祭六世祖广东参议性常府君文》《谒增江祖祠》《题甘泉居》《书泉翁壁》，是目前王阳明文集可考的最晚诗文，从这些绝唱中可窥其晚年心境。如《忠孝祠碑记》所言，“此庙之成裨于教化之事”[③]，历代官民文士都有重修、凭吊，成为一处感发人心的胜迹。如嘉靖三十二年（1553）县令重修，88岁高龄的湛甘泉写下《重修增江忠孝祠记》并立碑纪念。[④]崇祯年间，王纲的十世孙王业浩总督广东时，又参与了重修，并

① 参考刘勇：《王阳明〈大学古本〉的当代竞争者：湛若水与方献夫之例》，香港：《中国文化研究所学报》总第60期，2015年1月。

② 〔明〕湛若水：《答阳明王都宪论格物》，〔明〕湛若水撰，钟彩钧、游腾达点校：《泉翁大全集》（一），台北：台湾“中央研究院”中国文哲研究所，2016年，第257页。

③ 《增城县志》卷11“忠烈祠”条，1921年。

④ 〔明〕湛若水：《重修增江忠孝祠记》，〔明〕湛若水撰，钟彩钧、游腾达点校：《甘泉先生续编大全》卷6，台北：台湾“中央研究院”中国文哲研究所，2016年，第122页。

来拜谒，题有谒祖诗，步阳明的原韵。诗云：

增江崇祀主恩深，忠孝根源尚可寻。
杖钺百蛮彰旧德，驱车五岭独盟心。
重忻庙貌新轮奂，莫叹烝尝隔昴参。
四壁更饶珠玉灿，谱将弦管舞桑林。

明末的抗清志士黎遂球（1602—1646），字美周，番禺人，写诗《奉题忠孝祠》寄托壮怀。黎遂球是天启七年（1627）举人，为南明隆武朝兵部职方司主事，提督广东兵援赣州，城破殉难，谥忠愍。从洪武到隆武，终明一朝，王纲父子的忠孝遗节在斯地延绵回荡，直到入清之后，“里谈巷诵，犹相予感慕不衰”。[①]

（二）最后的大会讲

增城之行了却阳明一桩心事，最令他念念不忘的还是讲学，越到了生命的尽头，越有一种时不待我的迫切感。他寓居广州时已有咳嗽、水泻等症状，严重时双足竟不能坐立。但他仍怀着一腔热忱，召集官师士民，举行生平最后一次大会讲。“平旦鼓征，自藩臬至于庶氓，莫不拱听”，这次大会讲场面颇为壮观。

此时的他对“致良知”的学说越发自信，还在广西时，他给嗣子王正宪的信里就说：“吾平生讲学，只是‘致良知’三字。仁，人心也；良知之诚爱恻怛处，便是仁，无诚爱恻怛之心，亦无良知可致矣。汝于此处，宜加猛省。”[②]到了广州后，他给重要门人黄绾的信中也说明力求解任回家的理由其实就是讲学传道：“恐病势日深，归之不及，一生未了心事，石龙其能为我恝然乎？身在而后道可弘，皮之不存，毛将焉附？”[③]有了这样的背景，我们能更好地理解为何阳明即使病势已深，也要宣讲致良知说。他同时不忘批评湛甘泉的“体认天理”“勿忘勿助”是“义袭”“言非学的”，这也让甘泉颇生感慨。[④]

---

① 《增城县志》卷11“忠烈祠”条，1921年。

② 《寄正宪男手墨二卷》，《王阳明全集》（新编本）卷26，第3册，第1039页。

③ 《与黄宗贤（五）》，《王阳明全集》（新编本）卷21，第3册，第871页。

④ 湛若水《奠王阳明先生文》曰：“遥闻风旨，开讲穗石；但致良知，可造圣域；体认天理，乃谓义袭；勿忘勿助，言非学的。离合异同，抚怀今昔。”［《泉翁大全集》（三），第1385页］

阳明还想借此次宣讲，吸引优秀的后进入门，其中包括黄佐。黄佐（1490—1566），号泰泉，广州香山人，官至南京国子监祭酒。《四库全书总目提要》称他：“在明人之中，学问最有根柢。文章衔华佩实，亦足以雄视一时。”黄宗羲《明儒学案》在《诸儒学案》中列有《文裕黄泰泉先生佐》一章，专门阐述黄佐的学问宗旨。他博学高才，独树一帜，尤擅经史，以“博约”为宗旨：“博之为言广也，而有大通之义；约之为言要也，而有检束之义。”他比阳明小18岁，两人平生有过两次会晤。[①]第一次是在嘉靖二年（1523），黄佐专程到绍兴拜访阳明，就知行的逻辑关系展开了讨论。阳明强调行对于知的实践意义，而黄佐更侧重于知对于行的优先性，相持不下，但年轻的黄佐因博学而给阳明留下深刻印象。第二次会面即是阳明此次寓广，委托弟子祝公叙邀请辞官家居的黄佐前来叙旧。早些时候，还在广西征战的阳明已致信黄佐，嘱托他在修郡志时为先祖王纲列专传，黄佐答应了，在后来编纂的《广东通志》中就根据家传将王纲收入“名宦传”中。

此次面晤大概情况，黄佐如此记录：

> 比平八寨，驻广，予已佥臬江右。时开讲，官师士民毕集。先有简托祝公叙招予。予往见，大喜。曰：“昔论良知，尊兄谓圣人于达道达德，皆责己未能，当言明德，则良能可兼。已作敷文书院对联矣。曰‘欲求明峻德，惟在致良知’。”予致谢而已。且曰：“天下今皆悦吾言矣。”予曰：“颜渊无所不悦，冉有则勉强。谓非不悦尔，恐人各自有夫子。”公笑曰：“是也。非尊兄不闻此言。”予见其面色黧悴，时咽姜蜜以下痰，劝之行。公以为然。季薛二子拉予往受业，予荒遁山中。公行，复简予曰：“明德只是良知，所谓灯是火耳，吾兄必自明矣。”予始终与公友，其从善若此，岂自是者哉？公逾岭卒。二简，今舒柏刻于《阳明寓广录》中。[②]

从上面记载可知，阳明病势不轻，颇器重黄佐，受黄佐之请为广西南宁的敷文书院做了对联。弟子季本和薛侃试图拉黄佐拜入王门时，黄佐拒绝了，他更愿把阳明当

---

① 参见朱鸿林：《黄佐与王阳明之会》，《儒者思想与出处》，三联书店，2015年，第304—322页。

② 〔明〕黄佐撰：《著述》，《庸言》卷9，明嘉靖十年刻本，第29页。

作终生学友。他是一个独立的学者，尊重阳明的为人，但对其学说始终无法认同。他后来这样批评：

> 今之道学，未尝读书，而索之空寂杳冥，无由贯彻物理，而徒曰致知。则物既弗格矣，无由反身而诚，则乐处于何而得哉……盖阳明之学，本于心之知觉，实由佛氏。其曰只是一念良知，彻首彻尾，无始无终，即是前念不灭，后念不生。①

他认为，阳明学抛弃读书实践，脱离人伦物理，而凭空谈论“穷理”“致知”，最终流为空疏虚妄。阳明所说的良知，不过是佛教所说的不起心动念的本心。并且任凭本心的知觉，也有“认欲作理”的危险，导致和空虚不实的佛教没什么区别。

当时和黄佐一样不认同阳明观点的，还有广东布政使王大用（1479—1553）。黄佐在《广东通志》里曾记载：

> 及王守仁讲学于广城也，平旦鼓征，自藩臬至于庶氓，莫不拱听，惟王大用辩之。曰：“致知，《大学》之教也。良知，谓不虑而知，本德性言也。今致知之中而曰良，良知之上而曰致，得无援菩提圆觉以入孔门乎？虽良知与良能皆本德性，然《易》曰：‘乾以易知，坤以简能’，是天地之大，至于夫妇之愚不肖，未尝去能而徒知也。徒知可圣，则孔子胡谦于道未能，而《周官》又奚能之使耶？”于是罢讲，而其徒亦为知止能得之说矣。②

王大用在会讲现场质疑阳明只讲良知而遗弃了良能，与儒家经典不符，也容易混淆佛教所说“圆觉”。但当阳明仓惶北归时，王大用还暗地里派人一路舆棺追随。在阳明身后不久，这一义举被王门弟子记入纪念文字及阳明《行状》中。

（三）广府门人

弘治、正德、嘉靖年间，在广州南海县境内先后出现了伦文叙、伦以谅、伦以训、

① 〔清〕黄宗羲：《文裕黄泰泉先生佐》，〔清〕黄宗羲著，沈芝盈点校：《明儒学案》（修订本）卷51，中华书局，2008年，第1199页。

② 〔明〕黄佐纂修：《列传七》，《广东通志》卷50，明嘉靖四十年刻本，第79页。

伦以诜父子、方献夫、霍韬、湛甘泉、梁焯等十几位官僚。其中方、霍、湛三位官至一品，且为官多年，多人曾在吏部任要职，亲自或参与考成提拔官吏，通过互祭祖宗、联姻、聚居西樵山讲学等方式建立起情感纽带，形成了牢固的利益集团。所以在做重大决策像“大礼议”时，他们的选择往往会保持高度一致。该集团士人与阳明交往密切，方献夫、梁焯是阳明的门人，伦以训则曾过往问学。

方献夫（1485—1544），初名献科，字叔贤，号西樵，因“大礼议”中支持嘉靖而入阁，官至吏部尚书，加太子太保，武英殿大学士，今留有《西樵遗稿》《古文周易传义约说》等著述。他师从王阳明是在正德六年（1511）的吏部郎中任上，当时阳明还是他的下属，以长官的身份折节相事，成为一段佳话。方献夫在阳明门下问学仅有数月之久，当年冬就引疾回乡，阳明赋诗写序赠别。方氏退居西樵山10年，兴建书院，与霍韬、湛甘泉讲论学问。后来他读古本《大学》而自创新说，引发阳明的批评，见解不合，师徒遂分道扬镳。此后在他本人的忆述文字里从未提及师事阳明这段往事，只含糊承认“幸忝同官，得于先生之启发者为多”，仍然坚持己见，认定阳明之说只是补偏救弊的一时之见，属贤智者之过。①

梁焯（1482—1528），字日孚，正德九年（1514）进士，赴京城谒选路过赣州从学阳明数月，“辩问居敬穷理，悚然有悟”，至不忍离去。授礼部主事，因谏止正德南巡而罚跪五日，大杖三十。梁焯性刚直，敢于担当，闻同门冀元亨冤死狱中，捐俸禄为备棺殓葬，人多义之。嘉靖初年改任司职，闻弟讣而病，告归养，致力于修族谱、祖墓，整合宗族，“闭户著书，欲阐阳明之道于世”。然而著述还没有完成，就于嘉靖七年秋离世，享年46岁。地方史研究者称：“时任钦差大臣提督两广部堂军务的王阳明，闻讯后派人为梁焯选定墓地于大象岗，为《象峰梁公忠贤谱志录》撰序。”另据道光《佛山忠义乡志》记载，嘉靖初年梁焯带头修建了郡马梁大宗祠，并请王阳明题额“永思堂”。②

伦以训（1497—1540），字彦式，号白山。状元伦文叙次子，正德十二年（1517）会试第一名（会元），殿试第二名（榜眼）。授翰林院编修，官至南京国子监祭酒，丁母忧过度而卒，年仅43岁。他曾往赣州问学于阳明，正德十六年（1521），还托其兄

---

① 参见《王阳明〈大学古本〉的当代竞争者：湛若水与方献夫之例》。

② 程宜：《“褒崇”牌坊后的生命叹息——梁焯研究》，《佛山科学技术学院学报》，2008年第6期。

伦以谅求教王阳明关于动静之辨的问题，阳明写有《答伦彦式》一信答复。[①]

（四）身后论敌——陈建

随着阳明学迅速崛起，并逐渐成为思想界的主流，官方正统的朱子学受到极大挑战。针对学术史上“朱陆之辩”的著名公案，王阳明曾专门撰写《朱子晚年定论》一书，试图调和“朱陆”，证明朱子之学与陆象山之学早年差异很大，即朱子主张道问学，注重知识的积累、考辨，而陆象山提倡“尊德性”，强调道德的优先性，但朱子晚年走上象山“尊德性”的道路。对这个问题，广东也有学者耗费数年精力撰写专书，以论战的方式严厉批评盛行的朱、陆“早异晚同”之论，矛头直指王阳明。这个学者就是陈建，这本书就是《学蔀通辨》。

陈建（1497—1567），字廷肇，号清澜，广州府东莞人。嘉靖七年中举之后，陈建先后担任福建侯官县教谕、江西临江府教授等职。嘉靖二十三年（1544），48岁的陈建因母亲年老而辞官，此后便专心于教书和著述，直至终老。

嘉靖二十七年（1548），隐居乡野的陈建历时七年终于完成《学蔀通辨》一书。此书对朱子学说详细加以阐发，并一一驳斥王阳明的言论，论战意味浓厚，有人说其“生平学问，实聚此书”。

何谓“学蔀”？“蔀”出自《易经》“丰其蔀，日中见斗”，原意是指覆盖在棚架上遮蔽阳光的草席，由此引申出蔀障、遮蔽的含义。陈建认为他的《学蔀通辨》是一部关于正学、伪学之辨的著作，极力要破除的“蔀障”有三种：禅学、陆象山之学以及朱陆“早异晚同”论。为此他将《学蔀通辨》分成四编，前编辩明“朱陆早同晚异之实”，后编辩明“象山阳儒阴释之实”，续编辩明“佛学近似惑人之实”，终篇总论作为正学的朱子之学。

具体来说，陈建开篇就判定陆象山的学问根基始终是讲“明心见性”的禅学，朱子早年虽然也受到禅学的影响，与象山确实有相似之处，但中年以后便醒悟过来，坚决拒斥禅宗。因此，从文献及思想发展的时间序列上来说，朱子对禅学和象山之学经历了由信从到排斥的转变，绝无“晚同”之理。在全书第二编，陈建极力论证陆象山、王阳明的学问“阳儒阴释”，其实质是禅学而非儒学。第三编旨在点明佛学之危

---

① 《答伦彦式》,《王阳明全集》（新编本）卷5，第1册，第195页。

害，所谓“佛学变为禅学，所以近理乱真，能溺高明之士，文饰欺诳”。在全书最后一编，陈建阐明朱子学说才是儒家的正统之学，并以朱子的继承者自居，表现出高度的卫道自信。

陈建通过详密的文献考订，击中阳明《朱子晚年定论》的“硬伤”，即史料编年失实，有意断章取义，显见有助于匡正心学带来的轻浮学风。又以思辨直揭禅学、心学的理论联结，深刻揭露了心学理论本身疏忽处，即没有严格区分作为知觉主体的“心”和先天道德本心，容易导致“认欲作理”或凌空蹈虚的流弊。但陈建尊崇朱子太过，甚至流于盲从，放大了理学内部的学术差异，再加上对心学、禅学的理解不深，没有看到心学在精神实质上仍属于儒家的道德哲学，囿于“华夷之辨”的成见，把禅学贬为异端、夷狄之教，这也是有失公允的。

在心学盛行之时，《学蔀通辨》因过于“偏激”而长期未能刊行，直到万历年间东林学派领袖顾宪成“作《证性编》以驳阳明”之后才公开刊行。万历三十三年（1605），顾氏为此书作序，评价此书：“大指取裁于程子本天本心之说，而多所独见，后先千万余言，其忧深，其虑远，肫恳迫切，如拯溺救焚，声色俱变，至为之狂奔疾呼，有不自知其然者。”[①]他肯定了此书多所独见，对学术发展忧虑深远。到了清代，自称当湖后学的荥阳县令顾天挺为重新刊刻的《学蔀通辨》作序，同样高度评价陈建“俾学者晓然知陆之为禅，朱之为正学，而纷纷聚讼者始定，其有功于世道人心不浅矣”[②]的学术贡献。另一方面，尊陆王的学者也撰书攻击陈建，突出的代表是清代乾隆年间吴鼎（字尊彝，江苏常州人，乾隆十六年进士）所撰的《东莞学案》，该书“大旨以陈建《学蔀通辨》全为阿附阁臣，排陆以陷王，甚至取《象山语录》，割裂凑合而诬之以禅。因条列其说，为之诘难”，采用的仍是陈建论战的方式。《四库全书总目提要》评论说：“案明以来，朱、陆之徒互相诟厉，名则托于卫道，实则主于寻仇。建之书，以善骂为长，既非儒者气象。鼎又从而报复之。盖门户之争，非一朝一夕之故矣。”[③]对陈建和吴鼎的言论各打五十大板，批评了这种门户之争。

---

① 〔明〕顾宪成：《刻学蔀通辨序》，〔明〕陈建撰：《学蔀通辨》，〔明〕陈建撰，黎业明点校：《陈建著作二种》，上海古籍出版社，2015年，第277页。

② 〔清〕顾天挺：《顾序》，《学蔀通辨》，《陈建著作二种》，第281页。

③ 〔清〕永瑢、纪昀主编：《子部八·儒家类存目四》，《四库全书总目提要》卷98，海南出版社，1999年，第509页。

二、阳明学与潮州

潮州位于粤东，毗邻闽南，背山临海，因“在潮之洲，潮水往复”而得名。明朝洪武年间的潮州府统领海阳、潮阳、揭阳、程乡4县，逐步扩容，至崇祯年间管辖海阳、揭阳、潮阳、澄海、饶平、惠来、普宁、大埔、程乡、平远、镇平11县，已经由唐代韩愈笔下贫瘠蛮荒的谪所变成广东富庶的文教重镇。

弘治九年（1496），浙江诸暨枫桥的骆珑（字蕴良）赴任潮州知府，25岁的王阳明为这位相距20岁的前辈写了一篇赠序。文中称潮州为岭南首饶之地，富庶程度不亚于江淮：

> 昔韩退之为潮州刺史，其诗文间亦有述潮之土风物产者。大抵谓潮为瘴毒崎险之乡。而海南帅孔戣又以潮州小，禄薄，特给退之钱千十百，周其阙乏。则潮盖亦边海一穷州耳。今之岭南诸郡以饶足称，则必以潮为首举，甚至以为虽江、淮财赋之地，亦且有所不及。……潮地岸大海，积无饶富之名，其民贡赋之外，皆得以各安地利，业俭朴，而又得守牧如退之、李德裕、陈尧佐之徒相望而抚掬梳摩之，所以积有今日之盛，实始于此。迩十余年来，富盛之声既扬，则其势不能久而无动。有司者又将顾而之焉。则吾恐今日之潮，复为他时之江、淮，其甚可念也。[①]

没有确凿的证据表明王阳明到过潮州[②]，但在正德十二年他巡抚南赣时，军事行动一直延伸到赣、闽、粤边界，潮州府程乡县令张戬带领新民支援，得到他的赏识。福建漳、汀一带的肃清，消除了流寇对粤东百姓的侵扰，所以尽管阳明“未尝履其地，

① 《送骆蕴良潮州太守序》，《王阳明全集》（新编本）卷29，第3册，第1100—1101页。

② 《阴那山志》卷3收录王阳明佚诗《游阴那山》，其序曰：“予既自宗山归赣，而闻有此那山，随泊舟蓬辣，快所一登，果然佛灵山杰。以是较宗山，宗山小矣。时门人海阳薛子侃，饶平二杨子骥、鸾同一玩云。”其诗曰：“路入丛林境，盘旋五指巅。奇峰青卓玉，古石碧铺泉。吾自中庸客，闲过既怪阡。菩提何所树，槃涅是其偏。轮回非曰释，寂灭岂云禅。有偈知谁解，无声合自然。风幡自不定，予亦坐忘言。”此诗亦见录于《潮州府志》卷11《古今文章部·诗部》。或据此谓阳明到过程乡县境内，然疑点颇多：一是诗风拙劣，不类阳明；二是薛侃籍贯乃揭阳，非海阳，故可断为伪作。束景南《王阳明全集补编》附录二也收录此诗，列为存伪。

施其惠"[①]，但潮州士民还是建有"怀惠祠"来怀念阳明的恩惠。除了富庶，潮州令阳明印象最深刻的，还是一群锐志求道、忠心耿耿的门人。这群潮州士人以薛侃为领军，囊括了一时俊彦，或亲炙阳明辗转于各地，或私淑门下，播扬王学于岭海。黄宗羲在《明儒学案》中列有"闽粤王门学案"，潮州即闽粤王门发源地和核心区域。

（一）闽粤王学重镇

最早拜入阳明门下的潮籍士子是陈洸、郑一初，他们差不多与南海方献夫同时，都是在正德六年入门的早期弟子。

陈洸（1478—1534），字世杰，号东石，潮阳贵屿人。正德六年进士，初授户科给事中，后授按察使司佥事。但其人简抗自是以至于恃才傲物，引起阳明的担忧，于正德十五年（1520）特撰《书陈世杰卷》[②]，戒以谦德修身。然而陈洸未能磨砺气质，居乡骄纵，在朝又依附权臣张璁弹劾清流，并致罢官，为士林不齿，于嘉靖十三年（1534）忧郁而病故。

郑一初（1476—1513），字朝朔，号紫坡，揭阳县官溪都蓝桥里人。弘治十八年进士，正德六年冬，一初朝于京师，因新科进士陈洸的介绍，一同受学于任职吏部的阳明，"以为自得师，弃其旧学而学之"，日与徐爱、顾应祥诸同志研讨探究。正德七年五月，授试云南道监察御史，时上议奏，激扬风纪，以敦治化，议上封章，而疾已剧，遂疏乞归，与陈洸访阳明于绍兴。因性善饮酒而积疾，翌年卒于杭州，年仅38岁。阳明为文驰奠，称许一初闻道之勇："呜呼绝学！几年于兹。孰沿就绎？君独奋而。古称豪杰，无文犹兴；有如君者，无愧斯称！"[③]《传习录》中为人熟知的"扮戏子"之喻，即出自他与阳明的对话。[④]

郑一初英年早逝，陈洸品行不端，方献夫分道扬镳，真正将阳明学传入粤地而为阳明所倚重的，要数薛侃。

薛侃（1486—1545），字尚谦，号中离，揭阳县龙溪都凤陇乡人（今潮州市潮安

---

① 〔明〕邹守益：《怀惠祠记》，〔明〕郭春震纂修：《潮州府志》卷4，《祠祀志》，明嘉靖二十六年刻本，第224页。

② 《书陈世杰卷》，《王阳明全集》（新编本）卷24，第3册，第962页。

③ 《祭郑朝朔文》，《王阳明全集》（新编本）卷25，第3册，第999页。

④ 《传习录》上，《王阳明全集》（新编本）卷1，第1册，第4页。

区庵埠志薛陇乡），正德十二年进士。正德九年师事阳明于南京，朝夕相处三年，拳拳服膺师教。阳明在江西出入贼垒之时，薛侃仍与诸同门在后方相聚讲学不散，代理日常政务，诲导阳明儿子王正宪，接引来学。薛侃首抄并首刻阳明最重要的著述《朱子晚年定论》《传习录》，又编刻了《阳明先生则言》《阳明先生诗集》等书，对阳明学的传播贡献颇大。在阳明身后，他又总理后事，保护家眷，还在杭州建天真书院，完成阳明生前卜筑天真山的夙愿，可谓是王门的"护法"，赢得同门的信赖与推重。故黄宗羲在《明儒学案》中，将其列为闽粤王门之代表人物。薛氏之思想主要见诸《云门录》《研几录》《图书质疑》等著述，大体不出阳明之矩矱。"其论宗良知，以万物一体为大，以无欲为至"[①]，标举研几、无欲的修身工夫，呈现出内省刚毅的为学风格。他尤其注重事功践履，不遗余力地推动地方建设，创书院、修家庙、增祭田、立族训、行乡约，带头兴修水利，开溪建桥修路三十余所，不少溪渠堤桥今人仍在使用。去世后，他被入祀乡贤。在薛侃的带动下，其兄弟子侄及潮州士子纷纷皈依王门。据文学家王慎中（1509—1559）的观察："当时东南、楚越之交，盛为王学者，莫如绍兴、吉安，独潮之风不下于二郡，可谓盛矣！"[②]

潮州王门主要人物还有：薛俊（1474—1524），字尚哲，薛侃之兄。本尊朱子学，听闻其弟薛侃介绍阳明学说，欣然率领家族子弟到赣州从学，阳明授以行己之要。

薛侨（1500—1564），字尚迁，号竹居，乃薛侃之弟，嘉靖二年（1523）进士，官至右春坊司直。在潮州建有"一真会所"，聚士"发良知之学、精一之旨"。[③]

薛宗铠（1498—1535），字子修，号东泓，薛俊长子，与其叔薛侨同年进士，官至户部左给事中。因弹劾吏部尚书汪鋐，冤遭廷杖而死。

薛宗铨（1501—1553），字子衡，薛俊次子，以布衣终。

王阳明尝称许薛氏兄弟引介、倡导之功："自是其邑之士，若杨氏兄弟与诸后进之来者，源源以十数。海内同志之盛，莫有先于潮阳者，则实君之昆弟之为倡也。其有

① 〔明〕林国相、程有守修，杨元起纂，龙国禄增修：《万历〈惠州府志〉》卷16，《寓贤传》，《广东历代方志集成·惠州府部（二）》，岭南美术出版社，2009年，第221页。

② 〔明〕王慎中：《送陈员溪先生之任永定序》，〔明〕王慎中著，林虹点校：《遵岩集》卷10，商务印书馆，2020年，第309页。

③ 《〈薛氏族谱〉本传》，〔明〕薛侃撰，陈椰编校：《薛侃集》附录6，上海古籍出版社，2014年，第578页。

功于斯道，岂小小哉！”[①]

杨骥（1484—1520），字仕德，号毅斋，饶平人，世居凤城（今潮州市区）。其父尝游陈白沙之门，而他与弟弟杨鸾原先都师事湛甘泉，在赣州听阳明讲学，倾心折服。其谓“古人致知工夫，自是直截简易”，以至于不愿归乡，自称“但以二十四年之旧习，一旦得闻先生至教，仅掇秕糠，未能脱然自立，遽舍而归，必为旧染流俗所汩，成无日矣”。[②]杨骥去世时，阳明甚感痛惜，致哀词云：“潮有二凤，今失其一。呜呼惜哉！”[③]阳明的名言“破山中贼易，破心中贼难”就是出自给杨骥的信《与杨仕德薛尚谦书》。[④]杨鸾（1492—1526），字士鸣，一字少默，号复斋，正德十五年从学阳明。

陈明德（？—1532），字思准，号海涯，海阳辟望（今汕头市澄海区）人，以学行见重于潮州士林。阳明给潮籍门人的书信里多次提及他，嘉靖七年他在广州会晤阳明，拜入门下。

杨思元（？—1522），名应本，号燕山，揭阳龙溪人，正德十年（1515）之前从学阳明，归乡时阳明赠《书杨思元卷》，诫以“谦默”之义。[⑤]思元记录其父杨琠的庭训，请阳明题序，于是有《杨琠庭训录序》，序中赞赏杨氏父子能以“身心性情之德、人伦日用之常”相授受。[⑥]杨琠（1464—1516），师事陈白沙，曾任南京监察御史，与阳明同事。死后乡民建有“报功祠”祭祀，祠中原有匾额“回澜砥柱”，为阳明所题。

黄梦星，海阳人，其父黄保从薛、杨诸子处闻阳明学，心向往之。黄保暮年命梦星往绍兴师事阳明，曰：“吾衰矣，吾不希汝业举以干禄。汝但能若数子者，一闻夫子之道焉，吾虽啜粥饮水，死填沟壑，无不足也矣。”梦星为了侍亲事师两不误，多次往返越潮之间，令阳明十分感动。阳明作《书黄梦星卷》，亟称黄氏父贤子孝，“诚心一志”。[⑦]

吴继乔，字世达，号之溪，揭阳曲溪人。据雍正《揭阳县志》记载，嘉靖七年“闻阳明讲学广西苍梧，往从之游”。

---

① 《祭国子助教薛尚哲文》，《王阳明全集》（新编本）卷25，第3册，第1005页。

② 〔清〕周硕勋纂修：乾隆《潮州府志》卷41《艺文上》。

③ 《杨毅斋传》，《薛侃集》卷7，第251页。

④ 《与杨仕德薛尚谦书》，《王阳明全集》（新编本）卷4，第1册，第181页。

⑤ 《书杨思元卷》，《王阳明全集》（新编本）卷8，第1册，第290页。

⑥ 《杨琠庭训录序》，《王阳明全集补编》，第143页。

⑦ 《书黄梦星卷》，《王阳明全集》（新编本）卷8，第1册，第300—301页。

林文，字载道，号希斋，揭阳龙溪人。阳明晚年居越，他“往来侍学，学日益明”。[①]

余善，字崇一，潮阳县廓都人，曾从陈白沙游，操履端诚，一言不苟。正德十三年（1518）应贡北上，谒阳明于南京，被待以殊礼，誉为“笃行君子”。授横州训导，以母老乞归。家居倡明“四礼”，远近负笈者踵至，邑人号曰“道学先生”。

翁万达（1498—1552），字仁夫，号东涯，揭阳鮀江（今汕头蓬州）人。嘉靖五年（1526）进士，官至兵部尚书。翁氏“好谈性命之学”，与薛侃、欧阳德、罗洪先、唐顺之等王门弟子交往密切，在阳明的葬礼上曾与薛侃联署祭文，被列名于就位哭奠门人之中。[②]其《与程松溪提学书》明称“先师阳明”[③]，但何时正式入门，则尚无明证，疑由薛侃引介。据明人田汝成《炎徼纪闻》卷1：“副使翁万达曰：‘新建伯之将薨也，予适侍侧。言：‘田州事，非我本心，后世谁谅我者。’”[④]又，黄光昇《昭代典则》卷26载：“新建伯病，谓翁万达曰：‘田州事非我本心，后世谁谅我者？’新建伯初起用，皆萼之力。萼议礼致位卿辅，欲立奇功，会安南有乱，冀可传檄取之，乃阴以意寓书授新建伯，若专为思、田者，使密探安南要领。而新建伯不答，直于奏尾稍及之，萼遂恚憾。会新建伯卒，竟中伤，革世爵及恤典云。”[⑤]据此可知，阳明去世前不久翁万达在场，其时翁任湖广监兑制使[⑥]，或是奉差南下而亲侍师侧。

成子学（1504—？），字怀远，号井居，海阳隆津都龙湖（今潮安龙湖）人，苑马寺卿。光绪《海阳县志》记载他“事王阳明，得良知宗旨。又与吉水罗洪先往复寓书，阐明理学”。但据他给薛侃写的祭文，称薛为“宗师”，又称“早依门墙，荷先生之陶冶”[⑦]，可知为薛侃弟子无疑。

陈琠，揭阳龙溪人，雍正《揭阳县志》说他“师事王阳明先生，教授里中，从游

---

① 《林希斋传》，《薛侃集》卷7，第256页。

② 〔明〕程辉：《丧纪》，《王阳明全集》（新编本）卷37，第4册，第1480页。

③ 〔明〕翁万达：《与程松溪提学书》，〔明〕翁万达撰，朱仲玉、吴奎信校点整理：《翁万达集》，上海古籍出版社，1992年，第657页。

④ 〔明〕田汝成：《广西土司》，〔明〕田汝成撰，欧薇薇校注：《炎徼纪闻校注》卷1，广西人民出版社，2007年，第17页。

⑤ 〔明〕黄光昇著，章颜炮点校：《世宗肃皇帝》，《昭代典则》卷26，商务印书馆，2017年，第1135页。

⑥ 〔明〕徐学谟纂修：万历《湖广总志》卷19，明万历刻本，《四库全书存目丛书》史部第194册，第633页。

⑦ 〔明〕成子学：《祭文》，《薛侃集》，第475页。

日众”。[1]

除了上面及门亲炙者，潮州还有一批因游宦在外接触到阳明学而成为私淑者。如：

林大钦（1511—1545），字敬夫，海阳县东莆都（今潮州市潮安区金石镇）人，自号东莆子。嘉靖十一年（1532）状元，授翰林院修撰。他的同年和同僚中有众多阳明后学，如王畿、钱德洪、罗洪先、徐樾、林春、赵贞吉等，故深受濡染。乡居十余年，与同志信函往复，切磋论道，讲学于宗山书院，有《华岩讲旨》刻行。

陈思谦，字益抝，号碧洋，揭阳鮀江人。嘉靖五年进士，嘉靖十年（1531）为官南京时，得闻王学于王畿。翌年任户部主事，其时王门“同志聚京师，朝夕与居，学日益进”。[2]

萧端升，字曰阶，号自麓，潮阳县廓都（今汕头市潮阳区）人，嘉靖二十五年（1546）举人。往江西石莲洞学于罗洪先数月，得窥宗旨，与焦竑、袁黄讲学于南京新泉书院。

与此同时，游宦潮州的王门后学也对本土的阳明学热潮起了推波助澜的作用。如：

季本（1485—1563），字明德，号彭山，浙江会稽人，为阳明弟子。嘉靖四年（1525）谪揭阳主簿，每日至中离山，与薛侃等同志互相讲论。

刘魁，字焕吾，号晴川，江西泰和人，亦受业于阳明。嘉靖十四年（1535）任潮州通判，常到宗山书院讲学，刊刻薛侃的著述《研几录》。

郭子章（1543—1618），字相奎，号青螺，江西泰和人，阳明三传弟子。万历十年（1582）任潮州知府，颇有治绩，他兴建的凤凰塔至今仍是潮州的地标胜景。

潮州阳明学之勃兴，令王阳明一再感叹：

> 潮郡在南海之涯，一郡耳。一郡之中，有薛氏之兄弟子侄，既足盛矣，而又有士鸣之昆季。其余聪明特达毅然任道之器，后先颉颃而起者以数十。[3]

这批潮州士人大多有白沙—甘泉学的思想背景，转入王门后，也在努力弥合二家之歧，认为王、湛“其学同，其心一”。正如有学者所指出：“岭南粤地是用白沙学或

---

① 〔清〕陈树芝纂修：雍正《揭阳县志》卷6《人物》，书目文献出版社，1991年。

② 《陈碧洋传》，《薛侃集》，第259页。

③ 《祭杨仕鸣》，《王阳明全集》（新编本）卷25，第3册，第1008页。

甘泉学来吸收和消化阳明学。”[①]尽管阳明不愿多提及白沙，私下对其也有所批评[②]，但潮州王门弟子还是一致推尊白沙这位广东大乡贤，也深受其超脱洒落的品格、主静存养的工夫路径的影响。如嘉靖九年（1530）薛侃在行人司右司副任上奏请陆象山、陈白沙入祀孔庙，正如黄宗羲所说“是必有以知师门之学同矣”[③]，故此粤中王学呈现出一种与白沙—甘泉学合流的鲜明特点[④]。另一个特点就是务实躬行，在地方政务、宗族建设、师门教务上颇多建树。若就理论而言，则守成多于创见，修身工夫进路上偏于内省静敛，较接近于江右王门的风格。

令人遗憾的是，潮州这股阳明学热潮其兴也勃，其亡也忽。如阳明所言：“其山川灵秀之气，殆不能若是其淑且厚，则亦宜有盈虚消息于其间矣乎？”[⑤]薛侃身后，弟薛侨、子薛宗釜“能世其学”，但感召力大不如前，这个王门群体日益沉寂。另一方面，固有的朱子学势力也不容小觑。潮州地处粤东，受福建（特别是闽南）文化影响较大，朱子学颇有根基。“南宋时潮州仕宦多出朱子之门，潮地亦久沐朱子之教化，朱子著述不少在潮刊行”[⑥]，朱子本人也尝游揭阳，寓居同榜进士郑国翰家。而其潮州门人中以潮阳郑南升、揭阳郭叔云为著，二公谨志行而遵礼教，奠定潮州理学之正统。在阳明学风行的嘉靖十六年（1537），潮州知府郑宗古在潮州刊刻了阳明的论敌罗钦顺的《困知记》，故及至万历年间，同属潮州府的澄海唐伯元上疏反对阳明入祀孔庙，也就可以理解了。

（二）书院讲学

潮州阳明学的据点有玉华书院、玉林书院、中离书院、南溪精舍、宗山书院。

玉华书院又称北山精舍，位于潮州郡城之金山。薛雍《金山读书记》载：“潮郡有金山，玉华书院在焉。有精舍，有玉华堂，有北山书屋。”薛侃与杨氏兄弟、陈明德在此“相与就正观摩，潮学为之一变”。[⑦]薛侃《陈海涯传》载：“毅斋邀处北山精舍，三

---

① 参见钱明著：《王阳明及其学派论考》，人民出版社，2009年，第344页。

② 王阳明与陈白沙的关系考论，可参见钱明《王阳明及其学派考论》第13章《王学之先行——粤学考》、黎业明《王阳明何以不愿多提白沙》（黎业明著：《明儒思想与文献论集》，商务印书馆，2017年）相关论述。

③ 《白沙学案》，《明儒学案》卷5，第79页。

④ 参见陈椰：《岭南阳明学与白沙学的互动交融》，《学术研究》2017年第9期。

⑤ 《祭杨士鸣》，《王阳明全集》（新编本）卷25，第3册，第1008页。

⑥ 饶宗颐：《朱子与潮州》，《饶宗颐二十世纪学术文集》卷4，台北：新文丰出版公司，2003年，第450页。

⑦ 〔明〕薛侨：《中离公行状》，《薛侃集》附录三，第422页。

年乃豁然。毅斋卒，与复斋砥砺玉林。”[①]

玉林书院为杨骥创辟，位于潮州意溪东津乡，书院之名取自陈白沙诗“海上花开万玉林”。杨鸾《玉林寻乐记》说：“玉林，津头之一林也，面黄田，带韩江，背金山而倚西湖也，……为亩二十有奇。”[②]薛侃《杨复斋传》载：杨鸾曾“率徒百余师事海涯于玉林，磨切汲引，亹亹不倦”。[③]

南溪精舍在揭阳县城南，方志记载：“县南济渡处有南溪精舍，明解元林昕子继业建。行人薛侃与同时杨琠、吴继乔、杨惟执、陈琠诸贤，讲学于此。”[④]

中离书院位于梅林湖畔的西桑浦山中，嘉靖三年（1524），薛侃丁母忧庐墓山中，讲学不辍，“以正学接引，潮士为之一变”[⑤]，“四省同志闻风远来，至不能容，各自架屋以居，会文考德，兴益良多”。[⑥]中离书院规模宏大，辟有十八胜景，季本作诗以咏。终明一代，潮州学风之盛，莫过于此。

宗山书院，嘉靖十一年由薛侃倡建，位于今潮州市潮安区金石镇塔脚。原来中间为怀惠祠，祭祀王阳明，旁为精舍，延请陈明德居之，主持讲学。江右王门领袖邹守益撰有《怀惠祠记》曰：

> 怀惠祠者何？潮士若民怀阳明先生之惠而祠之者也。先生未尝履其地，施其惠，何祠尔矣？德威遐被，风教宏敷，人心感慕，自有不能已焉乎！先是小靖石骨寨允蠢，行旅罹其害，先生征漳寇至杭，亲临境土，抚谕平定，害斯已。厥后总制四省，班师五羊，多士赴讲，故政教沾被，士民思之。乃乡耆洪瞻、生员王墟辈，请于大巡吴君麟允建宗山书院，尸而祝之，凡以求具思焉耳矣。中为祠堂，左为讲堂，右为经楼，为宴会厅，翼而环之以书舍，萃生儒肄业，可居百人，诚一方之胜也。然景僻烟远，风高易圮，直冬间寂，非二三人可守。中离薛子自出租五十，募人看守香灯。继而贰守刘君魁置租九十，大巡

① 《陈海涯传》,《薛侃集》卷7，第255页。

② 〔清〕刘忭纂修：康熙《饶平县志》卷16《艺文》，清康熙二十六年刻本。

③ 《杨复斋传》,《薛侃集》卷7，第254页。

④ 〔清〕王崧修，李星辉纂：光绪《揭阳县续志》卷1《建置志》，清光绪十六年刻本。

⑤ 饶宗颐：《年谱》,《薛侃集》附录五，第522页。

⑥ 《中离公行状》,《薛侃集》附录三，第424页。

> 洪君垣拨废寺租三百石，续正祀典，徭编门役，令府县佐贰官致祭，中离收回原租，顷因奉例鬻寺田，龚守混取其寺租而鬻之民，竹居子克承厥志，入直于官，仍以百租归宗山，岁延有学行一人主教，给租四十石，增募守看二十，差输十有五，春秋遣官主祭，服从约二十人，不欲扰方里，夕朝供销者二，添胙祭土神，及乡耆生儒陪祭约百人，或五六十人，二馔共二十有五，此其概也。官租九十，岁征海阳县给方里办二祭，余为香灯募役修葺之资。[①]

由此可知，宗山书院一开始因潮州士民缅怀阳明的善政德教而建，后来由于地处僻远，人迹罕至，薛侃薛侨兄弟出资维持书院教事及怀惠祠香火。薛侃身后，入祠配祀阳明，嘉靖二十八年（1548）年，湛甘泉作《潮州宗山精舍阳明王先生中离薛子配祠堂记》[②]。后来因致祭不便，怀惠祠改建于潮州城北，入清后渐荒废。

（三）《揭阳乡约》

乡约是基层社会的自治组织，肇始于北宋理学家吕大临兄弟的蓝田《吕氏乡约》，分“德业相劝、过失相规、礼俗相交、患难相恤”四项纲领，由自愿入约的约众推举领导人组织定期聚会，裁量从违情况以作奖惩，起到扬善警过的作用。此后朱子为之增损，对四项纲领进行注释、细化，使该约声名远播，可谓后世乡约祖本。但真正流行开来却要到明代中期以后，各种官办或民办的乡约蓬勃发展起来，王阳明于正德十三年平定南赣地区之乱后所倡之《南赣乡约》是一大典范，该约与保甲制度相仿的“十家牌法”结合，调和“土著”与“新民”的矛盾，解决了该地区的治安痼疾，遂引起弟子后学纷纷效仿，各自针对当地社会的现实需要而探索出不同的乡约模式。如邹守益在安福县推行的《北乡乡约》，历二十年而不衰；罗洪先在吉水县的《同水乡约》，配合编练乡兵守御乡里，成效可观；罗汝芳在安徽宁国府知府任上也以地方首长的身份亲赴约会，为士民讲解良知学及《吕氏乡约》。

就在阳明倡举《南赣乡约》的翌年，薛侃离开朝夕相处三年的老师，从赣州回到乡里。恰逢乡族有久讼不解者，他主动出面调停解纷，遂萌发了效仿老师行乡约的念

---

① 《怀惠祠记》，嘉靖《潮州府志》卷4《祠祀志》，第224—225页。

② 《泉翁先生大全续编》上册，第99页。

头。率领父老约为十条事项，呈送官府给照。[①]嘉靖五年，季本在御史任上因言事被谪潮州府揭阳县主簿，他到任后以化民为首务，锄奸伐梗，改变了当地盗寇诉讼丛生的弊政。他与乡居服孝的薛侃时相过从，在薛氏旧约基础上“酌为三十四条，普行一邑”，在各乡建立约所，还不时亲临巡视晓谕，“盗息讼简，奸无所容，时临各约巡视，善士扬眉，恶人涤虑，社学师生日夜习诗演礼，盖庶乎弦歌之意，识者以为三代可以立回”。[②]

为了乡约里那些原则性的文字更明白易晓，薛侃还细绎了二十二条《乡约续议》，依次是：冠婚、丧祭、祀先、闺法、蒙养、隆师、安分、谨言、处事、待客、忍气、戒争、淫博、弭盗、节财、自立、复古、长善、听讼、均益、约长、良知。针砭的社会陋俗积弊如早婚少聘、铺张浪费、火葬、教养缺失、争斗构讼等，倡导本心诚敬、安分静退、节制谦让的道德生活态度。值得注意的是最后一条“良知”：

> 良知者，人心自然明觉处也。见父知孝，见子知慈，此良知也。遇寒知衣，遇渴知饮，遇路知险夷，此良知也。当恻隐自恻隐，当羞恶自羞恶，当恭敬自恭敬，当是非自是非，此良知也。人惟欺此良知，则争讼诈罔，无所不至。若依而充之，知是则行，知非则止，有则曰有，无则曰无，人人太古，处处羲皇矣，竟有何事？[③]

可谓尽显王学底色，其辞明快直白，庶众易喻。两年后，王阳明兼理巡抚两广，开府广州，季本赴省呈报推行《揭阳乡约》之后风俗移易境内安宁情况。阳明大加赞赏，称其有“爱人之诚心，亲民之实学，不卑小官，克勤细务，使为有司者，皆能以是实心修举，下民焉有不被其泽，风俗焉有不归于厚者乎”。[④]遂把季本留在帐下使用，并委任揭阳县丞曹森继续管理该县乡约，“毋令废堕”。

《揭阳乡约》是第一个效仿《南赣乡约》而推行的乡约，由薛侃、季本两位同门同志协力推行，并得到王阳明本人首肯，可谓是师徒响应之作。这种以共同信仰（良知

---

① 《乡约》,《薛侃集》卷11，第392页。

② 《乡约》,《薛侃集》卷11，第392页。

③ 《乡约》,《薛侃集》卷11，第391页。

④ 《揭阳县主簿季本乡约呈》,《王阳明全集》(新编本)卷18，第2册，第669页。

学）作为根基的官方督办、士大夫阶层响应主导的模式，是王学庶民教化运动中的主流形式。

与《南赣乡约》的军事维稳性质不同，《揭阳乡约》的缘起是平息民间私讼，目标是改良好讼斗狠、奢靡势利的流俗，让王化难及、政治松弛的岭海僻隅变为礼仪之邦，因而更具教化的意味。这也启发了江右王门的聂豹、邹守益等人，相继以《揭阳乡约》为范本在当地倡行乡约。

（四）阳明从祀孔庙的反对者——唐伯元

王阳明身后近四十年的隆庆元年（1567），被奏请入祀孔庙，历经了整整十八年的周折，终于在万历十二年（1584）十一月，朝廷下令：王守仁、陈献章、胡居仁三位当朝大儒从祀孔庙。在古代，从祀孔庙是国家重要的政教制度和典礼。作为一个儒者，死后能入祀孔庙是莫大的荣耀，不仅意味着官方对其学术思想成就的认可，更关系着国家意识形态和科举取士的现实利益。王阳明的从祀，撼动了朱子学的正统权威地位，引发朝野巨大的震动。一个南京户部郎中就深感不安，上了一封《从祀疏》，表达强烈的不满与抗议。他就是潮籍儒者唐伯元。

唐伯元（1541—1598），字仁卿，号曙台，潮州府澄海人，万历二年（1574）进士，官至吏部文选司员外郎，进署郎中事，参与组织文官的铨选。在任上务实能干，清廉正直，后因不满万历皇帝的怠政，自觉难有作为，上疏请求罢归，回乡退隐终老。

唐伯元曾到江西师事湛甘泉的弟子吕怀，提倡崇礼重行，对王学末流信心任性、不修行检的作风十分不满，主张“六经无心学之说，孔门无心学之教”。他在思想史上最受关注的，当属他向朝廷抗议王阳明从祀孔庙。其《从祀疏》措辞激烈，对王阳明多方指责。一开始便指出王阳明有如下六点人品上和学术上的弊病：“道不行于闺门”（没有管好内室），“乡人不信”，平定“宸濠之功状疑似”，其“学禅学也”，其“儒霸儒也”，其“良知之旨弄精神也”。[①]他认为阳明不是一个醇儒，“立于不禅不霸之间，而习为多疑多似之行”，导致身后议论纷纷。接着又指出论说实有“自相矛盾之处”，而且离经叛道。他还将阳明与白沙对比，指摘前者的自是、傲慢：白沙之学也异于朱

① 〔明〕唐伯元：《从祀疏》，〔明〕唐伯元著，朱鸿林点校：《醉经楼集》，中华书局，2014年，第173—184页。

子，但白沙却非常尊崇朱子。白沙对门徒严谨，而阳明则随意夸奖门徒；白沙之学疑于禅，而阳明之学实混于禅。阳明受白沙弟子湛若水的影响，却从不提及白沙，这样的态度是目空今古，“自任太过”。唐伯元给了两个建议：最好是朝廷收回成命，取消阳明从祀的典礼；退而求其次则是命令礼部布告天下学校，学者不得轻易诋毁朱子，犯者以违制论。学者该学王阳明的功业、气节、文章，不得学他言语轻妄，更不必仰慕他比朱子更为高致。

这封奏疏也激起阳明追随者的激烈反弹，被指责“诋毁先儒”，更关键的是，在朝廷颁布祀典后再表达抗议，是对皇帝和首辅大臣的挑战。结果，这位户部郎中被连降三级，外调为海州判官。

唐氏所说的儒家经典中没有“心学”一说，从文献的角度确实如此，但他忽略了观念的阐发，并不受限于文献表述，从思想史的角度来看，心学的源头可追溯到孟子，这是毋庸置疑的。而唐氏最推尊的陈白沙也提及“心学法门”，师祖湛甘泉更是多次说“圣人之学，心学也”。可见唐伯元对王阳明的批评夹杂意气，与阳明的问题意识并不相应，但代表了当时有识之士对王学末流的反思，故也得到一些王门后学的谅解与回护。[①]他本人事后也有所反思，他与顾宪成（泾阳）有一段对话：

> 先生曰：“足下不见世之谈良知者乎？如鬼如蜮，还得为文成讳否？”泾阳曰：“《大学》言致知，文成恐人认识为知，便走入支离去，故就中间点出一良字。《孟子》言良知，文成恐人将这个知作光景玩弄，便走入玄虚去，故就上面点出一致字，其意最为精密。至于如鬼如蜮，正良知之贼也，奈何归罪于良知？”先生曰：“善。假令早闻足下之言，向者论从祀一疏，尚合有商量也。”[②]

可见唐伯元是从善如流的诚笃君子，《明史》将唐伯元列于《儒林传》首卷，并有如下的评价：“清苦淡薄，人所不堪，甘之自如，为岭海士大夫仪表”，这样的赞美在《明史》中是罕见的。

---

① 参照朱鸿林：《晚明思想史上的唐伯元》，《儒者思想与出处》，三联书店，2015年。

② 《文选唐曙台先生伯元》，《甘泉学案六》，《明儒学案》卷42，第1003页。

三、结语

广东地处五岭之南，为岭南的核心区域，长期以来被中原人士视为蛮荒化外之地，到了明代，在经贸和文教上都进入一个前所未有的繁荣期。尽管不时有山寇海贼之啸乱，冲击破坏区域社会的稳定，但也激起地方士大夫的使命感，投入到兴起文教、保乡化俗的乡土实践中。王阳明其人其学与岭南的结缘，可谓恰逢其时。他的军事、社会活动为当地百姓带来了和平安定，也给广东学风和乡土建设注入新的活力，时人谓之“浙宗”，与甘泉学派的“广宗”双峰并峙。

从宏大的文化地缘来看，如钱明所指出的：“浙、粤两地的文化特质不像中原文化那么严肃有余、奔放不足。……粤中文化奔放自在、静虚自得之精神与浙中文化超然自得、务实怀疑之性格，正好形成亲近互补之关系。白沙学与阳明学先后在两地创生，并非历史之巧合。”[①]由此吾人可以更深刻地理解为何阳明学能在粤地风行一时。近代学者胡朴安（1878—1947）的观察也提供了一个地域人文心理视角：“粤人好大而喜新，急功而易动，……有能以新学说、新主义相号召者，倡者一而和者千，数日之间，全省为之响应，虽以势力制之，此仆而彼起，莫能遏其炎焰。故有利用之以作奸犯科者，有善导之而创建功业者，皆较他省易于措施。”[②]显然，阳明属于善导而立业者，其本人及粤中王门学派的化迹遗泽，至今犹存。

（作者陈椰系华南师范大学马克思主义学院讲师）

---

① 《王阳明及其学派论考》，第343页。

② 胡朴安：《广东人之性质》，胡朴安编著：《中华全国风俗志》（下编），河北人民出版社，1986年，第368页。

家族史与谱牒研究

《王阳明七代遗像》及相关世系考述

计文渊

内容提要：《王阳明七代遗像》原画已毁，现唯一仅存的是该画像的旧照片一帧。原画像由王阳明十六世孙王造周家传，对王阳明世系的真实性具有重要的文献价值。本文对原画像题跋和当地相涉王氏先世谱牒的源流及真伪问题进行探究。

关键词：画像题跋　谱牒源流　真伪问题

20世纪90年代初，笔者为汇编《王阳明法书集》而四处收集阳明相关文献遗物，曾在余姚龙泉山中天阁见到阳明画像、手迹、题刻等文献的原件及照片。中天阁曾因王阳明讲学于此，又被称为"阳明先生讲学处"，此处在清代设立龙山书院。20世纪50年代初，由乡先辈在此设立"梨洲文献馆"。当时余姚尚未有博物馆，当地小型书画文献展览及乡贤研究会的学术交流活动均在中天阁举行。此阁属余姚文物保管所管理，古籍文献库房即在中天阁二楼。其中有一帧泛黄的老照片，签题"王氏迁姚三世祖士元公迄王文成公七代遗像"（以下简称《王阳明七代遗像》），引起我的注意（如图1）。由于画像原件无存，这帧照片是现存唯一王氏迁姚始祖的重要实物文献，弥足珍贵。1996年7月，本人编著出版的《王阳明法书集》①中附录此图，系首度公之于世。

《王阳明七代遗像》照片原件现藏余姚博物馆，纵38厘米，横32厘米，内纵27.8厘米，横22.4厘米。因照片尺寸大小有限，原画像四周裱件处的题跋文字极为细小，一时无法释读。当年笔者通过放大镜对照片上的题跋文字，逐字逐句，依样抄录，至今留存近30年，其间未详考录。兹捡得抄本，谨此小文，以探此画像及其世系之渊源。

① 计文渊编：《王阳明法书集》，西泠印社出版社，1996年。

图1　王阳明七代遗像

一、《王阳明七代遗像》题跋考略

“祖宗”一词在《辞源》中被解释为：“对始祖及先世中有功德者的尊称……后为先世的通称。”“祖宗”就是有血缘关系的前代祖先。祖宗遗像是祖先的肖像画，是后世家属为留住先人的遗容而制作的、具有纪念性的肖像，有刻石、雕塑、绘画等形式。尤其用绢纸、丹青绘制的祖宗遗像，在明清两代最为盛行，这也是具有历史性的一种现象。

清学者厉鹗（1692—1752）为友人遗像撰文说：“古者人子之于亲亡也，为之旗以识之，为之重主以依之，为之尸以祭之。至汉氏以来，乃有画像，虽非古制，实寓生存，遂相沿不能废。宋之先儒，有恐似他人之议，则画手不可不工也。”[①]这段话大致阐明了祖宗画像产生的脉络可追溯到汉代。其形式与内容，有坐像、立像，有全身、半

① 〔清〕厉鹗：《杭可庵遗像记》，〔清〕舒绍言等撰：《武林新年杂咏》，〔清〕丁丙、丁申辑：《武林掌故丛编》，广陵书社，2008年，第4册，第5—6页。

身，有夫妇，也有将历代祖宗绘制于一幅，出现一组群像。例如此件《王阳明七代遗像》，便是典型的一组群像画。

祖宗画像大多不画背景，一般悬挂在宗祠或家祭场合，用于祭祀仪式。据清金明全撰《绍兴风俗志》载“拜祖像”：

> 元旦为岁朝，俗称大年初一，比户于除夕，在堂中悬挂祖先遗容（俗称神像），桌系红帏，具香炉烛台，像前设杯箸，供水果四盘……等品。元旦清晨燃香烛，每位祖先前供红枣莲子茶一盏汤圆子一或另供年糕、粽子各一盘，并新腌芥菜一碟，卤煮黄豆一碟，礼天地神后，叩拜祖先像毕，合家始食汤圆子或年糕汤为早餐，例不用膳。

又《月令事宜》云：

> 除夕祭飨即悬真（遗像）于家庭，供奉以拜节。越俗在祖先遗容散失者则用祠堂图，图绘大门，门后绘堂，中绘牌位，填入祖先名讳，以代遗容。
>
> 又有合三世、二世、十余世共绘一幅，坐次层叠，而不名谓攒像，盖亦祭如在之礼也。
>
> 比户自悬挂祖先遗容后，自元旦起凡宗族、亲戚师徒至友，例必具红烛（不用香）互相展拜神像，在十八日内，虽山僻海陬，高曾远亲亦必一度走访拜谒，此风实为越中敦亲睦姻之美。[①]

这种风俗传承正如《越郡新年竹枝词》所云：

> 高曾像供值年房，拜像兼来拜岁忙；携烛入门人不见，祖宗端坐在中堂。大厦无人静不哗，门窗破落有尘沙；中悬祖像多纱帽，知是先朝旧宦家。询知旧宅未曾迁，祖上姻亲已百年；觌面儿孙都不识，自寻神主老神堂。[②]

---

① 〔清〕金明全著：《正月》，《绍兴风俗志》，北京学苑出版社，2017年，第1册。

② 《正月》，《绍兴风俗志》，第1册。

《王阳明七代遗像》原由王阳明十六世孙王造周收藏，画像裱件四周题跋及观款共计有20人，时间从清光绪二十四年（1898）至民国二十年（1931）。根据各题跋内容，大致可了解此画像的来龙去脉。以下附录各跋文，并略作考述。

（一）傅泽鸿跋文

谨此有明余姚王文成公，以理学名世，□□□□□□□□□读公集□□，以未获亲炙为恨。□□□意□□归，拜□□□公□□见当□□□气□□□□□□□□□□□□□□□□□□□□□□时□□□□□□□□□□□□□□□□□□□□□□□□□□□□□□□□□□□反□□□□□□□□□□□□□□□□□□适游□□□□□□□□□谒且诗曰□□□□□□□□□□□□□存□□□□窃闻先公□□□自文成公上溯□□□□祖□□士元公，四世□□□□□□，五世曰遁石公，六世曰□□□，七世曰世杰公，八世曰海日公，海日公□□□□□□□□□□□□□文成公绵延造周，为文成公十六世孙。□□□□□□□□□□□以示来者。鸿□□敏求，敢□□□据所述，□□志敬仰，造周其□□□□□□承先泽，勉事潜修，异口时□□祖武而大门户□□□□王氏之幸，亦鸿之望也。光绪二十四年闰三月十□□□□□

知绍兴府事湘乡后学傅泽鸿熏沐谨识于蓬莱阁，时年六十有五

此跋题于画像最上端右边，因照片模糊，部分题字难以识辨，残缺文字，以□代之。跋文大意基本可以释解。傅泽鸿，字少卿，湖南湘乡人。咸丰十一年（1861）拔贡，官浙江候补知府。著有《史汉发明》5卷（清光绪十八年刻本）、《宝彝堂文存》2卷（清宣统元年湘乡壶天傅氏刻本）。其在遗像题跋谓："上溯□□□□祖□□士元公"当为"上溯迁姚三世祖□□士元公"，此与世系不符，应作"性常公"（王纲）。

（二）但懋祺题跋

有明一代，姚江学术气节事功之盛，甲于海内，暨蓝图流离之际，仗节以从者如黄南雷，洁身海外者如朱舜水，赓续不绝，吁！何其盛也。抑自舜水流寓日本，王文成学说附之而东，西乡南洲、吉田松阴之流，被其道响而光大

之，遂成再造之新邦，论者致谓文成绝学，不存于祖国而存于扶桑三岛。继此以往，世变日亟，文成之学益为中土所需，而后起之责任益重。祺自束发受书，即私淑文成之绪论。今承之文成故里，愧未能表章遗说，以淑此邦人士。会以受代将去，文成十六世孙、县学生造周捧遗像执弟子礼来谒，曰祺为识数语，用诏来者，且告曰："此图上溯士元公，下逮文成公，父海日公，凡六世，其貌温肃，而额左有黑痣四，右有黑痣三者，先十六世祖文成公也。余八人雁行而列座者，文成公昆仲也。"祺维文成具立德、立言、立功三不朽，而于天伦之间，若是其肫挚，斯诚可以敦薄俗而风当世矣。造周其保守之，以待海内大手笔之标题，若祺固非其人也。

光绪二十九年岁次癸卯，知余姚县事蒲圻后学但懋祺谨识于余姚县署之蓬莱阁

此跋题于遗像上端自右至左第二位置，时间为光绪二十九年（1903）。款署但懋祺，字寿吾，曾知余姚县事，又任乌仁县知县，湖北蒲圻人。其言行在《清实录·光绪朝实录》中略有记载。此跋也同样沿用"上溯士元公"，需以更正。

（三）袁嘉谷题跋

徐文贞记文成画像云：阳明先生像一幅，水墨写，嘉靖己亥，予督学江西，就士人家摹得先生燕居像二。朝衣冠像一，明年以燕居之一，赠吕生舒，又言尝见人言此像于先生极似，以今观之，貌殊不武，然独以武功显，于此见儒者之作用云云。江右为文成过化处，横水、桶冈寇平，民各肖像于祖堂尸祝之。文贞又为文成再传弟子，所言肖像极似，当有征。赣又有祠肖先生像，即文贞所创建也。是像为朝衣冠，出之姚江家传，历摹上六世像，自性常公而渔隐公，而遁石公，而槐里公，而竹轩公，而海日公，暨文成之伯父半岩先生，季叔易直先生。始性常公，自山阴迁姚江之鼻祖也。海日翁四子，长即文成，次守俭，次守文，次守章。又同祖兄弟五人，伯父之子守义、守智，季叔之子守礼、守信、守恭。九人雁行列。文成右额痣三，左额痣四，视徐文贞记尤详，意必新建伯后人所追摹。观此益知岳降崧生，其有所本之矣。予尚求之姚江之学，岁庚戌提学两浙，其十六世裔孙造周以像进乞题，与文贞督学时所见异，

所景仰同，爰列征传记谨识之。

宣统二年十二月石屏袁嘉谷

此跋题于遗像上端第三列，时间为宣统二年（1910）十二月。袁嘉谷（1872—1937），字树五，号树圃，号屏山居士，云南石屏人。光绪二十九年六月，他应经济特科试，列二等七名，复试一等一名，授编修，是云南唯一的状元。曾赴日本考察学务、政务，著《东游日记》4卷。回国后，升任浙江提学使。辛亥革命离浙归滇，应蔡锷之聘任省参议员，应唐继尧之聘为顾问，并修《云南丛书》，民国十年（1921）任云南省立图书馆馆长。袁嘉谷跋文纠正了以上二跋的谬误处，指出：是像为朝衣冠，出之姚江家传，历摹上六世像，自性常公（王纲）而渔隐公（王彦达），而遁石公（王与准），而槐里公（王世杰），而竹轩公（王伦），而海日公（王华），暨文成（阳明）之伯父半岩（王荣）先生，季叔易直（王衮）先生。并认为遗像自上往下第一排为阳明六世祖性常公（王纲）。但下一句"始性常公，自山阴迁姚江之鼻祖也"，却失之偏颇。

（四）徐葆和题跋

壬辰秋，周邑侯谒文成祠，访及后裔，得十六世王造周，悯其孤芳，即命入署教读。逾年，从和游，探明先型，但云家有遗像，残破已甚。和出资装裱，犹未知为谁何之像也。幸王氏有旧存祭簿，中有元旦拜像文，与此符合。其为文成公暨上六代遗像，信而有征。因有王氏遗像备考，并交造周藏之，谨略述其原，以示来者。

光绪戊戌中秋，后学徐葆和敬识于学士里

此题跋于遗像裱件上端最左边，时间在光绪二十四年中秋。跋文说：光绪十八年（1892），时任余姚县令的周炳麟（南海举人，光绪十七年任余姚县令），拜谒王文成公祠，同时又访问了阳明后裔、传为十六世孙的王造周，怜悯他的生活景况，便让他进入县署就读一年多，师从徐葆和。造周告知徐葆和家中藏有祖传遗像，惜其残破不堪，遂由徐出资将画像重加装裱，但并不清楚画像中的人都是谁。幸而王氏后裔保存着旧的祭簿册，其中有元旦祭拜祖像之记录，内容与此画像相符。由此王阳明及其以上六代之遗像，可谓信而有据矣。

（五）堵福诜题跋

经君伯萱自杭返姚，手执亡友王君造周家藏文成公合其上世七代遗像来署，知诜之敬慕文成，故不□□□，而予□□敬观之机会，景仰之余，因念文成德业文章，彪炳寰宇，为姚江杰出人物。早岁诵其遗书，怀往复不忍释手。此次重宰姚邑，下本伊始，即刊发其家训，凡各适以为训，育子弟之模范。后发起捐资，重修龙山阁宇，姚□□慷慨乐□□行将落成。诜为宰，邻乡教□□□□后，平日敬仰文成□□□合邑民，人间景仰，则诜而宰心，望可以拨乱而反正矣。经□□只有心，人也苟能□□□□□□之幸也。

民国二十年九月，后学会稽堵福诜敬识

堵福诜，号申父，又号冷庵，绍兴人，清光绪二十九年秀才，浙江省第一师范教员。民国十六年（1927）五月一日，受浙江省政务委员会委派出任余姚县长。民国二十年，又经蔡元培推荐，再次任余姚县长。此跋为其第二次出任余姚县长时所题，内容言及经伯萱自杭州回余姚，携亡友王造周家藏的《王阳明七代遗像》到县署。因堵福诜敬慕阳明学说已久，得此机会景仰遗像，不胜感慨。在他主持下，后发起捐资重修了龙泉山王文成公祠，以了却多年之心愿。

（六）诸章达题跋

达廿一二岁时，施四明先生裔孙宏芳，属题“忠愍祠”额，达为题“私淑阳明”四大字。今阳明先生裔孙造周又奉先生像属题，达生与先生同里，而先生又为达族祖养和公婿。先生学说盛行海外，而同里戚党之后不能不如四明之私淑先生，对先生像能无愧悚。像上追五世，旁及伯叔，下暨从祖兄弟，独衣冠非拜爵后制。按先生《年谱》，四十四岁立从弟守信子正宪为后，时尚为南京鸿胪寺卿，绘像或在是时欤！

中华民国九年，旧历庚申端午，后学诸章达敬题

诸章达，一名绍中，字天自，号约园，余姚廊霞（今朗霞）人。清光绪年间秀才，与姚北同好共结诗社，擅长诗文书法。民国三年（1914）出任余姚三乡诚意高等小学

教员，后任锦堂师范校长，又执教于余姚县立农蚕学校。民国十九年（1930）与余姚泗门前清举人谢宝书共辑《姚江诗录》。该题跋认为画像“独衣冠非拜爵后制”。据《年谱》，阳明于“正德十六年十月二日，封新建伯”，而封爵衣冠世传有画像多种。据此诸章达得出结论：“（阳明）四十四岁立从弟守信正宪为后，时尚为南京鸿胪寺卿，绘像或在是时欤！”此可存为一说。

（七）孙锵题跋

锵以甲寅之岁，排印《王阳明先生传习录集评》行世。是年之冬，即有日本之行，购其国人之谈王学者十余种，益信王学足以□世。来杭南屏又再翻印，于是有余姚王造周君相见杭□，出其先世迁姚诸祖合像，凡二十有八人，末后为阳明先生兄弟，行九人，其伯叔父母，行男女九人。以上皆一祖一妣，名号具详前提学使石屏袁君文中矣。窃谓先生□余姚人，亦尝还住山阴矣，而生平耿耿在念，见诸吟咏者，一则曰“孤山早定归耕计”，一则曰“天真泉石秀，新有鹿门期”；□□□□□虎跑路为先生所乐游也。然则，先生既于杭□，其像之流传来杭也亦宜。顾近世之学说□东西哲学家，具不与先生之说相吻合，岂吾浙人所得□□私有哉？然浙人旧有勋贤祠，兵燹以还，神位仅□寄于天龙寺内。□尝请省□会重建西湖阳明祠，当时不能通过，后合其□人请□确见以文澜阁改设，而□□无改，久不实行，亦徒说诸言言而已。天鼎革以来，湖上□祠，存废不一，若阳明先生离勋贤祠，一时不能规，后而具灵□所凭□□□□□□□□也。去年曾于此像摄为小影，谓他日祠中悬挂。而造周君必以锵题识，顺来装池告藏，姑述近数年中□□所以□□先生者，以右不敢自谓□□□先哲，而欲时名以显青云，则此心固未尝绝□也。

庚申□□六日，后学奉化孙锵谨识于南屏虹射轩

孙锵（1856—1932），谱名礼锵，字仲鸣，又字玉仙，浙江奉化人。光绪二十年（1894）进士，为探花，官至同知，后为金华县教授。光绪二十八年（1902），自办专招女生的学馆，成为奉化女子教学之先行者。辛亥革命期间，寓居四川德阳好古山房。晚年寓居上海，筑十二万卷楼，所藏书大多为《四库全书》未收之秘籍。

此跋作于民国二十年，此时孙锵居于杭州南屏虹射轩。全文大意是：民国三年，

孙锵与上海扫叶山房合作，排印出版《王阳明先生传习录集评》，次年冬有日本之行，购得日本人所著阳明学书籍十多种。后又在杭州南屏再一次翻印《王阳明先生传习录集评》，此时与余姚王造周相见于杭州。造周出示了阳明先生迁姚诸位祖先的合写遗像，凡28人，最后一行为阳明兄弟9人，其上为阳明伯叔父母一行，男女共9人。以上一祖一妣的名录，在袁嘉谷题跋中已记得很详细。阳明先生为余姚人，后还住山阴，但亦耿耿在念杭州西湖。如今能在杭州拜观其遗像，当属适宜之处。杭州旧有勋贤祠，因兵燹而毁，阳明神位寄于天龙寺内。孙锵曾呼吁重建西湖阳明祠，但因种种原因尚未改设及重建。民国十九年，孙锵将此遗像拍摄成照片，以待他日能在祠中悬挂。同时王造周请其题识，欲装裱后以便珍藏。

从以上七处题跋中可以看出，王阳明溯以上六代的名讳与阳明《年谱》《世德记》的记载完全一致。此外，遗像另还有题赞及名人观款计11处，因与记述画像来源无涉，故不再赘述。

二、关于《达溪虹桥王氏宗谱》的世系问题

由于王阳明本人世系家谱至今尚未发现，自阳明六世祖性常公（王纲）以上世系均以旁支谱牒作为依据进行研究，或移录衍接，其中还有几个重要问题需深入探究，诸如《年谱》记载："又二十三世迪功郎寿，自达溪徙余姚，今遂为余姚人。"查阅现存旁系王氏宗谱都很难找到王寿，或有学者认为"王寿"并不存在。然2007年春在余姚大岚隐地发现的《虞南达溪王氏宗谱》中出现了"王寿"名讳，或将引出新的话题。

据笔者了解，达溪王氏宗谱现存有以下几种，分两个派系：

《达溪虹桥王氏宗谱》7卷，另卷末1卷。清王云逵等纂修，清道光二十九年（1849）齐寿堂木活字本。始祖彦洪，初名道，以字行，宋代人。始迁祖补之，字佐卿；辅之，字砮卿。南宋自余杭移居上虞达溪虹桥。

《达溪虹桥王氏宗谱》6卷。清王鼎嵩等纂修。清光绪十六年（1890）齐寿堂木活字本，先祖世系同上。

《虞南达溪王氏宗谱》14卷，另卷首1卷、卷末1卷。清光绪十五年（1889）己丑夏王履坤纂修，淮泽堂木活字本。世系始祖泽元（讳成，号小柏）由嵊县东林徙上虞达溪，二世细八（讳炳），三世添七（讳融），四世伯三（讳仁朗），五世千四（讳寿），

谱注："暨阳教授，迁居姚江，阳明十一世孙也"。

《达溪王氏宗谱》（上宅王氏谱）12卷，另卷首1卷、卷末1卷。民国八年（1919）已未仲秋第六次重修，淮泽堂木活字本。祖上世系与上同。

《达溪虹桥王氏宗谱》共7卷，另卷末1卷，为清嘉庆、道光年间王云逵等重修。如《重修王氏宗谱后序》所言：

> 赵氏南渡，我祖彦洪公扈跸相从，卜居于余杭仙宅界，次子补之公知绍兴府事，旋与弟辅之公至上虞之达溪，见虹桥山水清奇，土田深厚遂家焉。历元明之代，时衰时盛，我朝定鼎后，室庐烬灰，人烟衰熄，迟之数十年而元气复振，乾隆甲午岁，重建宗祠，阅二十五年为嘉庆之戊午乃整修谱牒，敦人伦，厚风俗，长幼亲疏，秩秩如蔼蔼如焉。[①]

《达溪虹桥王氏宗谱》卷2世系（如图2）如下：

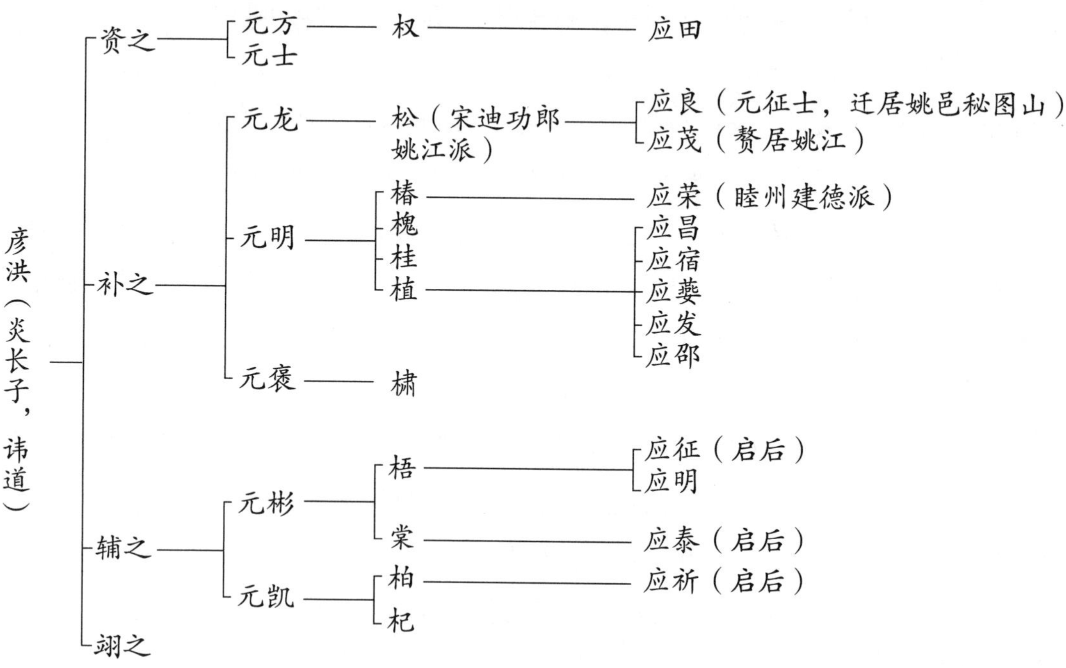

图2　余杭迁达溪虹桥总世系表（附迁姚始祖）

① 〔清〕王云逵等纂修：《达溪虹桥王氏宗谱》，清道光二十九年木活字本。

其后清光绪至民国年间所辑《姚江开元王氏宗谱》[①]《余姚孝义官人宅王氏宗谱》[②]《余姚上塘王氏宗谱》[③]《四明上菁李家塔王氏宗谱》[④]等，皆据此世系，溯“王季由达溪徙居余姚秘图山北，为余姚秘图山派始祖”。而明万历十年（1582）余姚赵锦在所撰《姚城王氏族谱序》中也说：“姚江之王莫著于旧城，其分派自宋文正公旦之后南渡居浙，其后有质庵公者复自浙上虞之达溪再徙姚江，居秘图山，后称秘图王氏。”[⑤]清乾隆年间传王阳明七世孙王谋文纂修的《姚江王氏宗谱》，也存此说，他自称“姚江王氏二十六世孙”，溯王松之子季为秘图派，并注“徙秘图山北，其后分居山阴”。[⑥]这与上虞《达溪虹桥王氏宗谱》的记载基本一致。然而，《达溪虹桥王氏宗谱》内收录王阳明六世祖王纲所撰《三槐王氏历代迁移分派总系略》一文，笔者认为是清人操刀的一篇托名伪序，序曰：

> 彦洪于建炎末同扈驾南迁，俣家余杭城东，銶、镇家余姚乐安，彦洪家余杭仙泽界。彦洪生四子：资之，广东提刑；补之，浙东安抚使，知临安府；辅之，四川总干；翊之，将仕郎。补之同弟辅之迁居上虞达溪十九都之虹桥。后子姓有军民匠三支焉。补之生子仁寿，仁寿生二子季、稠。季即万五府君也，以族在姚，往来族属间，见姚江山水之胜，倍于他邑，乃自虞迁姚，卜秘图山后居焉，姚城王氏实始于此云。明洪武六年春三月吉旦，嗣孙纲述。[⑦]

文中记述似乎十分详尽，迁居地写到上虞达溪时，还要加上“十九都之虹桥”，方位过于详细，这种描述显然是清人修谱时的地理位置。又“补之生子仁寿，仁寿生二子季、稠”，而根据现存的《余姚上塘王氏宗谱》：“补之，字咎卿，守母墓，同弟辅之迁居上虞之达溪虹桥，为虹桥王氏。子三：元龙、元明、元褒，上虞派。”与上述“补之生子仁寿”不相符。下一句“仁寿生二子季、稠”，据《姚江开元王氏宗谱》“元龙

① 〔清〕王忠标纂修：《姚江开元王氏宗谱》，清光绪二十九年存本堂木活字本。

② 王兆朗等纂修：《余姚孝义官人宅王氏宗谱》，1913年三槐堂木活字本。

③ 王钦安等纂修：《余姚上塘王氏宗谱》，1934年嗣槐堂木活字本。

④ 王仁林等纂修：《四明上菁李家塔王氏宗谱》，1936年孝义官堂木活字本。

⑤ 《四明上菁李家塔王氏宗谱》，1936年孝义官堂木活字本。

⑥ 〔清〕王谋文纂修：《姚江王氏宗谱》，清德逸堂抄本，存6卷。

⑦ 《达溪虹桥王氏宗谱》，清道光二十九年木活字本。

生子松”。《余姚上塘王氏宗谱》载：“元龙字子云，宋黄岩尉，子一松。”又据《达溪虹桥王氏宗谱》：“松，宋迪功郎，子季，徙余姚，姚江派。”《余姚上塘王氏宗谱》载：“松字惟鹤，子二：季、稠。”《姚江开元王氏宗谱》载：“松生二子：季、稠，赘居余杭云楼。子季徙余姚。稠，字应茂，赘居云楼方氏。”由此可见，所谓王纲撰文自相矛盾，祖孙不分，世系缺少一代，名字与世系都成问题。另对先祖不避名讳，直书其名，属大不敬，王纲定然不至于此。

关于王纲生卒时间的记载，各版本均有出入。按《明史·列传·忠义一》：

> 王纲，字性常，余姚人。有文武才，善刘基，常语曰：“老夫乐山林，异时得志，勿以世缘累我。”洪武四年以基荐征至京师，年七十，齿发神色如少壮。太祖异之，策以治道，擢兵部郎。潮民弗靖，除广东参议，督兵饷，叹曰：“吾命尽此矣。”以书诀家人，携子彦达行，单舸往谕，潮民叩首服罪。还抵增城，遇海寇曹真，截舟罗拜，愿得为帅。纲谕以祸福，不从，则奋骂。贼舁之去，为坛坐纲，日拜请。纲骂不绝声，遂遇害。彦达年十六，骂贼求死，欲并杀之。其酋曰：“父忠子孝，杀之不祥。”与之食，不顾，令缀羊革裹父尸而出。御史郭纯以闻，诏立庙死所。彦达以荫得官，痛父，终身不仕。[①]

据此可知，明洪武四年（1371），王纲因潮民弗靖，督兵饷，赴广东，后遭海寇曹真而遇害，时年70岁。若此记载准确无误，则《三槐王氏历代迁移分派总系略》一文署款“明洪武六年春三月吉日”便成了问题。

但据张壹民撰《王性常先生传》：“洪武四年，以文学征至京师。时性常年已七十，而齿发精神如少壮。上问而异之。亲策治道，嘉悦其对，拜兵部郎中。未几，潮民弗靖，遂擢广东参议，往督兵粮。谓所亲曰：‘吾命尽兹行乎？’致书与家人诀，携其子彦达以行。”[②]其中在洪武四年后所标明的“未几”两字，根据字面意思可理解为没过多久。然而在《广东通志》卷41《名宦志·各府》所载《王纲传》中，则又有不同的说法：“王纲，字性常，余姚人，洪武四年以文学就征，年逾七十而神愈壮，帝问而异

---

① 〔清〕张廷玉等撰：《明史》卷289《忠义一》，中华书局，1974年版，第1902页。

② 〔明〕张壹民：《王性常先生传》，〔明〕王守仁撰，吴光、钱明、董平、姚延福编校：《王阳明全集》卷38，上海古籍出版社，2011年，第3册，第1525—1526页。

之，亲策治道，拜兵部郎中。十四年，潮民弗靖，擢广东参议，往督兵饷，纲遗书与家人，诀曰：'吾命尽兹行乎。'其子彦达请偕往……"[①]明确将王纲赴广东的时间记为洪武十四年（1381），这样又往后推了10年，如果按年龄计，王纲此时已逾80岁。以上不同记载，孰是孰非，有待佐证。

另据光绪《上虞县志·舆地志·坊都》篇记载：

> 宋熙宁三年，行保甲法，始置都，领于乡。本县置一十四乡，分领二十四都，改里曰保，领于都，多寡不同，或一乡领数都，亦有一都分属两乡者。……明初，罢录事司，以四隅还县，县令赵允文复置坊，而更其名。……第十九都俱领里三。国朝康熙十三年，三藩之变，……改坊、都为城、都，改里为图。城外二十五都，领图多寡仍明制而稍有增损。[②]

而至清代，"生畈、桑镇、天平山、虹桥、孙溪、潘宅、岭下、黑龙潭、隐地、陈溪口、糜家山"等40处村庄均属十九都。因此，各代坊都划分及称谓稍有不同，原上虞达溪的地域范围当包括今余姚隐地龙潭村。

虹桥谱系中涉及王阳明的相关记录极少，如王鼎嵩清嘉庆戊午（1798）《续辑达溪王氏宗谱叙》言：

> 吾族系出琅琊太原，以周太子晋为鼻祖，当前明嘉靖间，花溪公建齐寿堂，庭庑宏敞，子姓殷蕃，尔时祖德宗功载在家乘，盖世有善本焉。明季以还，遭山寇之兵燹，而谱牒散失，先君寻绪茫茫，自省一公而下十数世及小陈岙下虹桥诸旁支，缮写成帙，付余小子谨藏之。顾代远年湮，详其流未，悉穷其源非敢略也，盖有待也。乾隆癸巳，余偕先兄兰书暨一二五房诸侄辈至越郡，向伯府旧谱考订证明，乃知吾宗之昌于宋者，三槐郁郁，世居汴城，迨由南渡至余杭，自仙宅徙虹桥，实为吾上世嫡派云。[③]

说明虹桥谱系在清中期续修时，发现自明代以后，因遭兵燹，谱牒散失，无处寻

---

① 〔清〕郝玉麟等监修、鲁曾煜编纂：雍正《广东通志》卷41《名宦传》，清雍正九年刻本。

② 〔清〕唐煦春等纂修：光绪《上虞县志》卷18《舆地志》，清光绪十七年刊本。

③ 《达溪虹桥王氏宗谱》，清道光二十九年木活字体。

找，也由于年代久远，很难追溯本原。叙者王鼎嵩与族人同赴越城（绍兴）与伯府旧谱互作考订，证明虹桥之宗为三槐之裔，自宋南渡后由余杭仙宅徙虹桥。

就在王鼎嵩赴越城“向伯府旧谱考订”之时，遇到了据传是王阳明七世孙的王谋文。王谋文于次年即乾隆三十九（1774）春，携从孙辈一起访达溪虹桥，亲撰《望虞先生展墓记》。此文附载于《达溪虹桥王氏宗谱》卷末，而此文原石碑刻，现为私人藏家收藏，有数字异同，兹将原文附录于后：

上虞达溪篁嶂山，予祖安抚公暨迪功公之墓在焉。初，安抚公仕宋，随父朝议公，扈跸临安，卜居余杭之仙泽界，既而偕其弟总干公来迁达溪。安抚公孙迪功公，迪功公生征士公，又徙余姚之秘图山，惟总干公后世居之。予深维祖德，思一至其地，顾驰驱南北，人事卒卒未便，因以“达溪”自号，志不忘也。岁辛卯，内艰归里，癸巳服阕。需次，族人茂才兰书辈，持家乘过访，询其风土，心更慕之。

明年春，携从孙后载、后积、昆仲、昆潮，笋舆至止。仰瞻茔域，穆然长怀，周览其山川，峰环水绕，雾合烟回，秀石嘉林，畅娱心目，十里之间，蔚然聚落，无他氏错处；山可樵，而书可读；登齐寿之堂，见其族姓子弟，尊尊、亲亲、长长，揖让进退，礼仪秩如。而鼎发、文佩、思齐、斯馨、鼎嵩、梦文、君玉、及甫、应南诸子，尤通达识大体，立家庙修谱牒，尊祖敬宗而收族。乃益叹先正贻谋之善，而后昆之能嗣守其遗绪也。

于时益乐之甚，族人咸作而请，曰：“自姚江分派迄于今，兹几五百岁。惟文成公一至焉，尝书‘龙山旧家’匾额。其后，忠贞公又一至焉，堂额即其手翰。得我公而三矣，岂偶然也，曷有以昭示将来？”予不肖不克，绍衣先烈，犹得追孝于前文人，继二公之芳躅，斯诚幸矣。而风尘鞅掌税驾何时，人地之兼胜游难再即，何能不眷眷于是哉。

乃从其请，而为之记。时达溪家庙落成，为书一联于堂，并作“虹桥”二字，俾镌之溪石。又出白金五十两，为岁时墓祭。因并书之。

乾隆甲午春三月，余姚裔孙谋文志。[1]

---

① 《达溪虹桥王氏宗谱》，清道光二十九年木活字本。

王谋文（1725—1783），字达溪，原籍浙江山阴，寄籍顺天府大兴县。曾任介休知县，任内主持修复书院，缮城浚濠，纂修《介休县志》。乾隆四十八年（1783），因交河知县任内亏空钱粮，被斩。乾隆三十八年（1773），曾在阳明墓地恭摹勒石乾隆御笔"名世真才"，自称"七世孙，山西汾州府介休县知县，臣王谋文恭摹勒石"①。又辑《姚江王氏宗谱》，现存清德逸堂抄本3册6卷（卷5至8、卷19至20）。

对于王谋文是否为王阳明嫡裔的问题，尝待进一步考证提出。现藏于隐地龙潭村的《达溪王氏宗谱》，内有《王氏分派纪略》一文，也认为"山阴谋文其继派也，其谱冒三槐谬甚"，明确王谋文是王阳明旁支继派，其所编的王氏宗谱冒用"三槐堂"后裔，极不合理。

三、《虞南达溪王氏宗谱》考略

《虞南达溪王氏宗谱》共14卷，另附卷首1卷、卷末1卷。笔者曾于2007年赴余姚大岚镇隐地龙潭村王氏后裔处调查采访，发现宗谱两种，此谱始修于康熙二十七年（1688），刊于乾隆十三年（1748），后嘉庆二年（1797）续修，咸丰七年（1857）又续修，至光绪十五年（1889）再续修时，由姚江岑应元撰序。

另有封面题《达溪王氏宗谱》12卷，附卷首1卷、卷末1卷，为民国八年（1919）仲秋续修本，扉页内题《上宅王氏谱》。岑应元序云："始祖徙居达溪之外沈，数世而后，复自外沈徂旧宅，逮八世祖元十五公生本祖兴二公、叔祖兴三公，析居上、下宅，因有上宅、下宅之分，然分宅而谱不分。"②因此，《虞南达溪王氏宗谱》《达溪王氏宗谱》（《上宅王氏谱》）均系淮泽堂泽元公之裔，因子孙析居上下宅，故分宅而谱不分，后者即是《虞南达溪王氏宗谱》上宅支的续谱，民国版续谱则保留了康熙、乾隆、嘉庆、咸丰、光绪年间续修时的序文、封典、像赞、王氏分派纪略、支派迁徙考、传略、世系等内容。

然据《虞南达溪王氏宗谱》记载，其谱由来则又不同。下为康熙二十七年原序：

宗之有谱也，犹木之有本，水之有源，当其始发皆可尽悉，及其蔓延远

---

① 〔清〕王谋文摹勒：《乾隆书名世真才》拓片，绍兴图书馆藏1939年拓本。

② 〔清〕王履坤纂修：《虞南达溪王氏宗谱》，清光绪十五年淮泽堂木活字本。

沛，有莫知其所自来矣。予姓发祥于缑岭，传统于司徒；自秦汉而下或居琅琊，或居太原，或居晋阳，或居山阴，或居皋虞，或居剡东，世世相承，贤贤相接，固非笔墨所能尽述矣。而东林一派，实绍乌衣之旧，古虞胜地尤为先世之居，世德钟灵，诞我始祖，自剡而东，览龙山之耸翠，睹达水之光华，慨然曰：是固可以承先而裕后也！遂筑室而居焉，传至五世而后，子姓蕃延，因徙于姚江，徙于百官，徙于玩石，徙于雀门，徙于湖东，徙于宁府之铁场，徙于江南之太仓，卜地而居，声名冠吴会之郊，按籍而求兰玉，皆龙山之秀，侯其祎尔，然缘是而散轶者多矣。昭昭穆穆，皆紊世及之序；子子孙孙，几昧开先之祖。自参议公兴而谱一正，文成公兴而谱又一正，至于今，而又有散佚之感矣。用是抚遗编，稽世次，失序者改之，遗亡者增之，无不条分缕悉，庶几错综蕃变者，尽支支而返本派，流脉远者皆滴滴而归源，则览斯籍也，恍睹高曾之如在，不较之羹墙而更亲乎？如见云礽之笑语，不较之聚处而更切乎？至于随时纂修，尤深望于后之兴者。因序。嗣孙柱谨识。①

又，光绪十五年四修《达溪王氏宗谱》序云："我王氏发祥缑岭，宗敬公而后，世居伊洛，十八世元公迁琅琊，至达溪始祖六十三世泽元公六迁（十八世元公迁琅琊，三十四世音公徙沂州临釿，三十八世导公徙越州，五十九世令谋公徙嵊县平溪，六十一世仁寿公徙东林，至泽元公徙达溪凡六迁）。"②谱内有《王氏分派纪略》，据载：

导之十九世孙抟，唐昭宗朝丞相，生令谋与言，言生彻，彻生祐，曾手植三槐于庭，曰吾子孙必有为三公者，子文正公旦，宋真宗朝同平章事，遂号三槐王氏，玩石谱宗其派。令谋徙居剡邑平溪，生承庆，承庆生仁寿，赘居东林，生濉，征授大理事评事，生三子润元、泽元、溢元。润元留居东林，溢元迁居宁海铁场，泽元公自东林徙居达溪，为达溪始祖。……何必如希荣慕势者谬附三槐，若郭崇韬之祖汾阳城哉，厥后徙居异地者不一。尤著者千四公徙居余姚，六世生华，华生守仁，道学经济，超绝古今，子正亿，孙承勋，曾孙先

① 《虞南达溪王氏宗谱》，清光绪十五年淮泽堂木活字本。

② 《虞南达溪王氏宗谱》，清光绪十五年淮泽堂木活字本。

通，后绝。山阴谋文其继派也，其谱冒祖三槐谬甚。[①]

另据嵊县《东林王氏宗谱》记载，王洽二十一世孙令谋因避难居于剡之平溪，充拓东林。厥后，孙仁寿生潍，潍生三子，次泽元徙上虞焉。上虞《达溪王氏宗谱》两谱均载："泽元公，讳成，字小柏，自东林徙居上虞达溪，为达溪始祖。"至九世孙分衍出上宅支与下宅支；上宅支为兴二公国英，繁衍于生畈、许岙、黑龙潭等十三个分支。下宅支祖为兴三公国芳，居地繁衍于徐家塔、岭下、潘宅等六个村。

王泽元后裔所居地俗称"生畈十里王"，十里王从龙潭开始，包括隐地、徐家塔、潘宅、龙镇、深溪、生畈、许岙、背向、干溪、凰仪等地。《虞南达溪王氏宗谱·支派迁移考》云："第一世，泽元公自东林迁达溪。第五世，九六公自达溪迁居会稽平水，九四公迁居慈溪。千四公迁居余姚，至文成公十五世。"[②]《先代世次传略》云："第六十三世，泽元公讳成，字小柏，自东林徙上虞之达溪，为达溪始祖。姚江阳明其十五世孙也。"[③]《达溪王氏总世表》载："第五世，伯三公长子。千四，讳寿。暨阳教授，迁居姚江，阳明其十一世孙也。"[④]（如图3）

如上所述，按达溪王泽元第四世孙千四公（讳寿）迁居姚江，这样就与钱德洪辑《阳明先生年谱》、陆深撰《海日先生行状》、黄绾撰《阳明先生行状》、李贽辑《阳明先生年谱》、施邦曜辑《阳明先生年谱》等记载相符。此一说如能成立，虹桥谱等为代表的王季迁姚说，则有待进一步研究。因《虞南达溪王氏宗谱》仅记述千四公迁居姚江，以后世系皆不续载，这种情况比较符合常规。而其他各后修之王氏宗谱则将王阳明世系搞得十分清楚，倒反而有攀附之嫌。

按《虞南达溪王氏宗谱》谱系述略，拟列世系如下：泽元（讳成）—细八（讳炳）—添七（讳融）—伯三（讳仁朗）—千四（讳寿）—□□—□□—□□—性常（纲）—渔隐（彦达）—遁石（与准）—槐里（世杰）—竹轩（伦）—海日（华）—阳明（守仁）。这一世系与前述的"泽元公讳成，字小柏，自东林徙上虞之达溪，为达溪始祖，姚江阳明其十五世孙也""讳寿，暨阳教授，迁居姚江，阳明其十一世孙

① 《虞南达溪王氏宗谱》，清光绪十五年淮泽堂木活字本。

② 《虞南达溪王氏宗谱》，清光绪十五年淮泽堂木活字本。

③ 《虞南达溪王氏宗谱》，清光绪十五年淮泽堂木活字本。

④ 《虞南达溪王氏宗谱》，清光绪十五年淮泽堂木活字本。

也”相符合。

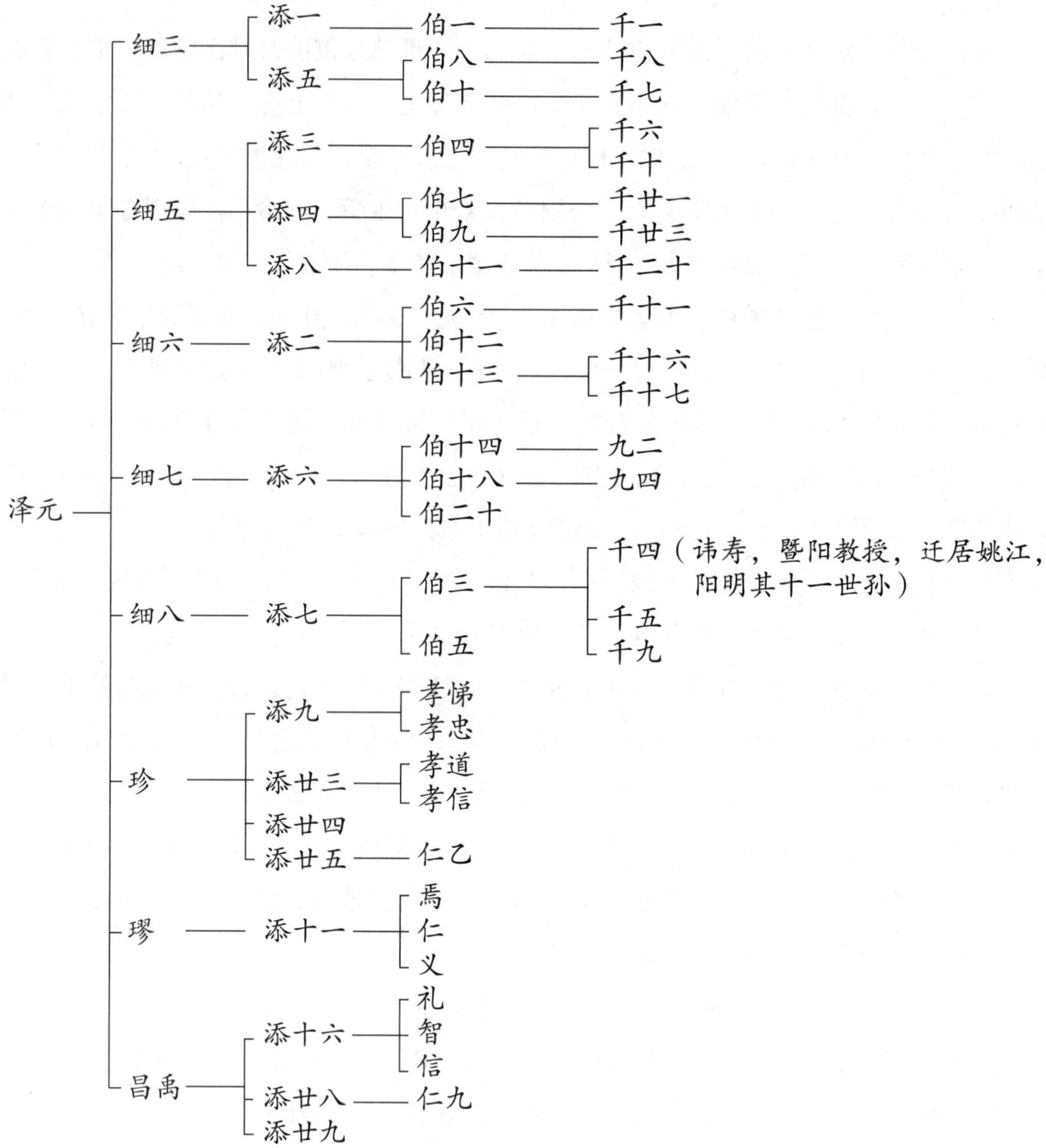

图3　虞南达溪王氏世系表（附迁姚始祖）

而据《阳明先生年谱》等记载“寿五世孙纲”，此世系表为王纲以上三代名讳，今以阙名代之，在世系脉络上也是一致的。如按虹桥谱，王季迁姚至王纲则不足五世，也令人不解。

《虞南达溪王氏谱》中载有一篇王阳明的《伯三公像赞》，系阳明佚文。赞曰：

> 蒙白屋之祖功，守耕读之家风，慥慥其行，不以世俗而移我性，修己及人，矜式乡邻，荣承帝敕，彰乃潜德。噫，积善有余庆，昌厥后兮胡可量。裔孙守仁拜题。①

卷1还载有《阳明公书扇》一则，即王阳明作于嘉靖四年（1525）54岁时的《书正宪扇》，已载于《王文成公全书》卷8，兹不赘录。

又据《虞南达溪王氏宗谱》卷1记载，“宗事纪实”附《重建生畈宗祠原序》《增建生畈宗祠新序》《生畈宗祠匾额楹联》等五篇，分别记录了达溪王氏在生畈重建和增建王氏宗祠的翔实情况，时间在清雍正至嘉庆年间，并在宗祠中厅悬挂“理学文章”“新建伯”，后堂悬挂“淮泽堂”“江左衣冠”等匾额及楹联达二十余件，正如其序文所言：“吾族自南宋由东林徙居达溪，科甲蝉联，簪缨舄奕，祠宇之美，甲于郡县。”②

在目前尚未发现王阳明本系家谱的情况下，诸如以上《王阳明七世遗像》《虞南达溪王氏宗谱》等，都是深入研究王阳明世系的珍贵文献，希望借此引起海内外阳明学研究者的关注。

（作者计文渊系余姚书画院常务副院长）

---

① 《虞南达溪王氏宗谱》，清光绪十五年淮泽堂木活字本。

② 《虞南达溪王氏宗谱》，清光绪十五年淮泽堂木活字本。

王阳明家族新证

方旭东

内容提要：王阳明在“守”字辈排行第一，弟妹众多。1999年以来，受王诗棠提出的“十二字”排行说影响，很多论者将王阳明的“六弟”认作“守温”，又认为后来嫁给徐爱的“七妹”名“守让”。这些说法其实不能成立。在弘治十六年冬王华择徐爱为婿之前，告病归越的王阳明就已经跟徐爱有所接触，不无先行考察之意。阳明之所以为刚过及笄之年的胞妹物色佳婿，是因为当时已有人上门提亲，《王文成公全书》未收佚文《与友人书》向我们披露了这个鲜为人知的细节。

关键词：王阳明　六弟　七妹　徐爱

王阳明（1472—1529，名守仁，字伯安，别号阳明，浙江余姚人）以其传奇经历被推为“有明第一人”。对王阳明的研究，由来已久，在当代出现了新的高潮。古人云“知人论世”，对人物思想的理解离不开对人物生平以及家世的了解。有关王阳明家族的研究，目前已有大量成果，但相对于王阳明自身的研究，仍显薄弱，有待加强。

众所周知，王阳明在“守”字辈排行第一，弟妹众多，其中“三弟”“四弟”“八弟”“九弟”“十弟”分别指守礼、守智、守恭、守俭、守文，“七妹”就是日后嫁于徐爱者，凡此，论者皆无异议。1999年以来，受王阳明十六世孙王诗棠提出的“十二字”排行说影响，很多论者将“六弟”认作“守温”，又认为徐爱之妻名“守让”。笔者认为，这种观点难以成立，特撰此文，略陈管见。

一、“六弟”是守温吗？

“六弟”在阳明书信中出现过多次，如正德七年（1512）《上大人书（一）》：

寓都下男王守仁百拜，上父亲大人膝下：杭州差人至，……守城妻无可寄托，张妹夫只得自行送回。大娘子早晚无人，须搬渠来男处，将就同住。六弟闻已起程，至今尚未见到。闻余姚居址亦已分析各人管理，不至荒废，此亦了当一事。今年造册，田业之下瘠者，亲戚之寄托者，惟例从刊省，拒绝之为佳。时事如此，为子孙计者，但当遗之以安，田业鲜少，为累终寡耳。赵八田近因农民例开，必愿上纳，阻之不可。昨日已告通状，想亦只在仓场之列，不久当南还矣。……闰五月十一日，守仁百拜书。[①]

正德十三年（1518）《与诸弟书》：

乡人自绍兴来，每得大人书，知祖母康健，伯叔母在余姚皆纳福，弟辈亦平安，儿曹学业有进，种种皆有可喜。且闻弟辈各添起楼屋，亦已毕工。三弟所构尤极宏壮，……族中诸叔父及诸弟不能尽书，皆可一一道此意。四月廿二日，寓赣州长兄守仁书寄三弟、四弟、六弟、八弟收看。外葛布二匹，果子银四钱，奉上伯叔母二位老孺人。骨箸四把，弟辈分用。……[②]

正德十六年（1521）《寄余姚诸弟》：

此间家事尚未停当，专俟弟辈来此分处，……长兄伯安字白。三弟、四弟、六弟、八弟同看。伯叔母二位老孺人同禀此意。[③]

《与诸弟书》中的“六弟”，钱明据王诗棠《王阳明世系及遗存在绍兴》的考证认为，是指守温，“王荣之幼子”。[④]《上大人书（一）》《寄余姚诸弟》文中的“六弟”，钱

---

① 〔明〕王守仁：《上大人书（一）》，〔明〕王阳明著，吴光、钱明、董平、姚延福编校：《王阳明全集》（新编本）卷39，浙江古籍出版社，2011年，第5册，第1582—1583页。

② 《与诸弟书》，《王阳明全集》（新编本）卷44，第5册，第1798—1799页。

③ 《寄余姚诸弟》，《王阳明全集》（新编本）卷44，第5册，第1810页。

④ 钱明著：《阳明学的形成与发展》，江苏古籍出版社，2002年，第294页。

明同样认为，“当指守温”，并推测“守温应属阳明伯父王荣之子”。[①]

按：王诗棠在1999年提出，“守”字辈当有“十二字”排行：仁、义、礼、智、信、温、良、恭、俭、让、文、章。[②]此说为很多论者接受，不只钱明，束景南亦然。在考论《王阳明全集》未收佚文《寄余姚诸弟手札（此间家事）》时，束景南即采其说。[③]王程强在释读《上大人书（一）》（“杭州差人至”）时，关于“六弟”，注曰：“即王守温”。[④]

然而，钱明、束景南等人根据王诗棠“十二字”排行说将“六弟”定为“守温”，却没有意识到，这跟王诗棠的如下说法是相矛盾的：“守温、守良二位很可能是属于早年亡殁或未婚亡故者。”[⑤]既然“六弟”从正德七年到正德十六年都频频出现在阳明家书之中，就不可能是早年亡殁或未婚亡故者。所以，很显然，“六弟”不可能是王诗棠想象的“早年亡殁或未婚亡故”的那个守温。

其实，“六弟”乃是守信，如果我们仔细分析以上三封书信，就不难得出这个结论。三封信都谈到余姚事体，因此，“六弟”肯定是余姚人士。而阳明在余姚的从弟，已知名字的有五人，即守义、守礼、守智、守信、守恭，其中守义与守智出自伯父王荣，守礼、守信、守恭出自叔父王兖。三弟、四弟、八弟分别指守礼、守智、守恭，此为论者共识。守义排行第二，只能是“二弟”，自不可能是“六弟”。剩下来，没有提到的是守信。而守信没有理由不被提到，因为守信一房跟阳明关系密切。事实上，正德十年（1515），王华因阳明兄弟四人（守仁、守俭、守文、守章）俱未举子，遂择

---

① 钱明：《王阳明史迹论考》，袁行霈主编：《国学研究》（第十一卷），北京大学出版社，2003年，第61页；钱明著：《王阳明及其学派论考》，人民出版社，2009年，第67—68页。

② 参见王诗棠：《王阳明世系及遗存在绍兴》，钱明主编：《阳明学新探》，中国美术学院出版社，2002年，第212—240页。王诗棠此文是由钱明整理而成，参见文末说明（《阳明学新探》，第240页）。另参钱明对王诗棠的访谈（钱明：《王阳明第十六世孙王诗棠先生访谈录——兼论绍兴阳明世家及遗存》，台湾“中央研究院”中国文哲研究所编：《中国文哲研究通讯》，2000年第1期）。钱明《阳明学的形成与发展》一书已援引王诗棠的观点（《阳明学的形成与发展》，第10页）。

③ 束氏云：“此书中所言三弟、四弟、六弟、八弟为王守礼、王守智、王守温、王守恭，均系王阳明从弟；所言王正心、王正思、王正恕、王正愈、王正惠，均为王阳明诸从弟之子。”［束景南撰：《王阳明佚文辑考编年》（增订版），上海古籍出版社，2015年，下册，第782页］

④ 参见〔明〕王阳明著，王程强释读：《王阳明家训家书全集》，台海出版社，2017年，第22页。

⑤ 《王阳明世系及遗存在绍兴》，《阳明学新探》，第217页。

守信子正宪（时年8岁）立为阳明从子。[①]那么，有没有可能，正德十六年守信已经去世了呢？如果正德十六年守信已去世，那么“六弟”当然不是守信。

按：守信字伯孚，号西林。据倪宗正（1471—1537，字本端，号小野，余姚人）《送王伯孚序》一文可知，守信在王华正德二年（1507）从南京吏部尚书任上致仕后授分水关巡宰[②]，其年应不少于20，由此上推，其出生不得晚于成化二十三年（1487）。[③]倪宗正又有《赠王西林寿序》一文。[④]能称寿者，其年不应少于50。易言之，守信之寿应50以上，亦即至嘉靖十六年（1537），其人依然健在。[⑤]既然正德十六年前后，守信尚健在，那么阳明写给余姚诸弟的家书中就没有道理不提守信。钱明曾经注意到，如果六弟是指守温的话，那么阳明给余姚诸弟的信中不包括与他关系甚近的守信，这事多少有点奇怪。遗憾的是，他把这个疑问轻轻地放过了。[⑥]

归根结底，这都是因为“十二字”排行说造成的思维定势，以为守信既然排行第五，应该是五弟。其实，如果转换一下思路，守信为何不可是六弟？毕竟，在家族中排行第几并不等于其在兄弟中排行第几。阳明所说的“七妹”，从这个角度也就很容易理解，它不是指其在姊妹中排第七，而是指在整个同辈中排第七。如此，守信在兄弟

① 《年谱一》,《王阳明全集》(新编本)卷32，第4册，第1244页。

② “昔苏子瞻谓王懿敏公位不满德，天将复兴王氏。今吾邑冢宰王公，以状元入翰林，先帝在东宫暨御极，侍经帷十余年，论思陈善，启沃功多，天下望以为相，而未老谢事，揆之于德，位亦未满。故其子阳明，以文学行谊名于时，方被柄用，而从子伯孚辈，颖秀特拔，奋庸相继。于此，又有以见天之道，而子瞻之言益信。兹授分水关巡宰，冢宰公所遗明矣。”(〔明〕倪宗正:《送王伯孚序》,〔明〕倪宗正撰:《倪小野先生全集》卷1，清康熙四十九年倪继宗清晖楼刻本)

③ 这个年龄设定也符合六弟的身份。因为他不能小于七妹，而七妹作为徐爱之妻，正常情况下不会年长于徐爱，而徐爱生于成化二十三年。也就是说，六弟生年不得晚于1487年。

④ “西林承海日公及阳明之庇，门开阀阅，泽世文章，薄宦以取荣，善理以取羡，无忧无恙，连理并茂，花萼相辉，芝兰列秀，而西林悠然其间，了无惭德。无乖戾之事形于其身也，无嫌隙之声出乎其户也，则其乐亦异夫彼之所乐云。”(〔明〕倪宗正:《赠王西林寿序》,《倪小野先生全集》卷2)

⑤ 这个时间也与作序者倪宗正之年相合，倪氏卒于1537年。

⑥ 钱明说：“奇怪的是，阳明在正德十三年至嘉靖元年写的与余姚诸弟书中，从未提及过二弟守义和五弟守信，可能二人当时并不住在余姚。守信第五子正宪后被王华立为阳明继子，按理说阳明是不会冷落守信的。阳明写与余姚诸弟书时，守信估计已随正宪移居越城，故而阳明在信中不提守信是很正常的。”(《王阳明及其学派论考》，第67页注③)这个解释于理不合。因为很难想象，守信会抛下一大家子(正宪只是他第五子)跟随已过继给人的儿子移居越城。从常理来说，孩子过继给了人，为了让孩子能迅速适应新的家庭，亲生父母会尽量避免跟孩子多接触。

中行五，但在整个同辈中行六，也就是说，在他上面一定还有一个姐姐，王阳明要唤她作“五妹”的。

下面，我们来分析“七妹”为“守让”说存在的问题。

二、“七妹”名“守让”吗？

王诗棠关于“七妹”名“守让”的说法，遇到的最大问题是：按“十二字”排行，“让”处第十，这如何跟“七妹”的“七”协调？依王诗棠的说法，“让”是“夹在九弟‘俭’与十弟‘文’中间的”[①]，也就是说，“守让”要比“守俭”小。然而，这明显与事实不符。因为嫁于徐爱的那位“七妹”怎么可能比“九弟”守俭小呢？除非“七妹”的“七”与“九弟”的“九”是各自按照一种排序计算的。

钱明意识到，若按序排列，“七妹”应该是“守良”，但他很快排除了这一选项。我们来看钱明叙述的理由：

> 阳明曾称嫁于徐爱的妹妹为“七妹”。若按序排列，“七妹”恰好是“守良”，因此未载入薛侃序列的老七应是七妹守良。然而，若据阳明《守俭弟归曰仁歌楚声为别予亦和之》赋中所谓“妹之来兮，弟与偕行”句推测，九弟守俭与七妹守良的年龄不会相差很大，因当时守文、守章尚年幼，故自然应由守俭偕行前去见阳明和徐爱。接下来的问题就只剩老十“守让”了。[②]

为什么说“接下来的问题就只剩老十‘守让’了”？因为“九弟守俭与七妹守良的年龄不会相差很大”，所以，“七妹”就不可能是守良吗？钱明这里的逻辑不是很清楚。在后面，钱明又提出了对于“七妹”何以是排行第十的“守让”的两种解释：

---

① 王诗棠说：“‘让’既是十二字座标之一，何以不列入世祖排位？难道亦属早年亡殁者？不是，凡属早年亡殁者，其兄弟间原有排行称呼始终不变，上述温、良二位就是其例。既无兄弟座次之排位，莫非夹在九弟‘俭’与十弟‘文’中间的‘让’非兄弟之辈人？正是。我认为，‘让’字决非空席虚座，而是既有其人也有其名的守字辈人。然名曰‘守让’，但却不能跻身于兄弟辈排行当中，想必这位若隐若现的神秘人物乃是一位绰约纤细的闺秀身影。……这位名门闺秀就是海日公五位子女中的独生淑媛、掌上明珠、爱如儿男、取名‘守让’的千金爱女。”（《王阳明世系及遗存在绍兴》，《阳明学新探》，第217页）

② 《王阳明史迹论考》，《国学研究》（第十一卷），第61—62页；《王阳明及其学派论考》，第68页。

然而问题是，如果按照12字序列排位，十弟应是守让，守文应为十一弟。那么阳明为何要跳过守让而直接称引守文为“十弟”呢？这里我们不妨做以下两种推论：一是若女子均不在兄弟排位之列，而所谓“七妹”只是意指姊妹中的排行老七，那么守良就应是“七弟”，是故守良亦与六弟守温一样，属于阳明早逝的弟弟。二是假定阳明之妹叫守让，虽有名字，但却不在兄弟排位序列，故九弟守俭之后跳过守让而直称守文为十弟，与12字排列并不矛盾。再来看阳明的《守文弟归省携其手歌以别之》诗，若据其结尾所谓“九兄及印弟，诵此共勉之”句推断：“九兄”当指守俭，阳明是以守文身份称呼守俭为“九兄”；而“印弟”疑“印弟”之误，“印弟”即“我弟”，当指守章[1]；故此诗可视为阳明对三位胞弟的示教。既然守俭是守文的“九兄”，那么守让系阳明妹子的可能性无疑最大。[2]

这里有两个要点：第一，“七妹”只是意指姊妹中的排行老七；第二，九弟守俭之后跳过守让而直称守文为十弟，是因为原本排在第十的守让是女性，不在兄弟排位序列。

如此说来，王阳明之所以称呼嫁给徐爱的胞妹为“七妹”，是因为她在家族同辈姊妹中排行第七，换言之，在她前面至少有六个同宗的姐姐。同时，这个嫁给徐爱的胞妹，在同宗兄弟中排行第十。这些推论很自然地让人产生一个疑问：“为何阳明的‘七妹’守让的名字会在十二字排列中，而其他同祖姊妹（由‘七妹’推知）却‘名’不见序列”？

对于这个问题，钱明诉诸王诗棠的回答：

但海日公为闺女取名“让”，实乃事出有因。一则因其情系独女，爱过众儿，故特同进辈号，共行座标。这样，既不违背古来兄弟伯仲，女不跻入，世祖排位，男丁单一的传统，又可弥补座标空缺，使爱女舐犊，一举两得，何乐不为。倘不以闺秀补缺“让”位，则遗留在家史、族谱、辈分座标上，不是缺

① 按：“印弟”并非“印弟”之误，守章字伯印，所以被阳明称为“印弟”“印官”。又因为守章在阳明同胞兄弟四人之中排行第四，所以有时也称“四官”。王程强在注释《又与克彰太叔》的“印弟”时已正确地指出：“即王守章，疑为字‘伯印’。下面也称呼‘四官’‘印官’。”（《王阳明家训家书全集》，第43页）

② 《王阳明史迹论考》，《国学研究》（第十一卷），第62页；《王阳明及其学派论考》，第69—70页。

> “让”，就是少“章”，可谓尴尬至极。二则因其独女受宠，难免骄纵，取名带“让”，寓意“让枣推梨，友爱兄弟”；“夷齐让国，首阳采薇”。尤以名曰“守让”，以“让”和合于“守”，使“让”能“守”之，以使永尚谦让之风，盛兴和睦之邦。①

这个说法看似有据，实则经不起推敲。所谓“倘不以闺秀补缺‘让’位，则遗留在家史、族谱、辈分座标上，不是缺‘让’，就是少‘章’，可谓尴尬至极”，完全是想象之词。

试问：当王华生女之时，如何可能未卜先知后面还会生下二子（守文、守章）？不以“守让”名女，则继此女之后所生之子名“让”，有何不妥？为何给子取名“守文”，就一定要保证再生一子以名“守章”，从而凑成“文章”二字？生几个子女，生儿还是生女，这些都不是人力可以安排，纵使王华有心要凑成“温良恭俭让”“文章”诸字，如何能指望上天就一定能遂人愿？另一方面，如果非要凑成“十二字”排行，也没有规定一定要在王华这一房实现，事实上，十二字排行中的第一句“仁义礼智信”，除了“仁”，其余四子都不是出自王华一脉，同样，“恭”出自王衮，“俭”出自王华。也就是说，即便预先想好了要用“温良恭俭让文章”来给“仁义礼智信”以下的“守”字辈命名，也用不着王华的女儿来凑数，总不可能王华在族中宣布：“‘守让’这个名字以后就归我女儿了，你们谁也别跟我抢”。所谓“王华独女”，这一点也不是这个女孩一生下来就知道的。毕竟，王华有几房妻妾，谁知道后面生儿生女？

或许，有人会说，可能名字不是一出生就取的，是要长到好几岁之后。就算如此，也无法想象，王华要等到肯定不会再有儿女出生之后才给前面的孩子取名。也就是说，无论如何，王华不可能是在盘点他所有的儿女之后才统筹取名排行。所以，以女补缺那样的事，在现实中绝不可能发生。

其实，如果不执着于“温良恭俭让”这个习语，“守”字辈的排行清清楚楚，不存在什么疑点。据现有文献，从长到幺，依次是：

> 守仁（伯安，长兄）、守义（二弟）、守礼（伯敬，三弟）、守智（四弟）、

① 《王阳明世系及遗存在绍兴》，《阳明学新探》，第218页。

五妹（名不详）、守信（伯孚，六弟）、七妹（名不详，适徐爱）、守恭（八弟）、守俭（九弟）、守文（伯显，十弟）、守章（伯印、印弟、印官）。

引入“温、良、让”，不仅无助于我们了解阳明宗族实情，反而把原本明了的关系变得扑朔迷离、节外生枝。“十二字”排行说可以休矣。

三、对“七妹”的进一步考察：与徐爱缔姻的若干细节

从“十二字”排行推定“六弟”为“守温”、“七妹”为“守让”，上文已指出此说不能成立的理由。关于阳明的“七妹”，就是日后成为徐爱妻子的那位，她跟徐爱的缔姻，有一些情况尚不明朗。在本文的第三部分，我们再做些讨论。

一个基本问题：徐爱究竟是何时成为王门快婿的？钱明一直用比较含糊的“弘治十六七年”这样的表述。[①] 束景南则断为弘治十六年（1503）。束氏称，是年冬，王华奉命祭江淮诸神，便道归省余姚、绍兴，以浙江提学副使赵宽（1457—1505，字栗夫，号半江，吴江人）之荐，王华择徐爱为婿。[②]

笔者认为，束说可从，但需要补充的是，在王华作为家长正式确认婚事之前，弘治十六年秋，以刑部主事告病归越的王阳明，已经跟徐爱接触，在一定程度上，带有为妹择婿先行“考察”之意。具体考证如下。

弘治十五年（1502）秋，32岁的阳明内告回原籍养病。八月下旬，离京归越。九月，归至绍兴。赵宽时为浙江提学副使，提学行台即在绍兴。赵宽与王华是同年进士，之后又同在京师任职，时有走动，侍父在京的阳明亦因此得识赵宽。因有这层关系，阳明归越后与赵宽往来甚密，赵宽《半江赵先生文集》犹存数首唱和之作。[③] 在此期间，阳明表达了为妹择婿之意，赵宽遂以徐爱为荐，徐爱时为绍兴府学诸生。阳明与徐爱

① 参见钱明编校整理：《徐爱·钱德洪·董澐集》，凤凰出版社，2007年，编校说明，第2页；钱明著：《浙中王学研究》，中国人民大学出版社，2009年，第137、139页。

② 束景南著：《王阳明年谱长编》，上海古籍出版社，2017年，第292页。

③ 如《登山遇括苍李员外载酒同游因寄伯安秋官》（卷6）、《再寄伯安》（卷6）、《和王伯安二首》（卷6）、《王伯安秋官约稽山登高及期以病不果》（卷8）、《西江月（稽山望雨有怀王伯安）》（卷8）等。阳明与赵宽的交往，束景南考之甚详（参见《王阳明佚文辑考编年》（增订版），上册，第446—448页）。

的接触，在弘治十六年已成事实。无论如何，弘治十六年九月，阳明自杭归越，经萧山，再游浮峰寺等处，徐爱已同游，何以知此？有徐爱和阳明浮峰诗为证。徐诗云：

西云洞口锁双松，天末秋云数点峰。
海内尘氛今日远，江南奇气此山钟。
林深草木诸贤化，郡复书堂太傅踪。[①]
欲挟天风洒然去，振衣直入紫霞重。[②]

徐诗用上平二冬韵，次的是王阳明《游牛峰寺四首》前两首[③]之韵，后者一、二、四、六、八句末用了同样的字：松、峰、钟、踪、重。[④]

《游牛峰寺四首》其一云“洞门春霭蔽深松”，其二云“春风萝薜隔重重”，可知其时在春间。而徐诗有“天末秋云数点峰”句，则时当秋令。

阳明于弘治十六年春、秋两度游历浮峰。[⑤]浮峰本名牛头山，浮峰寺原名牛峰寺，是阳明将其改为今名。阳明春游诗用的是牛峰寺原名，秋游诗则已改用浮峰之名。[⑥]这可以解释为什么秋游同行者徐爱次的是阳明春游诗《游牛峰寺四首》之韵，却题作《浮峰次韵》。

---

① 按：“书堂太傅踪”云云，系指延福院（浮峰寺）附近有宋陆轸（山阴人，陆游高祖，赠太傅）书堂遗迹。据〔南宋〕沈作宾修、施宿等纂《嘉泰〈会稽志〉》卷7：“延福院在（山阴）县西六十里新安乡牛头山之麓。……景德初，赠太傅陆公轸与卿士数人肄业于此。……书堂在寺之西北隅，今寺僧犹能识其处。”（《宋元方志丛刊》，中华书局，1990年，第7册，第6835页）

② 〔明〕徐爱：《浮峰次韵》，《横山遗集》卷上，《徐爱·钱德洪·董澐集》，第19页。

③ 其一：洞门春霭蔽深松，飞磴缠空转石峰。猛虎踞崖如出柙，断螭蟠顶讶悬钟。金城绛阙应无处，翠壁丹书尚有踪。天下名区皆一到，此山殊不厌来重。其二：萦纡鸟道入云松，下数湖南百二峰。岩犬吠人时出树，山僧迎客自鸣钟。凌飚陟险真扶病，异日探奇是旧踪。欲扣灵关问丹诀，春风萝薜隔重重。（《游牛峰寺四首》，《王阳明全集》（新编本）卷19，第703页）

④ 徐爱《浮峰次韵》上面一首是《延寿寺次韵》：“千峰翠霭敛斜晖，客到云间僧亦归。望极海天空气色，坐生林露薄裳衣。了知万境皆非我，听说三生尚有机。明月清风深夜在，禅堂窅窅不关扉。”（《横山遗集》卷上，《徐爱·钱德洪·董澐集》，第19页）延寿寺在浮峰，此诗与《浮峰次韵》当是同时之作。诗用上平五微韵，应当次的也是阳明诗韵。

⑤ 关于阳明弘治十六年游浮峰的情况，详方旭东：《阳明杂考二则》，《中国哲学史》，2018年第4期。

⑥ 阳明秋游诗《又四绝句》其四：“两到浮峰兴转剧，醉眠三日不知还。眼前风景色色异，惟有人声似世间。”（《王阳明全集》（新编本）卷19，第704页）

徐爱生于成化二十三年[①]，弘治十六年虚岁17。阳明之妹（“七妹”）跟他应该年纪相仿，按照古人嫁娶的正常情况，女方一般不会小于15岁（及笄之年）。所以，弘治十六年，谈婚论嫁之时，阳明之妹（“七妹”）应在15到17岁之间，也就是说，阳明之妹（“七妹”）约生于弘治元年（1488）前后。

按说阳明之妹年纪并不大，尚不急于出嫁。阳明之所以考虑为妹择婿，据笔者考证，是因为当时已经有人开始上门提亲。近年发现的《王文成公全书》未收佚文《与友人》，向我们披露了这个鲜为人知的细节。信中说：

> 所喻徐宅姻事，足感寿卿先生之不鄙，但姚江去越城不二百里耳！祖母之心犹以为远，况麻溪又在五六百里之外耶？心非不愿，势不相能，如何，如何！见徐公幸以此言为复。吾两家父祖相契且数十年，何假婚姻始为亲厚，因缘之不至，固非人力所能为也。……侄守仁顿首。[②]

束景南《王阳明佚文辑考编年》收录此信，易名为《答某人书》，认为此说姻事应即是徐爱之叔父，并考证阳明此书作于正德五年（1510），理由是徐爱娶阳明妹的时间约在正德六年。[③]

我们已经知道，徐爱娶阳明妹的时间不在正德六年，所以，束景南对这封信时间的考证是错误的，这一点自不必多言。关于徐爱娶阳明妹的时间，束景南在《王阳明年谱长编》中已放弃旧说，转而主张弘治十六年说，如上所揭，此不再赘。我们注意到，束景南对钱德洪附会出来的王华择婿选徐爱而舍其叔的说法作了正确的驳斥，理由是：弘治十六年，徐爱之叔徐佩年纪已经四十七八，不可能向年方及笄的阳明之妹提亲。[④]但对“徐宅姻事”是徐爱叔父之说，却未见反正。在此，我们实有必要予以澄清。

从信中“麻溪”一语可知，此“徐宅”乃是德清之徐，而非余姚之徐。麻溪在明

---

① 参见萧鸣凤撰《明故奉议大夫南京工部都水清吏司郎中徐君墓志铭》：“丙子秋，考绩，便道归省。明年五月十七日，以疾卒于山阴寓馆，距成化丁未春□三十有一。娶王氏，封宜人，有妇德，无子。”（《横山遗集》附录，《徐爱·钱德洪·董澐集》，第93页）按：□，阙字，疑为“秋”字。

② 《与友人》，《王阳明全集》（新编本）卷45，第5册，第1837页。

③ 《答某人书》，《王阳明佚文辑考编年》（增订版），上册，第325页。

④ 《王阳明年谱长编》，第331—332页。

代属湖州府德清县。又，从“吾两家父祖相契且数十年”云云可知，王、徐两家为世交。符合这两个条件的“徐宅”，乃是王华曾经做过“西席”的麻溪徐家。据传，成化十二年（1476），王华携子守仁来到麻溪的徐九思、徐九龄兄弟家坐馆，教徐家的儿辈元桢、元礼、元吉和元瑞，直到成化十七年（1481）春王华赴京赶考中状元。至今，麻溪（今嘉兴桐乡市大麻镇湘洋①村徐家场自然村）还有古迹“阳明先生读书处”。②

考诸史籍，徐九思，湖州府德清县人，成化二年（1466）进士，成化二十年（1484）任右通政。③据明万历《湖州府志》卷6《选举》：“甲科，国朝举人，成化年乙酉，徐九思，德清；成化年辛卯，徐九龄，九思弟，德清。”九字辈还有徐九万。九字辈下面是元字辈，徐元桢、徐元吉、徐元瑞等亦有名。徐元桢做过学宪④，徐元吉恩贡生出身⑤，做过主簿。⑥

王华在德清徐府坐馆一事涉及其早年生涯，这方面的情况，旧传如陆深撰《海日先生行状》、杨一清据陆状而作的《海日先生墓志铭》，皆未着墨。旧传仅提及王华在祁阳（今湖南衡阳）坐馆的经历，且语焉不详。陆深云：“方伯祁阳宁公良择师于张公。张曰：‘但求举业高等，则如某某者皆可。必欲学行兼优，惟王某耳。’时先生甫逾弱冠，宁亲至馆舍讲宾主礼，请为其子师。”⑦

“甫逾弱冠”云云，并不准确，因王华受聘于浙江布政使宁良前往祁阳教授其子，

---

① 据郁震宏说，“洋”当作“漾”。湘漾历来属于德清县十四都，1931年设大麻、湘漾、海卸三个乡。湘漾乡，1950年划归崇德县，属洲泉区，1956年并入大麻乡。湘漾徐家是古代德清“徐胡谈蔡”四大家族之一，徐九龄、徐九思进士出身，徐九万举人。徐九龄官至礼部主事，徐九思乡试《诗经》第一，号“经魁”，德清县旧有“经魁”牌坊。徐九思官至南京右通政。徐九万妻是名人于谦孙女。徐九思晚年与洪钟、丁养浩等人结“归田乐会”，以诗会友。丁养浩为徐九龄妻弟，著有《西轩效唐集》（收入《四库全书存目丛书》）。徐九思有《一斋文集》（参见郁震宏：《湘漾村：桐乡西部历史文化第一村》，搜狐网，https://www.sohu.com/a/315915522-713186）。

② 参见陈永治：《王阳明读书处缘何在麻溪？》，《嘉兴日报》2018年6月4日。按：据1932年序刊本《德清县新志》卷13《杂志·堂宅园亭故址》载：“锦香亭在大麻村向阳里，明王守仁读书处。其父华尝馆于此，后人筑亭其上，明末寇毁。”（台北：成文出版社，1970年，第811页）

③ 〔明〕雷礼纂辑，徐鉴校梓：《国朝列卿纪》卷83《南京通政使司通政史年表》，明万历徐鉴刻本。

④ 参见〔明〕余日德撰：《余德甫先生集》卷11《赠徐元桢》，明万历年间刻本。

⑤ “公讳鹏，字云程，姓高氏，沧溟其别号也，……生于弘治壬戌正月八日，卒于嘉靖丙辰七月二十四日。……侧室王，出一女，适恩贡生徐元吉。”（〔明〕张四维：《赠中宪大夫山东按察司副使沧溟高公墓志铭》，〔明〕张四维撰：《条麓堂集》卷26，明万历二十三年张泰微刻本）

⑥ 万历《湖州府志》卷7《贡荫》：“德清学徐元吉，任主簿。”

⑦ 〔明〕陆深：《海日先生行状》，《王阳明全集》（新编本）卷37，第1417页。

时为成化十年（1474）。王华生于正统十一年（1446），至此已29岁，不是刚过“弱冠”，而是接近“而立”之年。其实，祁阳讲学始末，王华生前曾有自述，陆深失察。今将王华自述照录如下：

祁阳宁竑有瑞梦堂，王公华记之曰：成化甲午，岁当大比，于时，松江张公时敏为吾浙提学，首以华与谢公于乔荐于主司。其年，谢公发解第一，华见黜，归，读书龙泉山中。方伯祁阳宁公良以书币聘予为其子竑讲学，乃自浙抵祁阳，居于梅庄书屋。明年己未（按：“己”为“乙”字之误，乙未，成化十一年，1475），谢公[1]状元及第，宁公以书来贺曰：“先生与谢君齐名于时，谢君及第，此亦汇进之兆也。”华阅书谓竑曰：“尊公此言慰予客中落寞之怀耳，岂真谓予能然？”置书于箧中，初亦不念动也。是夜予就寝，忽梦归吾邑，如童稚时逐众迎春东郭门外。众舁白色土牛一，覆以赭盖旌纛幡节，鼓吹前导。方伯昌黎杜公[2]肩舆随于后。自东门入，至予家乃止。既寤，未解所梦。质明，是为端阳前一日。竑侍予晨铺，因语之梦。竑俯不应久之，屈指轮回者再作而曰：“是状元之兆也。家君之贺非诬矣。”余曰：“何？”竑曰：“牛一元大武也。春，岁之首而试之期也。状元亦谓春元也。金色白，其神为辛。牛之神，丑也。中之岁，其以辛丑乎？”余曰：“鼓吹前导者何？”曰：“是所谓伞盖仪从送归第者也。”余曰：“奚为而杜公随之？”曰：“以伞盖从者实京兆尹。是岁也，京兆尹其杜公乎？”余闻而笑曰：“嘻！有是哉？子之言殆隍中之鹿也。”竑遂请为记。余曰：“征而为之其既晚乎？”竑乃私识于《礼》经之卷末，以复余曰：“愿先生无忘今日之言。”余曰：“诺。”岁丁酉（按：成化十三年，1477），余复黜于主司，奔走江湖，梦之舛妄不复记忆。庚子（按：成化十六年，1480），乃领荐乡闱。明年辛丑（按：成化十七年），试春官得隽入奉，临轩之对，果叨进士第一。传胪毕，承制送予归长安私第者，果杜公也。一时湖湘章缝之士，遂盛传是梦。竑乃易扁“梅庄书屋”为“瑞梦堂”，而数书请

① 谢迁（1450—1531），字于乔，号木斋，余姚人。成化十年乡试第一，成化十一年状元。

② 杜谦（1419—1494），字益之，昌黎人。景泰五年（1454）进士，成化十一年为浙江右布政使，成化十三年转左布政使。成化十六年召为顺天府尹。成化十八年（1482）升工部左侍郎。生平详丘浚撰《明故工部左侍郎致仕杜公墓志铭》（〔明〕丘浚撰：《琼台诗文会稿》卷23《墓志铭》）。

如约为记。予惟昼之所思，夜之所梦。商宗之梦傅说，思得良弼也。孔子之梦周公，思行其道也。近世科目之士，虽以状元及第为荣，而予之心思则未尝及此。然此梦征于六年之后，若合符节，一毫不爽，岂所谓祯祥之先见耶？予自及第迄今，具员侍从几二十年，曾未能如傅如周，对扬明天子之休命，顾徒夸翊于一梦之荣，以为瑞而记之，亦且陋矣！第以塞竑之请，且以见夫人之穷通迟速固有一定之数，而不可以趋避为也。竑占是梦，人称其颖悟云。[①]

《皇明历科状元录》（以下简称《状元录》）成书于隆庆六年（1572）[②]，距王华去世不远，所收这段文字，实出王华弘治十四年前后所撰之《瑞梦堂记》。王华文集早佚，所幸记文具载《永州府志》（以下简称《府志》），盖祁阳县属永州府。现在可以看到的《永州府志》，最早已是清康熙朝所修。两本可以互校，特此抄出，以供比对：

成化甲午，岁当大比，于时，松江张公时敏为吾浙提学，首以华与谢公于乔荐于主司。其年，谢公发解第一，华见黜，归，读书龙泉山中。方伯祁阳宁公良以书币聘为其子竑讲学，乃自（按：与《状元录》对勘，知此处漏一“浙”字）抵祁阳，居于梅庄书屋。明年乙未（按：与《状元录》对勘，“乙未”为是），谢公状元及第。宁公以书来贺曰：“先生与谢君齐名于时，谢君及第，此亦汇征（按：与《状元录》对勘，知此“征”字乃“进”字之误）之兆也。”华阅书谓竑曰：“尊公此言慰吾客中落寞之怀耳，岂真谓予能然？”首（按：与《状元录》对勘，知此“首”字为“置”字之误）书于箧中，初亦不动念（按：“动念”，《状元录》作“念动”，于义为长）也。是夜予就寝息（按：与《状元录》对勘，疑“息”字为“忽”字之讹），梦归吾邑，如童稚然（按：与《状元录》对勘，疑此“然”字为“时”字之讹），逐众迎春郊门外。众舁白色土牛一，覆以赭盖，旌纛幡节，鼓吹前导。方伯昌黎杜公肩舆

① 陈鎏：《皇明历科状元录》卷3“成化十七年辛丑状元王华”条，明隆庆刻本，第29—31页。按：《明代状元史料汇编》对《状元录》所收这篇王华《瑞梦堂记》做了摘录，省略了“方伯祁阳宁公良以书币聘予为其子竑讲学”之前的文字（郭皓政、甘宏伟编著：《明代状元史料汇编》，武汉大学出版社，2009年，上册，第588页）。

② 陈鎏（1506—1575），字子兼，号雨泉，别号金芝山人，吴县人。嘉靖十七年（1538）进士，累官四川右布政使。隆庆六年辑刻《皇明历科状元录》，起洪武四年（1371），终隆庆五年（1571）。

随于后。自东门入，至予家乃止。既寤，未详（按：与《状元录》对勘，疑此“详”字为“解”字之讹）所梦。质明，是为端阳前一日。竑侍予晨餔，因语之梦。竑俯不应久之，屈指轮回者再作而言曰：“是状元之兆也。家君之贺非诬矣。”予（按：“予”，《状元录》作“余”，下同）曰：“何居（按：与《状元录》对勘，疑此“居”字为衍文）？”竑曰：“牛，一元大武也。春，岁之首，而试期也。状元亦谓春元也。色白，其神为辛。牛之神，土（按：与《状元录》对勘，知此“土”字为“丑”之讹）也。中之岁，其以辛丑乎？”予曰：“鼓吹前导者何？”曰：“是所谓伞盖仪从，送归第者也。”予曰：“奚为而杜公从之？”曰：“以伞盖从者，实京兆尹。是岁也，京兆（按：与《状元录》对勘，知此处漏一“尹”字）其杜公乎？”予闻而笑曰：“嘻！有是哉？子之言，始隍中之鹿也。”竑遂请为记。予曰：“征而为之，其既晚乎？”竑乃私识于《礼》经之卷末，以复予曰：“愿先生毋（按：“毋”，《状元录》作“无”，于义为长）忘今日之言。”予曰：“诺。”岁丁酉，予复黜于有（按：与《状元录》对勘，疑此“有”字为“主”字之讹）司，奔走江湖，梦之真（按：“真”，《状元录》作“舛”，前者于义为长）妄，不复记忆。庚子，乃领（按：与《状元录》对勘，知此处漏一“荐”字）乡围（按：与《状元录》对勘，知此“围”字为“闱”字之误）。明年辛丑，试春官，得隽。入奉临轩之对，果叨进士第一。传胪毕，承制送予归长安私第（按：与《状元录》对勘，知此处漏一“者”字），果杜公也。一时湖湘章缝之士，遂盛传是梦。竑乃易扁“梅庄书屋”为“瑞梦堂”，而数书请（按：据《状元录》，此处漏一“如”字）约为记。予惟昼之所思，夜之所梦。高（按：《状元录》作“商”）宗之梦傅说，君（按：《状元录》作“思”，是）得良弼也。孔子之梦（按：据《状元录》，此处漏“周公”二字），思行其道也。世（按：据《状元录》，“世”字前脱一“近”字）科目之士，虽以状元及第为荣，而予之心思则未尝及此。然此梦征于六年之后，若合符节，一毫不爽，岂所谓祯祥之兆（按：《状元录》脱此字）先见耶？予自及第迄今，具员侍从几二十年（按：王华辛丑（1481）及第，下推二十年，为弘治十四年辛酉（1501），则此文之作在弘治十四年前后，王华时为右春坊右谕德），曾未能如傅如周，对扬（按：据《状元录》，此处脱一“明”字）天子之休命，顾徒夸诩（按：诩，《状元录》误写作“翊”）于一梦之荣以为瑞而记之，亦且陋矣！第以塞竑之请，且以见夫人之穷通迟速固有一定之数，而不（按：据《状元录》，此处脱一“可”字）以趋避为也。竑占是梦，人亦（按：《状元录》无“亦”字）称其颖悟云。[①]

王华中状元之前，先做梦有所预兆，这事在今天看来，不无离奇，束景南即认为是附会虚构。[②]但从记文来看，它的真实性似乎不容轻易否定。可以肯定的是，王华的确做了那样一个梦。他本人并不理解梦的含义，是被宁竑占为中状元之兆，但王华当时其实并不相信。所以，对于宁竑要他撰文为记的要求，一直拖到应验之后很多年才予满足。从记文可知，在王华撰记之前，宁家已经将梅庄书屋易名为“瑞梦堂”。无论如何，宁家有瑞梦堂，实有其事，此可证之于徐爱之文。正德十年正月，徐爱因公出使湖南，路过祁阳，顺访宁府，此时宁家已败落，但当地人还是领着他去看梅庄书屋瑞梦堂，所谓“相导至梅庄瑞梦堂，即居业所”。[③]

根据以上考证，王华先是在湖南祁阳教了三年书，即成化十年入祁[④]，成化十二年归越，因为要应次年乡试。成化十二年前后，他又受聘于德清徐府，馆于麻溪。[⑤]若从成化十二年算起，王、徐之交，至弘治十六年，已有27载，与王阳明信中所说“数十年”正相符合。

总之，弘治十六年前后，王家有女初长成，麻溪徐家便托人提亲，阳明以路远为由婉拒。阳明所言当非托辞。其后，余姚人徐爱之受青睐，地近应是一个重要考虑。王家爱女心重，舍不得骨肉远离，找了路近的余姚人还不够，女儿成婚之后，还想法让女婿常住山阴；女婿殁后，更是腾出自家空房，将女儿连同公婆一起接到身边，朝夕庇护。[⑥]

（作者方旭东系华东师范大学哲学系教授）

---

① 〔清〕刘道著修，钱邦芑纂：康熙《永州府志》卷20《艺文志》三，书目文献出版社，1990年，第572页。

② 束景南认为，《瑞梦堂记》是王华“中状元以后所造附会虚构故事”（《王阳明年谱长编》，第1册，第17页）。

③ 《梅庄书院记》，《横山遗集》卷上，《徐爱·钱德洪·董澐集》，第63页。

④ 束景南将王华赴祁阳任教一事系于成化十一年（《王阳明年谱长编》，第1册，第13页），不确。

⑤ 诸焕灿称：成化十二年，王华赴德清设馆任教，居锦香亭。成化十四年（1478），王华赴海盐任教，寓居资圣寺（见诸焕灿编著：《〈阳明先生年谱〉引证》卷1，浙江古籍出版社，2018年，第7页）。皆未言何据。

⑥ 这方面情况，钱明考之甚详（参见《王阳明及其学派论考》，第71页）。

王华迁居与山阴王府——兼述阳明学之创设

钱　明

内容提要：学术界及王华后裔关于迁居山阴的具体时间有十余种说法，时间跨度从王阳明10岁到50岁不等。时人虽对王华迁居山阴的具体时间没有明确记录，但大体上都限定在王华致仕那年。从11岁到31岁的20年间，阳明在家乡居住的时间并不长，总共加起来不超过3年，所以当时无论余姚人还是山阴人都不太清楚他们回乡时究竟居住何地，更不要说外地人乃至后来人，这也是在相当长一段时间内，“归越”还是“归姚”两说在《年谱》等文献中同时存在的重要原因。但不论怎么说，阳明31岁以后已迁居山阴、在府城安家是基本上可以确定的。《年谱》中的“归越”应该是指越城，但“皆在越”并不等于已举家迁居越城，而可能是指暂时僦居于越城。而王华决定僦居府城的时间估计是在中状元后的成化十七年，是年阳明虚岁10岁。也就是说，阳明可能在10岁时就已准备随父僦居于府治所在地山阴。王华开始在山阴建房并最后携全家定居山阴，除了其“本籍山阴”“世居山阴”“(欲)复还山阴”，以及在府城、省城买地建房乃当时官员之时尚等原因外，还与他在余姚城内本无宅邸，科举及第后又不再续租余姚城内的“瑞云楼”有莫大关系，更与其长子王阳明遭刘瑾迫害下狱贬谪，自己遭降职又被勒令致仕，为免遭乡人猜疑嘲讽，摆脱社会舆论的负面影响，欲通过占卜找个“绝不闻当世事”的清净之地有直接关系。

关键词：王华　王阳明　山阴　余姚　迁居　思想创设

历史地说，余姚和山阴皆属绍兴府。余姚自秦时置县，属会稽郡，1949年划归宁波市，其地名一直延续至今；山阴亦始设于秦并属会稽郡，1911年与会稽县合并为绍兴县，历史上其县城乃绍兴府城的一部分。王阳明出生余姚，民籍余姚，很早就随父亲明成化十七年（1481）辛丑科进士第一人王华迁居山阴光相坊（在府城内，今属绍兴市越城区）。迁居山阴后，王华后代繁衍生息十余世，遂奉王华为山阴光相坊王氏始迁祖。[①]学术界及王华后裔关于迁居山阴的具体时间有十余种说法，时间跨度从王阳明10岁到50岁不等。笔者曾于2005年在《浙江学刊》上发表《王阳明迁居山阴辨考——兼论阳明学之发端》一文，对其中的明正德十六年（1521）说提出过否证，并以王阳明十六世孙王诗棠先生主张的明成化十七年（1481）说为是，但当时的重点主要是探究阳明学之发端，而并未对迁居问题作详细考论。本文试图弥补此一缺憾，并以此就教于各位方家。

一

王阳明大弟子季本和王畿曾把绍兴分别作为阳明思想的“发端”地[②]和“熟化”地[③]。称绍兴是阳明晚年思想之“熟化”地，应无异议，但称绍兴尤其是山阴为阳明早期思想之“发端”地，则有较多分歧。所谓“发端”，有起源、起始或始创之意[④]，因

① 2021年3月21日在绍兴伯府观象台举行了“山阴光相桥王氏宗谱修谱开局仪式”，标志着筹备近两年，在对贵州、重庆、北京、山东、四川、余姚、舟山等地的档案馆、史志办、图书馆及王氏后裔所藏珍贵资料进行广泛搜集、调研、取证的基础上，正式启动了这项牵涉王阳明后人、关乎阳明学研究的重大工程。

② 山阴人王思舆曾在王阳明的思想形成过程中起过相当重要的作用，所以季本在自己的哲学论著《说理会编》中把自己所撰的《王思舆传》改名为《阳明之学由王司舆发端》（〔明〕季本撰：《说理会编》卷16，《四库全书存目丛书》子部第9册，第407页），认为阳明思想发端于王思舆，这确实给人以耳目一新的感觉。诚然，季本是绍兴会稽人，又“少师王司舆”（〔清〕黄宗羲：《知府季彭山先生本》，《浙中王门学案（三）》，〔清〕黄宗羲著，吴光执行主编，夏瑰绮、洪波校点：《明儒学案》（上）卷13，《黄宗羲全集》，第7册，浙江古籍出版社，1992年，第307页），他说的话不排除有为地方争光并为其师添彩的动机。但若把人换成地，即把王思舆换成绍兴，也就是说，是绍兴这方充满灵气的土地哺育了新思想的诞生，那么在笔者看来，这种“发端”说是能够成立的。

③ 王畿《滁阳会语》曰：“逮居越以后，所操益熟，所得益化，信而从者益众。”（吴震编校整理：《王畿集》卷2，凤凰出版社，2007年，第34页）罗洪先《寄谢高泉》亦曰：“学者舍龙场之惩创，而第谈晚年之熟化，譬之趋万里者，不能蹈险出幽，而欲从容于九达之逵，岂止病躐等而已哉！”（徐儒宗编校整理：《罗洪先集》卷7，凤凰出版社，2007年，第274页）

④ 明人擅用“发端”来形容某一学说、学派的发生和起源，如黄宗羲称“姚江之学，先生为发端也”（《教谕娄一斋先生谅》，《崇仁学案（二）》，《明儒学案》（上）卷2，《黄宗羲全集》，第7册，第38—39页）。有意思的是，绍兴山阴人季本称阳明思想发端于绍兴，而余姚人黄宗羲则说阳明思想发端于娄谅。而从阳明本人“事不师古，言不称师，欲立异以为高”的个性看，黄氏之说值得怀疑，倒是季本所谓发端于绍兴说，大抵能被阳明本人所接受。

而对于季本的这一定位，有人可能会认为他是绍兴人而不足为据。不过笔者认为，把绍兴作为阳明思想性格的始创地是有其史实、义理依据的，时间大约是在明弘治年间。可以这么说，与所有王阳明居住过的地方相比，山阴与阳明的关系最为密切，这既可以从阳明早年随父迁居山阴后又以阳明洞为修炼“道场”而找到理据，也可以从阳明晚年长居越城授徒讲习、论学证道而获得支撑。然而，迄今为止所发现的与王华及其后人有关的各类王氏谱中，对于王华举家迁居山阴的准确时间、具体经过皆语焉不详，进而使得阳明思想的早期形成过程变得扑朔迷离。

关于王华举家迁居山阴之事，清乾隆《余姚志》中有以下记述：

瑞云楼，在龙泉山北，王文成守仁所生处也。公父华未第时尝居是楼。[①]

又嘉庆《山阴县志》记载：

王守仁，字伯安。本籍山阴，迁居余姚，后复还山阴。[②]

世皆知文成公为余姚人，越中人士则知公已迁居山阴。读马方伯如龙《碑记》[③]，又知公世居山阴，后徙姚江。然则公之不忘山阴，即营邱反葬之谊。[④]

先生世居山阴，后徙姚江。其里居旧有专祠以奉烝，岁旧隳剥不治。[⑤]太守李君崇尚文教，倡率僚属士绅重修建，庙貌聿新，祀典孔肃，嘱余勒石以纪之。[⑥]

以上引文中，“公父华未第时尝居是楼”一句很关键，待后详述。而“本籍山阴”

① 〔清〕唐若瀛纂修：乾隆《余姚志》卷5《古迹》，清乾隆四十六年刻本，美国哈佛大学汉和图书馆珍藏本。

② 〔清〕徐元梅修，朱文翰等纂：嘉庆《山阴县志》卷14《乡贤》，清嘉庆八年刊本。

③ 指康熙二十九年（1690）由杭州知府升任浙江布政使的马如龙（1633—1701，字见五，陕西绥德人，清代著名廉臣）所撰的《王阳明祠碑记》。

④ 《山阴县志》卷21《坛庙》。

⑤ 此专祠即王文成公祠，清乾隆年间王谋文重修。山阴人杜煦《王刘两先生祀会序》曰：“文成祠在东光坊，族裔介休令谋文重葺之，官私不辨。又嗣续中绝，绍以旁支。祠右余屋，僦钱佐祭纸匠居之，挈眷而宫于其中。……往来展谒者，心病之而莫知为计也。独古虞王君石友毅然倡言屏之。”（〔清〕杜煦撰：《苏甘廊文集》卷1，清道光年间刻本）关于王谋文，后文还将反复提及，其对山阴光相桥王氏所作的贡献，值得细考。

⑥ 〔清〕马如龙：《王阳明祠碑记》，清嘉庆《山阴县志》。

是指阳明祖籍山阴，但其本人的籍贯一直为出生地余姚，并非山阴。“营邱反葬之谊”，是指周武王封姜子牙（太公）于齐，建都于营邱（丘），太公后人遂以此地为祖源地；“反葬”即归葬，《礼记·檀弓上》：“太公封于营丘，比及五世，皆反葬于周。”证明阳明有“不忘山阴”之情结。

不仅王华一家，入清以后，其兄王荣的六世孙静澜先生（王谋文父）也从余姚迁至山阴居住，居余姚者唯其弟王衮一支。这条史料始见于王谋文[①]所撰《重修王氏家庙碑记》：

> 初海日公迁山阴时，伯半岩公、季易直公皆居余姚。半岩公子二，海日公子四，易直公子三，号九房。半岩公六传至先赠公，复来郡，今居余姚者惟易直公后。姚故无祠，祀于此凡九房，后有死者并得入，岁时咸来与祭，若聚族居者然。[②]

又《夏孺人墓志铭》记载：

> 孺人姓夏氏，浙江山阴人也。父处士德彰，于越钟英。……孺人禀资贞孝，赋性惇懿，习姆教而奉重闱，受女箴而勤四德，年十有八，嫔于琅琊时太学生敕赠文林郎静澜先生。……自余姚迁山阴……乾隆三十有六年八月八日卒于介

① 王谋文（1725—1783），字达溪，原籍山阴，寄籍顺天府大兴县。幼时随其父“先赠公客闽，既而失怙幞，被四方，不获归姚……几五六十年”（《姚江王氏宗谱》卷20《重修龙泉山先祠记》）。曾任介休知县，任内主持修复书院，缮城浚濠，纂修《介休县志》。清乾隆四十八年（1783），因交河知县任内亏空钱粮，被斩（参见中国历史档案馆编：《乾隆朝上谕档》，中国档案出版社，1998年，第11册，第677—683页）。乾隆三十八年（1773），他曾在王阳明墓地恭摹勒石乾隆御笔“名世真才”，并称“七世孙，山西汾州府介休县知县，臣王谋文恭摹勒石”（此据王谋文摹勒《乾隆书名世真才》拓片，绍兴图书馆藏1939年拓本）。据王谋文《重修王氏家庙碑记》可知，他实为王阳明伯父王荣半岩公的七世孙，其父先赠公静澜先生于清康熙二十二年（1683）娶山阴夏氏，后自余姚迁居山阴，生谋文，“所谓硕果之存也”。故知王谋文后自称“龙山（指王华）后裔”，似有攀附之嫌。又，王谋文在《姚江王氏宗谱》中多次使用“胜国”一词，代指已灭亡的明朝，有浓重的遗民情怀。故推测王谋文之父尝参加抗清运动，奔走于闽粤沿海，见归姚无望，遂迁居山阴，后又漂泊闽粤沿海。

② 〔清〕王谋文辑校：《姚江王氏宗谱》卷20《重修王氏家庙碑记》，清德逸堂抄本，今存3册6卷（卷5至8、卷19至20）。

休官舍，春秋七十，越三年，葬山阴花街洪溪。①

由此足见，包括王阳明本人在内的当事人，对于阳明出生地和籍贯地的余姚与作为阳明宅居地和反葬地的山阴②，都极为喜爱，前者可谓户籍地，后者可谓寄籍地。因此对于王阳明，时人既称“姚江王氏”，并称其学派为“姚江学派”，同时又称“越为夫子之乡”③，而阳明本人则按照户籍所在地而自署“浙江绍兴府余姚县人”④，并一直以余姚为自己的“家乡”⑤。诚如山阴人王谋文所言：

> 当龙山公不遇时，僦居兹山之北麓，以阴德起家，到于今，人能道之。其后慕会稽岩壑之秀，卜筑山阴，而晚以龙山自号，且以名其集。而文成公降辰之地，所谓“瑞云楼”者，即其处里居讲学，集诸生于中天之阁。⑥及剿逋藤峡，军书旁午之时，与钱子德洪、王子汝中书，犹惓怀于龙山同志。以是知两公之初，至今恋恋于此。⑦

问题在于，王阳明出生于余姚、成长于山阴，其父王华很早就举家迁至山阴城内

---

① 《姚江王氏宗谱》卷20《夏孺人墓志铭》。

② 王阳明归葬地兰亭洪溪鲜虾山在会稽山以北的山阴县境内。

③ 〔明〕王畿：《起俗肤言后序》，《王畿集》卷13，第359页。“越城”当时在广义上应指包括山阴县城和会稽县城在内的绍兴府城。山阴、会稽为邻县，“其界止一水，故邑之人互置产弗问，互讼狱弗问，互考校弗问。且郡城为八邑之人所聚，多迁居焉。……然孙忠烈、王新建……志在山、会者，未尝不志之原籍，比入府志，咸归一焉”（〔明〕张岱：《会稽县志凡例》，〔明〕张岱著，夏咸淳校点：《张岱诗文集》补编，上海古籍出版社，1991年，第414页）。因后来的绍兴府行政单位都在山阴城内，故王阳明及其弟子所说的“越城”，一般都指山阴城（亦即绍兴府城）。盖山阴乃古越之地，后越州府城又在此，故有此称。余姚历史上虽属会稽郡或绍兴府管辖，广义上亦可称之为“越”，如阳明《居越诗》即包括余姚，但习惯上“越”是指山阴、会稽或绍兴府城，故《年谱》及阳明本人在使用“越”和“姚”或“绍兴”和“余姚”时都有明确区分，未见以“越”代“姚”之例者。徐爱在《游雪窦因得龙溪诸山记》中称正德八年王阳明在余姚避暑于龙泉之清风亭，而称其绍兴门人道友“王世瑞、许半圭、蔡希颜、朱守中偕自越来，矢遂厥游”（钱明编校整理：《徐爱·钱德洪·董澐集》，凤凰出版社，2007年，第78页），即为明证。

④ 王守仁《乞养病疏》曰：“臣原籍浙江绍兴府余姚县人。”〔明〕王守仁著，吴光、钱明、董平、姚延福编校：《王阳明全集》（新编本）卷9，浙江古籍出版社，2010年，第2册，第309页。

⑤ 王守仁《与钱德洪、王汝中（一）》曰：“近有人自家乡来，闻龙山之讲至今不废，亦殊可喜。”《王阳明全集》（新编本）卷6，第1册，第238页。

⑥ 此句文义不明，恐将瑞云楼与中天阁相混淆矣。

⑦ 《姚江王氏宗谱》卷20《重修龙泉山先祠记》。

光相坊建房居住，当地人称“状元府”，嘉靖初年始建的新建伯府（简称“新建府”[①]或“伯府”）就建在状元府南边，余姚的“家”只是他小时候的租房。另外其思想也成熟于山阴，死后又葬在山阴，那为什么历代都称其学为“姚江学”“姚江良知学”，甚至以“姚江”代指阳明学呢？对于这个问题，我想是否可以从以下几个方面来作一解答：

第一，在中国传统中，大都以祖籍地为故乡，以出生地为籍贯。按照明代户籍制度，王阳明虽随父迁居山阴，但其户籍所在地仍是余姚，山阴则近似于他及其家人的“寄籍”地。是故王华去世后，“若溪、西清两公服阕，以先生未召并就官去，乃独委公襄事。公庐于墓所，岁余乃蒇，复建小宗祠，以海日翁为迁山阴之祖。仍曰小宗者，以有姚江也。”[②]

第二，最主要的是姚江王氏虽先有王华举家迁居山阴，后有王荣六世孙静澜先生迁居山阴，但其他绝大多数族人、姻亲等仍居余姚。所以余姚的亲情纽带要深于山阴，余姚的祖产祖业要多于山阴，余姚的人脉资源要大于山阴。

第三，王阳明的乡音是余姚话，而非山阴话，所以“余姚腔”（又称“越调”“江南越曲”）也是他的最爱。[③]而语言作为最重要的社会交流工具，各朝各代都有公认的标准语音，一般来说，不同朝代都会将其首都的语言作为标准话。明代以南京话为正统，南京话也是南方官话的代表。后来迁都北京，南京话和北京话开始融合。阳明出生余姚，家人亦皆出生余姚，余姚话乃其家庭“用语”，后在北京居住多年，故而口音当以余姚话为主，但估计也会一些当时的南方官话。

第四，从王阳明心学的思想渊源来说，南宋陆学的传人主要在四明地区，余姚虽在行政上归绍兴府管辖，但却与慈溪相邻。慈溪有“四明四先生”，与阳明在思想距离上最接近，称“姚江学派”似有从地缘上拉近陆、王之用意。

第五，王阳明最信赖的浙中弟子先有徐爱、后有钱德洪，两人皆为余姚人，这也进一步拉近了阳明与余姚的心理距离。尽管阳明对出生山阴的王畿也非常器重，但作为其妹夫的徐爱，犹如颜回之于孔门，其在王门的地位几乎无人可及。更重要的是，

---

① 明人徐渭尝为其师王畿（龙溪）作《洗心亭》（为龙溪老师赋池亭，望新建府碧霞池）诗云：“精舍俯澄渊，孤亭一镜悬，觅心无所处，将洗落何边。花护焚香几，门维渡岸船，碧霞池畔鸟，长得泛前川。”（〔明〕徐渭撰：《徐文长三集》卷6，《徐渭集》，中华书局，1983年，第1册，第178页）

② 《姚江王氏宗谱》卷19《明福建盐运使司同知若溪公传》。

③ 参见钱明：《王阳明的音乐戏曲思想与实践》，《孔子研究》，2006年第1期。

以“姚江”代指阳明并使之成为流行语的黄宗羲也是余姚人，他对家乡的感情必然会影响到学术话语体系的建构。

第六，因此故，王阳明虽亦曾自称“山阴阳明子”，但大多数情况下自称“姚江阳明子”，也就是说，在阳明心目中余姚是其真正故里。正因为此，余姚人一直都把阳明先生视为自己的骄傲，即使在阳明学遭到彻底诋毁的年代，余姚人仍一如既往地崇敬他，想方设法保存下来的阳明手迹、书信等文物也要多于山阴。不过话又得说回来，阳明本人可以说是既志于原籍地余姚，又志于寄籍地山阴，称其将两地皆视为“故里”也不为过。所以在他眼里，“故里”的概念又是比较宽泛的，今人为此而发生争执，实有违于他的本意。

第七，尽管政治举措在地理变迁中有时具有相当重要的作用，但却很难改变某个地域的文化地理属性。比如余姚，自秦置县后，2000多年间基本上隶属绍兴府管辖，于是渐渐地在文化心理、语言习俗等各个方面融入古越文化圈，形成了较为稳定的文化地理视界。1949年以后，因行政区划的改变，余姚归属宁波市，但这一改变只是政治地理而非文化地理的。所以说余姚在文化地理上属于绍兴，在政治地理上长期属于绍兴而短期属于宁波，应该是毋庸置疑的。

二

一般来说，按照王阳明的出生地与户籍地，署其余姚人是最为恰当的，但若依照1949年前余姚一直属绍兴管辖、为绍兴府下面的一个县这一事实，称阳明为绍兴人亦未尝不可。而此问题如果牵涉阳明学之始创这一具有重要学术思想意义的话题时，就有必要对王阳明迁居山阴或绍兴府城的具体年代作一适当界定，以明确阳明早期思想性格形成的地域环境和特定条件。

关于王阳明迁居山阴的年代问题，目前学术界至少有10种不同观点：

一是汪柏江认为成化十三年（1477）王华因秋闱未中举而改弦更张迁居山阴。[①]

二是阳明第十六世孙王诗棠认为王华为准备赴京应试，于成化十七年（1481）僦

① 汪柏江著：《王阳明绍兴事迹考·亲属编》，浙江古籍出版社，2016年，第41页。

居于交通便利、文化发达的越城光相坊。[①]

三是华建新认为弘治六年（1493）王华丁忧期满，阳明会试落第后，举家迁居山阴。[②]

四是黄懿认为弘治六年至九年（1493—1496）王华移居山阴。[③]

五是束景南认为弘治九年建新居于绍兴东相坊，次年冬阳明正式移家迁居绍兴。[④]

六是陈来认为弘治十六年（1503）或弘治十二年（1499）王华迁居山阴。[⑤]

七是司雁南认为正德初年（1506）王华出于对阳明前程考虑而不得已从余姚迁家山阴。[⑥]

八是王传龙认为正德五年（1510）前后王华迁居山阴。[⑦]

九是褚纳新认为弘治六年至正德七年（1493—1512）王华迁居山阴。[⑧]

十是诸焕灿认为正德十六年（1521）王华迁居山阴。[⑨]

以上10种说法前后相差竟达44年，其中弘治年间迁居说是比较集中的观点。换言之，我们可以基本确定王阳明在30岁之前就已随父迁居山阴，因此才有了31岁在距离越城十余里的阳明洞修炼道教导引术的事情发生。

根据笔者所掌握的史料综合判断，当时人虽然对王华迁居山阴的具体时间没有明确记录，但大体上都限定在王华致仕那年。如杨一清《海日先生墓志铭》载：

---

① 参见王诗棠：《王阳明世系及遗存在绍兴》，钱明主编：《阳明学新探》，中国美术学院出版社，2002年，第212页。傅振照的意见亦与此相近（参见傅振照著：《王阳明哲学思想通论》，中国国际广播出版社，1993年，第205页）。董平则认为“迁居的时间或当在成化十二年至十七年间”，并且赞成王诗棠所谓王华初居山阴，“系僦而居之”的推测（见董平著：《王阳明的生活世界》，商务印书馆，2018年，第27页）。

② 参见华建新著：《姚江秘图山王氏家族研究》，宁波出版社，2010年，第236—242页。

③ 参见黄懿：《王阳明迁居山阴时间段新考》，李安军主编：《萧萧总是故园声：王阳明与余姚》，西泠印社出版社，2017年，第189—196页。

④ 束景南著：《王阳明年谱长编》，上海古籍出版社，2017年，第1册，第134页。

⑤ 参见陈来著：《有无之境——王阳明哲学的精神》，人民出版社，1991年，第370—371页。

⑥ 参见司雁南著：《阳明境界》，中国社会科学出版社，2007年，第260页。

⑦ 参见王传龙：《王阳明在绍兴事迹汇考》，《中共宁波市委党校学报》，2018年第4期。

⑧ 参见褚纳新：《在尘封的历史中探问王阳明家世》，《寻根》，2007年第5期。

⑨ 参见诸焕灿：《为王阳明寻根》，秦家伦等主编：《王学之路》，贵州民族出版社，2000年，第376页。按：基于此说，诸先生遂明确将“绍兴作为王阳明晚年迁居之地”（诸焕灿著：《学津求索》，中国戏剧出版社，2000年，第110页）。但所谓阳明晚年迁居绍兴说其实是最站不住脚的，现仅举一例即可予以否证：据王华挚友谢迁《越城览胜四首次雪湖韵》《三月二十日王龙山太宰偕雪湖见过次联句韵》等诗可确知，正德六年王华已迁居山阴（见戟锋主编：《文正公谢迁诗存》，浙江古籍出版社，2010年，第69—70、72页）。

正德己卯，宁濠称乱江西，鸠集群盗，发数千艘而东，远近震动。巡抚南赣都御史王守仁伯安传檄邻境，举兵讨贼。时其父南京吏部尚书王公致仕居会稽。[①]

陆深《海日先生行状》载：

明年，武宗皇帝改元。贼瑾用事，呼吸成祸福。士大夫奔走其门者如市。先生独不之顾。时先生元子今封新建伯方为兵部主事，上疏论瑾罪恶。瑾大怒，既逐新建，复迁怒于先生。然瑾微时尝从先生乡人方正习书史，备闻先生平日处家孝友忠信之详，心敬慕之，先生盖不知也。瑾后知为先生，怒稍解。尝语阴使人，谓于先生有旧，若一见可立跻相位。先生不可。瑾意渐拂。丁卯，升南京吏部尚书。瑾犹以旧故，使人慰之曰："不久将大召。"冀必往谢。先生又不行。瑾复大怒。然先生乃无可加之罪，遂推寻礼部时旧事与先生无干者，传旨令致仕。先生闻命忻然，束装而归，曰："吾自此可免于祸矣。"[②]

后者把前者不甚明确的致仕时间定在正德二年。后谈迁《国榷》亦载：

正德二年九月辛卯，南京礼部尚书王华，与杰俱罢，司官降谪有差。[③]

清人查继佐《王守仁传》亦曰：

父华，及第第一人，历官讲读，侍孝宗经筵，以不附刘瑾致仕，仕至南京吏部尚书。[④]

而竹轩公王伦卒于弘治三年（1490）正月，下旬讣始至京，王华闻后"号恸屡绝，即日南奔，葬竹轩于穴湖山，遂庐墓下"。弘治六年服满，"升右春坊右谕德，充经筵

---

① 〔明〕杨一清：《海日先生墓志铭》，《王阳明全集》（新编本）卷37，第4册，第1402页。
② 〔明〕陆深：《海日先生行状》，《王阳明全集》（新编本）卷37，第4册，第1419页。
③ 〔明〕谈迁著，张宗祥校点：《国榷》卷46，中华书局，1958年，第3册，第2871页。
④ 〔清〕查继佐：《王守仁传》，《王阳明全集》（新编本）卷51，第6册，第2057页。

讲官”[①]，说明王华服丧期间皆住在余姚。

记载最清楚的是王谋文于清乾隆三十九（1774）十月撰写的《重修王氏家庙碑记》：

八传至海日公。冢宰致仕，爱会稽山水，卜筑山阴。迨文成公，用平濠公爵锡躬圭，建里第于朝京坊[②]，遂立家庙于其东。[③]

又王谋文所撰《明吏部尚书龙山先生传》：

武宗嗣位，逆瑾窃柄，士大夫争奔走其门，先生独不往。瑾衔之，出为南京吏部尚书，推寻礼部旧事，勒令致仕。既归，卜居山阴光相坊。扁舟鉴湖，酌酒赋诗，绝不闻当世事。瑾逻卒四出，终莫能中。[④]

此外，清光绪二十年（1894）纂修的《三槐王氏通谱》亦曰：

（王）华……明正统十一年丙寅九月二十九日亥时生，成化辛丑科殿试第一，历官南京礼部尚书，致仕迁居山阴县光相坊。以子守仁贵封光禄大夫、兵部尚书、新建伯。嘉靖元年壬午二月十二日卒，寿七十七，葬山阴天柱峰之南原。[⑤]

因为王华迁居山阴是在其致仕那年，而王华致仕又是在正德二年（1507）九月

---

① 〔明〕陆深：《海日先生行状》，《王阳明全集》（新编本）卷37，第4册，第1418页。

② 绍兴县朝京坊，中华人民共和国成立后改名绍兴市北海桥直街39号，绍兴市越城区上大路241号，现改名绍兴市越城区上大路438号。（绍兴市越城区人民法院民事判决书，〔2009〕绍越民初字第1902号）故知朝京坊应在观象台北边，与伯府第南北相接。然据万历《绍兴府志·府城厢坊图》，朝京坊被画在光相坊南边，更靠近府衙。古今两则史料明显不一致。但王谋文所记，似乎印证了王华第十七世孙王诗棠的说法：王华状元府在光相坊建成后，其地盘又逐渐扩大，往西到西小河边上，往南与吕府前后相接。王谋文称阳明“建里第于朝京坊”，指的是伯府第，而非王华时建的状元府第。而王阳明在正德十二年所说的“北海新居”（详见后述），则是指状元府，此时伯府第尚未开建。

③ 《姚江王氏宗谱》卷20《重修王氏家庙碑记》。

④ 《姚江王氏宗谱》卷19《明吏部尚书龙山先生传》。

⑤ 〔清〕王庸敬纂修：《三槐王氏通谱》卷4《光禄公分支三》，王庸敬次子、三子清光绪二十年槐收堂刻本，第23页。

十一日，所以《三槐王氏通谱》才会明确说："致仕迁居山阴县光相坊。"

据束景南考析：

> 王华被罢致仕之真实原因，实为阳明远遁不赴谪地，盖阳明托言投江自沉游海事很快传入京中，其谓刘瑾遣二校侦伺追杀，尤为刘瑾所忌恨，王华遂有是谴，"礼部时旧事"云云乃表面借口而已。
>
> 九月二十九日，王华六十二岁寿辰，阳明至南都，为父祝寿。……周用《周恭肃公集》卷八《寿王龙山尚书》："……稽山今在眼，谩卜草堂邻。"……即指王华将归休稽山。
>
> 十月初，王华、阳明自南都归绍兴，石珤、储巏有赠别诗，罗玘作序践行。石珤《熊峰集》卷一《送王尚书德辉还余姚五首》："杳杳稽山青，渺茫舜江白。……"储巏《柴墟文集》卷四《送王德辉归余姚》……罗玘《圭峰集》卷十《送冢宰王公归余姚序》……[①]

可见，当时人们对王华究竟是归山阴还是余姚并无准确定论，在时人看来，"公，越人也"，稽山、舜江皆属越地，所以没有必要细分。而王华归越后亦的确是山阴、余姚两地跑，这是因为：一方面其父王伦于弘治三年（1490）卒后三年，其母岑氏即可能随他"就养于京"，直到弘治十五年（1502）正月其弟王衮去世后四年才"自京归"，十月葬王衮于余姚穴湖山南[②]，并住老家余姚，至越城光相坊状元府完全建成后，又随他"就养"于山阴[③]。另一方面山阴状元府第有一建造过程，并非一蹴而就，其完全建成当在其致仕归越后不久。因此，我们不能以石珤、储巏、罗玘等人的"归余姚"题诗作序为据，而作出王华致仕后仍归余姚居住的判断。在尚无直接证据证明王华迁居山阴之具体年代的情形下，束先生所谓"自南都归绍兴"的用词，不失为一种较为巧妙的处理方式。

---

① 《王阳明年谱长编》，第1册，第435—438页。

② 《易直先生墓志》，《王阳明全集》（新编本）卷25，第3册，第972页。

③ 此据余姚人陈雍为王阳明堂弟守礼（字伯敬，号石谷，王荣次子）《明诰封刑部郎中石谷公传》："性至孝，大母岑太夫人既就养龙山于山阴，月必一往省。"（《姚江王氏宗谱》卷19）

三

据笔者分析，王华携全家迁居山阴，除了其“本籍山阴”“世居山阴”，“（欲）复还山阴”，以及在府城、省城买地建房乃当时官员之时尚等原因之外，还与他在余姚城内本无宅邸，科举及第后又不再续租余姚城内的“瑞云楼”有莫大关系，更与其长子王阳明遭刘瑾迫害下狱贬谪，自己遭降职又被勒令致仕，为免遭乡人猜疑嘲讽，摆脱社会舆论的负面影响，欲通过占卜找个“绝不闻当世事”的清净之地有直接关系。

据钱德洪《年谱》记载：

> 十有七年辛丑，先生十岁，皆在越。是年龙山公举进士第一甲第一人。十有八年壬寅，先生十一岁，寓京师。[①]

又《后瑞云楼记》记载：

> 他日公既得第，先子复僦诸莫氏居焉。弘治丙辰，某亦生于此楼。及某登第进士，楼遂属诸先子。[②]

这里的“越”应该是指越城，但“皆在越”并不等于已举家迁居越城，而可能是指暂时僦居于越城。盖王华早年家贫，住无定所[③]，为生计多外出当私塾教师，曾在海盐、德清等地任子弟师。长子阳明亦一起前往，以便同时受教，时间约在阳明5岁至10岁之间，故阳明亦尝称海盐为“故乡”。[④]成化十六年（1480），王华回杭州参加乡试[⑤]，因“常思山阴山水佳丽，又为先世故居，复自姚徙越城之光相坊居之”[⑥]，而最后决

---

① 〔明〕钱德洪：《年谱一》，《王阳明全集》（新编本）卷32，第4册，第1226页。

② 〔明〕钱德洪：《后瑞云楼记》，《钱德洪语录诗文辑佚》，《徐爱·钱德洪·董澐集》，第171页。

③ 〔明〕魏瀚《竹轩先生传》谓王华父亲王伦“居贫，躬授徒以养母……而于妻孥之寒馁，弗遑恤焉”（《王阳明全集》（新编本）卷37，第4册，第1385页）。

④ 参见束景南撰：《阳明佚文辑考编年》，上海古籍出版社，2012年，第3—8页。

⑤ 《阳明佚文辑考编年》，第8页。

⑥ 《年谱一》，《王阳明全集》（新编本）卷32，第4册，第1225页。

定僦居府城的时间估计是在王华中状元后的成化十七年（1481），是年阳明虚岁10岁。也就是说，王阳明可能在10岁时就已准备随父僦居于府治所在地山阴。张岱的散文《炉峰月》曾这样描写香炉峰[①]以及少年阳明在那里留下的故事：

炉峰绝顶，复岫回峦，斗耸相乱。千丈岩陬牙横梧，两石不相接者丈许，俯身下视，足震慑不得前。王文成少年曾趵而过，人服其胆。[②]

这似乎又可作为阳明少年时就已常住山阴之佐证。至于他的出生处余姚龙山北麓的那处被后人称为“瑞云楼”的房屋，则转由钱德洪的父亲钱蒙与其兄心古先生一起僦居。钱蒙眼瞎，无力建房，遂在此楼结婚生子，钱德洪即于弘治九年（1496）生于此楼，当时阳明25岁。[③]

不过，所谓僦居府城，也可能只是个规划。当王华登第在京做官后，11岁的阳明即随祖父北上赴京，在王华身边就读私塾，并曾就读书是否有用的问题与父亲发生过激烈争执。[④]17岁时，阳明为成婚而到南昌住了一年半时间。21岁时他从京师回杭州参加乡试，翌年会试下第后他又归余姚结诗社龙泉山寺，其间除了住余姚龙泉山寺外，府城内可能也有租房。28岁中进士后，阳明曾回乡居住约两个月，其间可能分别到过余姚四明山和绍兴会稽山等道教洞天，实地考察可作为自己今后养身修炼的住处，并最后选定了距离自家更近的会稽山阳明洞天。[⑤]此后阳明一直在北京的工部、刑部任

① 香炉峰地处阳明洞天顶部、会稽山以北的山阴县境内。

② 〔明〕张岱：《炉峰月》，〔明〕张岱著，夏咸淳、程维荣注：《陶庵梦忆》卷5，上海古籍出版社，2001年，第79页。《年谱》中未记此事，《王阳明全集》中亦仅载有阳明撰于晚年的《登香炉峰次萝石韵》诗。

③ 据〔清〕钱林《始迁余姚龙泉山吴亚八府君传》：“邓巷宅第中衰，至心渔翁与心古先生，始僦莫氏瑞云楼而生绪山先生，后亦置宅于龙泉山北麓，与世家并联甲第，重建世庙于胜归山玉屏峰下。”（〔清〕钱林：《新镌吴越钱氏续庆系谱》卷2，清康熙九年重修本）

④ 参见〔明〕冯梦龙著：《王阳明出身靖乱录》，浙江古籍出版社，2015年，第7页。

⑤ 束景南认为：“阳明当是弘治十年移家绍兴后即自号阳明山人。盖其时阳明方向尹真人学得真空炼形修行法，移家绍兴后便首先要寻访一修炼洞天，故其在冬间多次往游会稽山，遂相中阳明洞，修炼其中，而自号阳明山人矣。”（《王阳明年谱长编》，第1册，第130页）然束先生此说之证据却只有阳明所作的《来雨山雪图赋》，并且是对该赋内容进行分析推断后作出的（《王阳明年谱长编》，第1册，第135页），略显牵强。

职，其间曾被派往河南浚县[①]及江北公干，直到31岁离开京师，“告病归越，筑室阳明洞中，行导引术”，这才在绍兴、杭州长住了两年多时间，会稽山阳明洞天便在此时成了他的主要“道场”。[②]可见，从11岁到31岁的20年间，王阳明在家乡居住的时间并不长，总共加起来不超过3年，其余时间不是随其父居京师读书，就是本人中进士后在京师等地为官，但会稽山阳明洞天依然可以说是培育其早期思想的主要土壤。另外像余姚乃至北京、南昌虽可以说是培育其成长的主要“养分”来源地，但与会稽山阳明洞天相比不能不说是次要的，影响也远不如阳明洞修炼来得深远，要不然他也不会以“阳明”为号而自称“阳明山人”。

问题的关键是，既然王阳明的出生处瑞云楼很早就由钱氏僦居，那么从11岁到31岁的20年间，阳明回家乡时究竟住在哪里？一般来说，当王华尚未安顿好家，而阳明又未结婚成家时，其归乡应该住在余姚祖父母家；而当阳明结婚成家后，其归乡自然应住在自己家。然此时阳明与其父一样，都还未真正把家安顿好，可谓居无定所，余姚、山阴两地皆有其这段时间“住过”之证据（详见前述）。是故当时无论余姚人还是山阴人都不太清楚他们究竟居住何地，更不要说外地人乃至后来人，这也是在相当长一段时间内，“归越”还是“归姚”两说在《年谱》等文献中同时存在的重要原因。但不论怎么说，阳明31岁以后已迁居山阴、在府城安家是基本上可以确定的。

综合各家之说，笔者倾向于把王华、王阳明迁居山阴、在府城安家分为三个阶段：一是僦居阶段，即先在交通极为方便的府城租房，供王华、王阳明归乡时暂住，地点可能就在光相坊一带。二是建房阶段，即随着王华官位上升，家庭条件逐步改善，四

---

① 据赵长海考证，王阳明在浚县大概公干半年时间（弘治十二年六月抵浚，十一月回京）。浚县大伾山中的天然“龙洞”，早在宋乾德初年已被命名为“西阳明洞”，该洞又为王越祖孙三代所钟爱。所以“王守仁自号‘阳明’，最大可能是受到大伾山阳明洞的影响”［参见赵长海：《王阳明与黎阳》，收入《王阳明与大伾山学术研讨会论文集》，河南鹤壁（浚县），2019年2月］。据笔者调查，阳明洞有四大主洞，即绍兴阳明洞天、贵州修文阳明洞、江西龙南阳明洞和广西平果阳明洞，后三者是真洞，以龙南阳明洞面积最大，修文阳明洞最有名；又有四个辅洞，即余姚四明山阳明洞、杭州天真山阳明洞、广西隆安阳明洞和河南浚县阳明洞（详见钱明著：《王阳明及其学派论考》，人民出版社，2009年，第14—16页）。但“阳明”之号无疑源自绍兴阳明洞天，因为王阳明把会稽山阳明洞天选定为修炼地的时间要早于赴浚县公干，要不然阳明本人亦不会称修文、龙南的阳明洞为“小洞天”或“别洞”。也就是说，在他心目中，绍兴阳明洞是主洞，修文、龙南是别洞；绍兴阳明洞天是大洞天，其他都是小洞天。因此可以肯定地说，“阳明”之号与浚县“阳明洞”无关，后者至多只是让王阳明增添了更深的对家乡阳明洞天之怀念。

② 关于王阳明以“阳明洞”为“道场”的考证，可详见《王阳明及其学派论考》，第1—13页。

个儿子（守仁、守俭、守文、守章）长大成人，遂在致仕那年开始在光相坊一带选址建房，到最后建成，估计花了数年时间，所建房屋即为“状元府”建筑群。三是扩建阶段，即阳明晚年衣锦还乡，在状元府前增建“伯府第”建筑群，后又随着外来求学者的增多，伯府已容纳不下众多访客，只好再“筑楼房五十间”，以作为王门“学舍”之用。

至于状元府建筑群何时建成的问题，较为明确的记载是正德十二年（1517）王阳明写给徐爱的信：“北海新居，奴辈能经营否？”[①]“北海”即指今越城区上大路至新河弄一带，《年谱》中所说的光相坊（包括东西光相坊）就在此处。说明当时状元府建筑群刚建成不久，王华与其子女以、其他相关人员此时皆已移居于此，王家的经营管理者对于如何管好这么一个大家族尚无任何经验，所以阳明才会有“能经营否”之问。而根据以上笔者的分析，王华一家可能并不是从余姚直接迁住“北海新居”，而是从光相坊一带的租居处搬入“北海新居”。因当时搬入的新居面积有限，所以到了嘉靖二年（1523），王家就奉皇帝诏封新建伯、钦赐御建伯府第之命，对府邸进行了扩建，不仅新建了伯府第，还在伯府第西边增建了50间房[②]，形成更大规模的建筑群。这主要是因为阳明晚年在越城讲学时，各地来学者的住所成了严重问题，周边的寺庙皆被利用后还是不够，不得已只好再向西扩建。当然，封爵厚禄后的王阳明在经济上有能力扩建府邸也是其中的重要原因。因此可以肯定地说，扩建后的“伯府”较之此前的“状元府”，无论在规模上还是用材上都有了质的提升。而所谓的山阴光相坊“王府”之概念，则理应包括先建的状元府建筑群（在东西光相坊）与后建的伯府建筑群（在朝京坊）。

整个“王府”的大致范围，我们不妨参照绍兴地域阳明学研究专家根据相关文献、王诗棠口述史及实地勘察之结果，而得出的姚江王氏徙居山阴以后的宅第建筑旧址共有三处的结论：第一处是光相桥东侧上大路河北侧的一所建筑（《年谱》所谓的“复自姚徙越城之光相坊居之”的状元府第，或者陆深所说的在正德七年（1512）秋“迁道拜先生于龙山里第”的“里第”[③]，现为下大路越王桥旁“永和家园”一带），为王氏在

---

① 《王阳明年谱长编》，第2册，第930页。

② 〔明〕黄佐《庸言》卷9：“癸未冬，予册封道杭，会同窗梁日孚，谓：‘阳明仰子。’予即往绍兴见之。公方宅忧，拓旧仓地，筑楼房五十间，而居其中。留予七日，食息与俱。”（《四库全书存目丛书》子部第9册，第136页）

③ 《海日先生行状》，《王阳明全集》（新编本）卷37，第4册，第1424页。诸焕灿认为此“龙山”乃余姚龙山即龙泉山（诸焕灿编著：《姚江王氏及阳明家事探源》，团结出版社，2020年，第103页）。但仅从紧接此句的“扁舟载酒，相与游南镇诸山，乃休于阳明洞天之下”句即可看出，此“龙山”乃山阴卧龙山而非彼龙山也。

越城的最早建筑，后改为“王文成祠”（《绍兴府志·府城厢坊图》称“阳明祠”）。第二处是西光相坊的三所“大台门”（现下大路中国黄酒博物馆一带），并排而立，形成群落，系王华为四房子分居而建。第三处即今上大路王衙弄的伯府第建筑群（王谋文所谓的阳明建于朝京坊的“里第”，2000年被确定为绍兴市级文保单位）。后伯府第曾因几次灾祸，其中1927年伯府大厅失火，1949年又一次失火，2011年再次失火，使整个大厅及东首数幢房屋烧毁，可谓是毁于一旦。故而在这片历经十数年才建成的三处王府遗址上，现如今仅遗留下伯府第大厅石门框、碧霞池[①]、观象台、饮酒亭、伯府大码头及船舫弄故宅遗存、王衙弄故宅遗存等。[②]尽管如此，它仍构成了较为完整的王阳明故居历史遗迹群。其大致范围，即今绍兴市规划修建的“王阳明故居”范围：东到王衙弄，西到西小河，南到碧霞池前的大有仓，北到观象台后的环城河，占地面积约60亩。那么，修建如此规模宏大的伯府第，王阳明有没有越规呢？根据《明史职官及功臣世表》，阳明的南京兵部尚书之职别是可以建造规模这么宏大的高门广宅之伯府第的。[③]

四

由此可见，如果从所有权的角度看，余姚瑞云楼其实并非王阳明的“家”[④]，而是先为莫氏后为钱氏的“家”，真正属于王华及阳明自己心目中的“家”，非迁居山阴后最

① 明万历十五年《绍兴府志》卷6《山川志（三）》：“碧霞池在承恩坊王守仁宅内。”据《绍兴府志·府城厢坊图》，承恩坊在西小河西边，然碧霞池在西小河东边，故此记载恐有误。

② 《绍兴晚报》2019年2月18、19日连续发表了几则引起学术界关注的新闻报道：该市文物部门从2018年开始对碧霞池进行了专业考古发掘，基本确定了碧霞池原来的面积，了解了池内原有的建筑。考古现场不仅发掘不少明代瓷器等文物，而且还找到了原来的四边池的河坎、木桩、条石以及当年的水榭遗迹和建筑构件，基本证实：碧霞池长36米，宽24.5米；池内曾有一座石头桥，桥的一头架在水榭之上；池内还曾建有亭台楼阁、水榭回廊，能容纳百人。这与历史文献记载具有高度的吻合性。

③ 参见慈子：《讲好绍兴故事系列之——王阳明与绍兴》，载“稽山书院”网站，2019年。

④ 正德十六年九月，王阳明“归省祖茔，访瑞云楼，指藏胎衣地，收泪久之，盖痛母生不及养，祖母死不及殓也”（〔明〕钱德洪：《年谱二》，《王阳明全集》（新编本）卷33，第4册，第1291页）。可见，王阳明对于瑞云楼虽为其出生处，但未成为赡养行孝的“家”是深感遗憾的，因为瑞云楼当时乃是王华租来“以居其父竹轩公与母太夫人岑”（《后瑞云楼记》，《钱德洪语录诗文辑佚》，《徐爱·钱德洪·董澐集》，第170页）的临时住所。

早建成于光相坊一带的状元府第（后又在朝京坊建伯府第，形成整个王府建筑群）莫属。[①]以下这些史料似可成为一条证据链，以证明笔者的这一推断。

首先是钱德洪《后瑞云楼记》：

瑞云楼者，吾师阳明先生降辰之地也。楼居余姚龙山之北麓，海日公微时，尝僦诸莫氏，以居其父竹轩公与母太夫人岑。……及先生贵，乡人指其楼曰“瑞云楼”。他日公既得第，先子复僦诸莫氏居焉。弘治丙辰，某亦生于此楼。及某登进士，楼遂属诸先子。[②]

然后是罗洪先《瑞云楼遗址记》：

瑞云楼在余姚龙山北麓，本莫氏居。尚书海日王公微时寓焉，而夫人郑有身。既逾期，母岑大夫人梦绯袍玉带贵人乘五色云抱儿授之，惊觉，啼声在耳，果得儿，成化壬辰九月三十日也。于是以云为名，呼其名辄不应，亦不复言，如是者五年。一日，道士入庭，指儿谓家人曰：“天机慎勿泄也。”比出门，忽不见。亟易名，儿始能言，是为阳明先生。先生既贵，乡人号楼曰“瑞云”。其后钱心渔翁僦居之。弘治丙辰，绪山钱子生。钱子登进士，而莫氏以居来售，于是楼入于钱。嘉靖丙辰，钱子索予大书“瑞云楼遗址”五字垂之后。……楼入钱氏，今已改筑，书“遗址”，盖纪实云。[③]

又有邹守益《瑞云楼铭并序》：

初，阳明先师之生也，海日公僦莫氏楼以居，大夫人郑妊弥十有四月，祖母岑夫人梦神人自五色云鼓吹抱一儿授之，闻啼声，惊寤，遂以“云”命名。

---

① 束景南先生也认为：“（瑞云楼）至嘉靖三十五年，钱德洪拆楼改筑，不复存在，只留下遗址而已。可见此楼乃莫氏故居或钱氏故居，非阳明故居也。今人在此遗址上重建瑞云楼，规模宏大，重楼叠屋，全不是当年瑞云楼原貌，而题云阳明故居，不知何据耶？”但他认为“阳明故居在秘图山，所谓秘图王氏故居”（《王阳明年谱长编》，第1册，第8页），则没有拿出有说服力的证据。

② 《后瑞云楼记》，《钱德洪语录诗文辑佚》，《徐爱·钱德洪·董澐集》，第170—171页。

③ 〔明〕罗洪先：《瑞云楼遗址记》，《罗洪先集》卷5，第155—156页。

> 先师功成道尊，焕然任天下万世之重，乡人指其楼，曰“瑞云”。其后心渔钱翁复僦诸莫氏，而吾友洪甫实生焉。洪甫第进士，专志师门之学，遂市是址，以无忘羹墙。同志欧阳子崇一、罗子达夫记而表之。某也敬为之铭。[①]

吕本《绪山钱公墓志铭》：

> 父蒙，三岁瞽目，号心渔翁，母马氏，世居邓巷。遭回禄，始僦莫氏楼以居。是楼为阳明公降生之所，曰“瑞云”。[②]

此外，湛甘泉《瑞云楼记》[③]、清光绪《余姚县志》[④]等，亦可作为上述文献之补充。正因为光相坊伯府才是真正意义上的“家”，所以到了阳明晚年，伯府及其周边的书院，乃至会稽山阳明洞天等，都成了王门讲学和王学传播的主要场所。据钱德洪说：

> 先生初归越时，朋友踪迹尚寥落，既后四方来游者日进。癸未年已后，环先生而居者比屋，如天妃、光相诸刹，每当一室，常合食者数十人，夜无卧处，更相就席，歌声彻昏旦。南镇、禹穴、阳明洞诸山，远近寺刹，徒足所到，无非同志游寓所在。先生每临讲座，前后左右环坐而听者常不下数百人，送往迎来，月无虚日，至有在侍更岁，不能遍记其姓名者。每临别，先生常叹曰：“君等虽别，不出在天地间，苟同此志，吾亦可以忘形似矣。”诸生每听讲出门，未尝不跳跃称快。尝闻之同门先辈曰：“南都以前，朋友从游者虽众，未有如在越之盛者。此虽讲学日久，孚信渐博，要亦先生之学日进，感召之

---

① 〔明〕邹守益：《瑞云楼铭并序》，董平编校整理：《邹守益集》卷19，凤凰出版社，2007年，第927页。

② 〔明〕吕本：《绪山钱公墓志铭》，〔明〕吕本：《期斋吕先生集》卷12，《四库全书存目丛书》集部第99册，第593页。王畿《刑部陕西司员外郎特诏进阶朝列大夫致仕绪山钱君行状》中亦有同样记载。“回禄”是传说中的火神，后用作火灾的代称。

③ 清光绪《余姚县志》卷16《金石》上：“《瑞云楼记》，乾隆志引万历志，湛文简若水为之记。”然湛氏记文笔者未见。据邹守益《瑞云楼铭并序》，欧阳德亦撰有《瑞云楼记》，此记文亦不见于通行本《欧阳德集》（陈永革编校整理：《欧阳德集》，凤凰出版社，2007年）。

④ 清光绪《余姚县志》卷14《古迹》：“瑞云楼在龙泉山北，王文成出生地也，父王华未第时旧居。”（清光绪二十五年刻本，台北：成文出版社，1983年，第268页）

机，申变无方，亦自有不同也。”[①]

当然，阳明晚年也常去余姚讲学，有一段时间还“定会于龙泉寺之中天阁，每月以朔望、初八、廿三为期”[②]，因此钱德洪所描述的绍兴讲学之盛况理应包括余姚。而阳明的山阴弟子王畿并称余姚与山阴为阳明“讲学阙里”：“姚与山阴，为阳明夫子讲学之阙里，士多有志于学，流风在焉”[③]，乃是较为公正的判断。只不过山阴和会稽山阳明洞是阳明晚年在家乡讲学时间最长、聚集门人最多的地方，这也是不可否认的事实。若再就阳明家族在山阴、余姚两地皆有墓地而言，山阴与余姚在王阳明及其后人的心目中也应该是不分伯仲的。由于阳明的祖父母及叔伯等皆居住余姚，故而死后亦葬在余姚，而其父母（包括生母和继母）、弟妹、儿子等皆住在绍兴，故而死后也都葬在绍兴[④]，而阳明要把自己的墓地选在兰亭，能够距离父母亲的坟墓近一点，也可能是考量的因素之一。

五

总之，王阳明很早就随父迁居绍兴府城所在地山阴，后又在越地开展了声势浩大的讲学活动。正因为此，时人才通常把绍兴直接视为阳明故里，如阳明再传弟子、会稽人陶望龄在《陕西布政使拙斋萧公神道碑》中介绍萧良幹称：

迁守绍兴也，复稽山书院，集生徒，月一讲会。教曰：“文成阙里，钱、王先生相与阐道之地，太守幸来，今愿以仕学矣。”因辟馆曰仕学所。[⑤]

孔子故里后人称“阙里”，“文成阙里”即阳明故里。故而陶望龄又强调说：

① 《〈传习录〉下黄直录跋》，《钱德洪语录诗文辑佚》，《徐爱·钱德洪·董澐集》，第196页。

② 〔明〕钱德洪：《年谱三》，《王阳明全集》（新编本）卷34，第4册，第1303页。

③ 《赠邑博诸元岗迁荆王府教授序》，《王畿集》卷14，第383页。

④ 详见《王阳明第十六世孙王诗棠访谈录——兼论绍兴阳明世家及遗存》，台北：《中国文哲研究通讯》，2000年第1期；《王阳明年谱长编》，第4册，第1707页。

⑤ 〔清〕陶望龄：《陕西布政使拙斋萧公神道碑》，《歇奄集》卷10，〔清〕陶望龄撰，李会富编校：《陶望龄全集》，上海古籍出版社，2019年，中册，第576页。

> 先生于越所称乡先生，其祠盖古者瞽宗之义，而越于天下，所谓邹鲁也。地近势亲，守其道为甚易，其士之贤不肖，学之明晦，足以系四方。观视其责，甚重且艰。①
>
> 已复念曰："越州姚江，文成故里，吾师向往系焉。"夫文成之后，驾其说以行浙之东西者多矣。②

可见，在陶望龄心目中，余姚和山阴皆为阳明故里，并且都是朝圣者的向往之地。如果说陶望龄是会稽人，所作评论不排除地域之因素，那么黄宗羲的弟子、宁波人李杲堂（字邺嗣）把王阳明与出生山阴的刘宗周视为"同里"之人，则可作为充分之证据。李杲堂曾在《修绍兴府学序》中说：

> 然而王子、刘子则俱越人也，固越中人士所谓国之先师也。……国有先师，此古今所不易得，而越人乃有两先生，亦甚幸矣。③

不过最具说服力的证据，还是王阳明本人于弘治十六年（1503）在《南镇祷雨文》中说的一段话：

> 某生长兹土，犹乡之人也。乡之人以某尝读书学道，缪以为是乡人之杰者，其有得于山川之秀为多，借之以为吾愚民之不能自达者，通诚于山川之神，其宜有感。④

南镇即南镇庙，是除阳明洞外会稽山的又一道教圣地。南镇庙距离阳明洞不远，仅一山之隔。阳明居越时常在阳明洞修炼、会友、讲学，南镇庙也是他常去之地方。

① 《重修阳明先生祠碑记》,《歇庵集》卷6,《陶望龄全集》，上册，第368页。宋儒王应麟在《先贤祠堂记》中曾对"乡先生"作过如下界定："古之有道德者，教于乡里，谓之乡先生。"（〔宋〕舒璘：《舒文靖公类稿·附录》卷下,《丛书集成续编》，上海书店出版社，2014年，第105册，第267页）

② 《又潜学编序》,《歇庵集》卷3,《陶望龄全集》，上册，第165页。

③ 〔清〕李邺嗣：《修绍兴府学序》,《杲堂文续钞目录》卷3,〔清〕李邺嗣著，张道勤点校：《杲堂诗文集》，浙江古籍出版社，1988年，第648页。

④ 〔明〕王守仁：《南镇祷雨文》,《王阳明全集》（新编本）卷25，第3册，第996页。

这充分说明，就连阳明本人也承认出生在余姚而生长在山阴，故若对余姚称乡人的话，那么对山阴则可以说是“犹乡之人”。也就是说，即使撇开余姚属于绍兴府的明代行政区划不谈，仅仅从阳明生长地及其学术思想之“发端”“熟化”而言，山阴被称作阳明故乡也毫不为过。这也是阳明本人时而自称“余姚王守仁”或“余姚后学王守仁”①，时而又谓“古越阳明子王守仁”②，甚至偶尔还称自己是“会稽王守仁”③。而其后裔既有从阳明出生地而自称“姚江王氏”的，也有从阳明成长地而自称“山阴王氏”的，更有从阳明世家的往返迁徙过程而统称“姚江山阴王氏”的。其实，上述说法都有历史依据可寻，即使所谓“会稽王守仁”，亦能从其一生心系会稽山阳明洞中找到理据。黄宗羲撰《明儒学案》，“独于阳明先生不敢少有微词，盖生于其乡者，多推尊前辈，理固然也”。④作为余姚人，黄宗羲称阳明学为“姚江学案”，虽不够精确，却也合情合理。

因此，笔者的结论是，如果说余姚是王阳明的出生地和讲学地，那么山阴便可以说是阳明学的发端地和成熟地。尽管余姚距离山阴不过百里之内，但两地的文化传承及民情风俗存有差异却是不争的事实。从某种意义上说，山阴的地域文化性格对阳明学派的形成和发展具有更直接的催化作用。余姚人钱德洪的“重迟”而“中规矩”⑤与山阴人王畿的“任率”而“性资夷旷”⑥，虽然都可从王阳明的思想性格中找到内在基因，但要深入解析，则不能不把视角转向他们各自所处的地域环境。宋明以后在浙东地区出现的史学传统与心学风潮，在余姚和山阴两地并行不悖、互有侧重，直至近代在这一地区上演的保守与激进的跌宕起伏的历史画卷，应该说都有其深刻的地域文化背景。

实际上，关于王阳明“所有权”的问题，在他死后不久便在余姚、山阴两地间产生过争执，而当时主要是围绕阳明的籍贯问题而展开。众所周知，明代户籍制度中的

---

① 〔明〕王守仁:《语录》,《王阳明全集》(新编本)卷39，第5册，第1561页。

② 〔明〕王守仁:《新安吴氏家谱序》,《王阳明全集》(新编本)卷39，第5册，第1572页。

③ 至明末清初，以会稽代称阳明或阳明学说者，已成习惯，如所谓“会稽良知”(〔明〕王时槐:《友庆堂合稿》卷2《寄钱启新道长》)、“会稽之学”(《友庆堂合稿》卷3《明学书院记》)。其中尤以万历十三年儒臣李廷机在《从祀文庙疏议》中所言的“会稽王氏”最具代表性。不过此处之“会稽”，实已泛指整个绍兴，而并非单指与山阴县为邻的会稽县。

④ 《仇兆鳌序》,〔清〕黄宗羲著，沈芝盈点校:《明儒学案》，中华书局，1985年，第5—6页。

⑤ 《绪山钱公墓志铭》,《期斋吕先生集》卷12,《四库全书存目丛书》集部第99册，第593页。

⑥ 《盟心会约》,《王畿集》卷15，第435页;《亡室纯懿张氏安人哀辞》,《王畿集》卷20，第649页。

入籍或转籍均非易事。与“不治生理，游手游食”“俗呼大贫”的“堕民”，“著于版籍，至今不齿于庶民”[①]，即不为各地民众所欢迎（这种现象在浙东地区尤为突出，所谓“顾彼八府特严”，指的就是浙东各地严格限制户籍流动的规定）的状况不同，当时名家名流是各地争相“夺取”（最简单的“夺取”就是使之“入籍”）的对象。像王阳明这样能够从祀孔庙的圣人，自然会成为各地“夺取”的重点对象。所以当时的山阴人说阳明属山阴籍，余姚人说阳明属余姚籍，一时间，朝廷命官也不知所措。而双方争夺的根本原因又不外乎两条：一是因为阳明学说影响巨大、事功彪炳于史，凡是其故乡人，都会觉得脸上有光，地方知名度也会随之攀升，这对发展当地的经济文化显然十分有利。二是因为隆庆皇帝降旨，谕阳明入圣庙，配享孔祀，并且规定阳明所属的县可以增加考取秀才的名额。阳明的归籍问题可以决定科举考试的录取人数，这在生员大约50万人、考取举人之机会大约3%、登进士第之概率更是渺茫的明代社会，无疑是具有极大吸引力的。于是，围绕阳明籍贯问题的这场纠纷，便不可避免地发生了，而且一直持续到近代。

据余姚人陈季康回忆：

> 山阴人凭借着阳明先生的祠堂、住宅、事迹都在山阴，提举出来，作为重要的证据，我们余姚人则引指阳明先生的祖先和他自己都是生长在余姚的事实作为反证，可是一时更没有其他强有力的证据。看当时的情形，差不多山阴人要占优势了。后来姚人之主其事者，于无意中，偶然经过一所私塾，忽地听到一个学童朗读《古文观止》里阳明先生所作的《瘗旅文》……乃恍然大悟，高兴非常，便提出阳明先生的这首自白，证明他的确是余姚人，因为出于阳明先生本人所说的话，这种铁证，已没有推翻的余地。[②]

诚然，如果按照户籍地来定位王阳明，陈季康此说是毋庸置疑的，而且不只《瘗旅文》，在王阳明的许多书法作品中也能找到相同之证据。但若溢出“出生”“户籍”而将视角转向“发端”“熟化”，即从“生命”转向“思想”时，问题就会发生变化，

① 〔明〕叶权撰，凌毅点校：《贤博编》，中华书局，1987年，第31—32页。

② 参见陈季康：《关于争执阳明先生籍贯的故事》，邵苇水编：《余姚三哲纪念集》，余姚县立民众教育馆，1935年编印。《瘗旅文》中有“吾龙场驿臣余姚王守仁也”句。

其复杂性绝非三言两语所能穷尽。最好的办法，就是重新树立王阳明所倡导的“万物一体之仁”的意识，实事求是地就问题的本来性展开研究。不然的话，就可能永远都不会有什么结果。事实上亦的确如此，发生在明代的这场争论一直到民国年间都未停息，近年来所发生的争论无非是这场争执的继续。

笔者无意也没有必要去参与这场争论，只是想根据历史事实提出自己的如下看法：与所有王阳明居住过的地方相比，绍兴（余姚、山阴皆为其属下）与阳明的关系最为密切，也最为重要，在这一点上，余姚与山阴（今绍兴）实属利益攸关方，没有必要争个你高我低。我们所要弄清的，其实不是阳明的籍贯问题，而是阳明何时随父迁居山阴？在山阴和余姚分别开展过怎样的学术活动？这些活动对阳明学的创设、发端具有怎样的意义？阳明学究竟创设于何时何地？这些才是当下的地域阳明学研究所要解决的重要问题。

（作者钱明系浙江省社会科学院研究员）

编辑后记

呈现在读者面前的《中国心学（第2辑）》篇幅不大，但收入的文章各有特色，颇能体现各位作者在各自研究领域的深刻思考及其所达成的思维成果。

顾久先生的文章将阳明心学从传统意义上的哲学之中“解放”出来，而将之引入生物学—生态学—生态哲学视角，并阐释了这一新视角之下阳明心学所呈现的意义，读来颇为引人入胜。杨国荣教授的论文，除了他一向所关注的“事”的哲学，阐释了王阳明对于“事”的理解的双重维度以外，更提出了“万物一体”这一学说中包含着“仁道高于权利”的观点，并由此而进一步认为人性平等观念构成了对正义作扩展性理解的前提。杨教授的这一观点显然是重要的，它可能引向关于阳明心学基于价值哲学维度的新研究。我本人《论良知作为人的本原性实在》的论文，撰写于多年之前，也曾收入本人《宋明儒学与浙东学术》（孔学堂书局2015年）一书。我试图表明王阳明的良知即是性体，是道在人的本原性实在，因此致良知与知行合一的最终意义是重合的，都是人自身之本原性的自我实现方式，因此我也曾谈到过知行合一的“四重向度”问题。申绪璐副教授则重新给出了对于“知行合一”的“三重诠释”，显然对人们仍然有新的启发。

何俊教授对陆象山的“读书法”进行了专门研究，揭示其不同于朱熹的“心解”之路，正为南宋心学别开生面的重要原因之一。日本九州大学藤井伦明准教授关于朱子心性学的研究，则在某种意义上可视为理学整体格局之下不同的“心路”历程及其建构方式。显然，王宇研究员关于以张九成、王蘋为代表的心学“早期形态”的考察，不仅在某种意义上也同样揭示了这一点，并且提供了一个关于心学“早期形态”研究的范例。

本辑中的另外一些文章，尤其是俄罗斯学者科布杰夫、美国学者伊来瑞的两篇文章，分别叙述了阳明心学在俄罗斯以及欧美地区的传播及其研究情况。他们的研究显然扩展了我们的学术视野。正是基于他们的学术叙述，使我们能够清晰地了解阳明心学的传播具有真正意义上的国际性，而并不只是局限于东亚。我个人相信，阳明心学的世界性影响将会愈加清晰地显现出来，在未来它会成为不同国度的学人所共同关心的一个研究主题，乃至成为人们进一步了解中国思想世界的门径。

与阳明心学的域外传播相关联的，则是它在国内的地域性传播。最早对阳明心学的地域性传播进行研究的范例，毫无疑问是黄宗羲的《明儒学案》。阳明心学在16世纪中叶之后的广泛传播，是中国思想史上的重大事件。良知之说盈天下，自然便导致阳明学之不同地域特色与不同学派的形成，因此阳明心学的地域性传播，无疑成为阳明心学整体研究的重要构成部分。吴震教授关于泰州学派与江南儒学、陈椰博士关于阳明心学与广东地域文化的研究，非但资料详审，且更能从中见出阳明心学之于地域文化影响在某种意义上的底层效应。日本福冈教育大学鹤成久章教授对蔡世新的阳明肖像画进行了颇为全面的研究，某种意义上则把图像学引入阳明学研究，并由此而呈现了别一面向的阳明心学传播路径。计文渊先生、方旭东教授、钱明研究员所提供的论文，则从不同角度展开了关于王阳明家族史的研究。王阳明的个体生活史、家族史的研究，必然涉及历史叙事，因此在某种意义上是以历史学方法来从事阳明学研究，可靠翔实的文献资料无疑具有根本的重要性。本辑中的这些文章，则皆以翔实资料为基础而展开了王阳明家族生活的历史描述，为一些历史事件的澄清提供了值得重视的佐证。日本信州大学文学部早坂俊广教授关于“婺学”的研究，虽然不是关于心学的专门研究，但众所周知，南宋婺学以及学术界通常所谓浙东之学的繁荣，其有异于朱、陆的学术建构路向及其历史传递的持久绵远，向来是学术界令人兴趣盎然的研究主题之一。我个人甚至认为，南宋以来浙东学术的基本氛围为阳明心学的诞生提供了某种独特的“历史—空间”条件。早坂俊广教授关于婺学的研究，再一次彰显了婺学这一地域学术传承的历史性，但有些遗憾的是，他对该领域研究进展的了解似乎受到了明显的局限。

总的看来，本辑中的文章所涉内容颇为广泛，国内外学者各以其独特视角而进入了一个公共的学术领域，从而使本辑显现出相当厚重而又广阔的学术涵容度，而共为阳明心学的当代研究及其义域的当代延展贡献力量。阳明心学作为来自中国古代思想文化传统的一份厚重遗产，其关注人的现实生存、重视人的价值实现的根本哲思，仍能为今日喧嚣的世界别开一片明莹澄澈的天空，仍能为躁动不安的心魄回归其本体的虚灵而开辟康庄之通途。今年是阳明先生诞辰550周年，我们谨以本辑的出版为先生诞辰的纪念，且为其思想学说能够穿越历史之丛棘而重生于今日之世界，献上一瓣心香。

最后，我要特别感谢商务印书馆李艳华女士！本辑得以顺利出版，是以李女士严谨的学术态度、负责任的工作精神及其所付出的诸多心血来保证的。

董　平

2022年5月12日